LAWYER

本书作者

柳宪章

全国律师执业基础培训

指定教材

LAWYER

律师执业基本素养

第三版

中华全国律师协会/编

北京大学出版社
PEKING UNIVERSITY PRESS

第三版修订说明

近年来，我国立法及司法实践有很大的发展，法治建设也在向着更完善、更健全的目标迈进。2012年《刑事诉讼法》、《民事诉讼法》的重新修订，为拓展律师业务领域和促进形成良好的律师执业环境创造了有利条件。《律师法》、《律师和律师事务所违法行为处罚办法》、《律师事务所管理办法》、《律师执业行为规范》等律师执业管理方面法律、法规、规章及行业规范的陆续修订和制定，也对律师执业提出了新的要求。同时，自本套教材面世以来，我们也进行了大量的走访和调查，收集和了解了各方面对本套教材的意见与建议。针对各地律协及学员提出的比较集中的问题，结合新出台的关于律师执业管理各方面的法律、法规，在中华全国律师协会的统一安排部署下，我们邀请本套教材的作者，启动了教材修订工作，以使本套教材能够跟上国家的立法精神，同时充分吸收了司法实践中的有益经验。

此次修订所涉及的法律、法规、规章及行业规范主要包括：2012年修订的《刑事诉讼法》、《民事诉讼法》，2007年和2012年两次修订的《律师法》，2009年修订的《律师执业行为规范》，2010年制定的《律师事务所年度检查考核办法》和《律师和律师事务所违法行为处罚办法》，2012年修订的《律师事务所管理办法》，2010年修正的《著作权法》，2012年制定的《律师事务所从事商标代理业务管理办法》，2012年国土资源部修订的《闲置土地处置办法》，2010年通过的《社会保险法》及修改的《工伤保险条例》，2011年修改的《职业病防治法》，2012年制定的《女职工劳动保护特别规定》等。根据前述法律、法规，本套教材对所涉及的内容均进行了较大幅度的修改，如《律师职业道德与执业基本规范》、《律师执业基本技能》上册中的刑事诉讼业务基本技能编、民事诉讼业务基本技能编及仲裁业务基本技能编，下册中的公司业务基本技能编、知识产权业务基本技能编、房地产业务基本技能编及劳动法业务基本技能编等。此外，本次修订还充分汲取了2012年《商标法修订草案》、《专利法修订草案》及《著作权法修订草案》第三稿的立法精神，并对教材文字和体例作了进一步完善。

作为实习律师集中培训指定教材，本套教材包括三部分，撰写人员及分工如下：

第一部分，《律师职业道德与执业基本规范》：李本森（第一、二、三、四、五、七章，第十一章第一、二、三节）；袁钢（第六章）；许身健（第八、九、十章）；张远毅（第十一章第四节）。

第二部分，《律师执业基本素养》：柳宪章。

第三部分，《律师执业基本技能》（上、下）：钱列阳、徐平（第一编）；吕立秋（第二编）；郭振忠、李广、刘炳荣、郭卫东（第三编）；杨学芳（第四、五编）；吴江水（第六编）；龚志忠（第七编）；庞正中、王进（第八编）；张学兵（第九编）；姜俊禄（第十编）。

由于时间仓促，书中难免有一些错误及不足之处，还望广大学员提出宝贵意见与建议。

本次修改的法律、法规截止时间为2012年12月31日。

特此说明。

实习律师集中培训指定教材编委会
2013年3月

修订说明

为贯彻实施《律师法》关于律师协会组织管理申请律师执业人员实习活动的规定，中华全国律师协会于2007年上半年组织编写了全国律师执业基础培训指定教材，中国律师界首次拥有了为整个行业量身定做的、系统地介绍律师执业技能、执业素养、执业规范的全国统一教材。

这套教材的出版发行，实现了几代中国律师的梦想，对规范律师执业行为、提高律师执业水平起到了巨大的推动作用。它既是整个律师行业基础教育各自为政的结束，也为中国律师业今后建立统一的执业标准打下了坚实基础，不仅有着广泛的现实意义，而且有着深远的历史意义。

本教材的四卷内容，即《律师职业道德与执业基本规范》、《律师执业基本素养》、《律师执业基本技能》(上、下)，一经出版发行即在同行中深受好评。参加集中培训的广大实习律师以及接触过本套教材的资深律师普遍认为，本套教材内容丰富、针对性强，扭转了当前执业培训只讲法律不讲技能、只知法理不知操作的局面；不仅是新律师职前培训的必选教材，也是律师执业过程中极具实用价值的参考资料，许多技能可以直接用于执业实践。目前除了个别地区外，全国已有28个省、自治区、直辖市的律师协会采用这套教材作为律师执业基础培训的标准教材，其权威性、实用性得到了广泛的认可。

由于法律环境总是处于不断的发展变化之中，本套教材中的某些内容已经需要通过修订来适应现行的法律环境。为此，在中华全国律师协会的统一组织下，本套教材的编委会重新组织作者针对以往的版本进行了修订。修改内容主要是根据2007年1月1日起至2009年3月31日止的法律规范和司法解释的更新情况，对教材内容进行针对性修改和补充，同时还综合两年来的变化情况更新了部分相关数据等内容，并针对第一版中存在的缺陷及各地律师协会的反馈、律师业务的发展及需求，补正、调整、充实了相关内容。

由于编写执业培训统一教材是中华全国律师协会历史上的第一次，许多模式需要探索，许多经验需要积累。在此谨向大力支持本套教材编撰、发行的社会各界人士表示衷心的感谢，同时也向针对本套教材的改进、提高提出宝贵意见的各界人士深表谢意，并诚挚欢迎社会各界继续对本套教材提出宝贵意见，我们将通过我们的不懈努力不断对本套教材予以完善并推向新的高度。

实习律师集中培训指定教材编委会

2009 年 7 月 1 日

编写说明

如何成为合格的律师？如何成为优秀的律师？这不仅是初出茅庐的实习律师们迫切想知道的，也是律师行业管理所孜孜以求的。今天的实习律师代表着明天的整个律师行业。如何提高律师行业的执业水准，提升律师行业的整体素质，是关系到律师行业持续、稳定、健康发展的首要命题。

司法部将申请律师执业人员的实习管理工作移交给律师协会之后，全国律协六届三次常务理事会审议通过了《申请律师执业人员实习管理规则（试行）》，并于2007年3月1日起开始实施。根据该《规则》的规定，申请律师执业人员在为期一年的实习过程中，必须参加一个月的集中培训，并按照全国律协制定的培训大纲的要求，系统学习由全国律协统一编写的集中培训教材，学习掌握律师执业基本规范、基本素养和基本技能。编写这套教材成为做好集中培训工作的关键。为完成这一开创性的历史使命，在全国律协教育委员会主持下，一批执业经验丰富、业务专长突出、热心律师教育事业、理论及实务上均有建树的律师共同参加了培训教材的编撰工作。

这套教材的编撰，是全国律协的一次历史性尝试，是中国律师为适应中国政治、经济、社会的飞速发展，从律师执业的基本素质及基本技能着手，组织行业力量、发挥集体智慧，开始系统地构筑符合律师行业发展规律的规则体系、教育体系和文化体系的标志。其主要特点有：

第一，面向实习律师，普及"应知应会"。本套教材读者范围定位于已取得法律职业资格并申请成为执业律师的实习人员，内容不再重复法学理论、基本概念和基础知识，而是立足于律师行业的基本规范、基本素养和基本技能。

第二，理论联系实际，突出操作技能。《律师执业基本素养》及《律师执业基本技能(上、下)》部分均由各领域内经验丰富的资深律师,将执业理念、专业思维和执业技能加以总结,内容突出实用性,覆盖了律师实际工作中的基本领域,它完全有别于传统的教材和学术论著,创立了律师职业教育的基本体例和风格。

第三,结合阶段需求,力求基础牢固。为帮助实习律师将理论知识转化为执业能力,本套教材强调律师执业经验,并注意结合实例,其中《律师执业基本技能(上、下)》的一些编、章中还分别设有概说和提示,以便于实习律师理解和掌握其中的要点。

第四,观点反复推敲,提法客观中立。作为全国律协首次组织编写的教材,本套教材力求做到分类科学、体例完整、内容严谨,无论是对学理和法律规范的引用,还是阐述观点、开示范例,均遵循客观中立的主旨。

作为实习律师集中培训指定教材,本套教材包括三部分,撰写人员及分工如下:

第一部分,《律师职业道德与执业基本规范》:李本森(第一、二、三、四、五、六章,第十章第一、二、三节);许身健(第七、八、九章);张远毅(第十章第四节)。

第二部分,《律师执业基本素养》:柳宪章。

第三部分,《律师执业基本技能(上、下)》:钱列阳、徐平(第一编);吕立秋(第二编);郭振忠、李广、刘炳荣、郭卫东(第三编);杨学芳(第四、五编);吴江水(第六编);龚志忠(第七编);庞正中、王进(第八编);张学兵(第九编);姜俊禄(第十编)。

为了保证这套教材的质量,编委会多次召开会议,在体例、风格、内容、语言等方面进行了多次的修改和调整,诸位编委付出大量的时间和精力后,终于成就本书。同时,任继圣、高宗泽、江平、陈光中、贺卫方等权威专家对本套教材予以及时审定,为本套教材的修改定稿提供了大量的帮助。此外,在本套教材的编撰过程中,戈宇、刘桂林、周俊武、胡凌、邓念燕、陈岳琴、陈奇明等律师提供了无私的支持,在此一并表示感谢。

由于编撰计划的原因,本套教材所引用的法律规范截止于2006年12月31日,在此提请读者注意。

作为中国律师职业教育的第一套标准教材,本书或许在不同方面和不同程度上存在相应的缺憾。我们欢迎读者提出宝贵的建议和意见,在此基础上适时对教材进行修订,以便更好地满足读者的要求。

本套教材既可以作为实习律师的培训教材,也可以作为律师执业的参考资料,故又称《全国律师执业基础培训指定教材》。不过,律师的成长需要持之以恒的自我约束和勤勉尽责,以及用心钻研和不断总结提高,本书所介绍的经验及工作方法只能参考,不可生搬硬套。此外,本书仅为基础性的教材及参考,不能作为评判律师业务水平及工作责任的依据。

实习律师集中培训指定教材编委会
2007 年 3 月

目　录

第一章　概　述

第一节　律师的概念

一、律师的定义

根据我国《律师法》第 2 条的规定，律师是指“依法取得律师执业证书，接受委托或者指定，为当事人提供法律服务的执业人员”。

律师以服务对象划分，有公司律师、政府律师和社会律师。本书中所提及的律师是指社会律师。律师通过依法执业，维护当事人的合法权益，维护法律正确实施，维护社会公平和正义，从而体现其价值。

二、律师行业

律师行业是一个充满魅力和挑战的行业，它戴着光荣、梦想和受人尊重的光环，随时面对的是严峻的现实，需要的是广博的知识和全面的能力。无论是出于对正义公平的追求，还是为了尊严和成功的人生，当你通过了司法考试，选择了律师

这个行业,你就有理由为成为这个行业中的一员而感到骄傲。原因如下:

1. 律师是目前入门限制最高的行业之一

根据目前的法律要求,必须是拥护中国宪法并有选举权和被选举权、取得本科以上学历或具有同等专业水平、品行良好的中国公民,才有报考司法考试的资格;在通过高淘汰率的司法考试后,通过者得到的仅仅是一个执业资格;在被一家律师事务所录取、经过30天的集中培训、做了一定时间的实习律师后,才有可能申请真正的律师执业证。这样的要求和过程,作为一个行业的入门限制,不可谓不高,不可谓不严。就中国目前的状况而言,其他行业很少有比律师这个行业入门的要求更高更严。

2. 就提高自身能力和丰富人生阅历而言,律师是最好的行业之一

一般而言,律师每天面对的都是新人、新事。当事人基本上都有自己独特的生活经验、人生态度和已经形成并很难改变的做事方法;他们大多都会从自己的角度作出判断并追求利益的最大化、风险的最小化,力求少承担或不承担责任;他们聘请律师前就已经存有合理或不合理的心理期待。对方当事人利益有时与本方当事人利益完全对立,其聘请的律师,也都是受过良好教育、受过专业培训、饱经历练的职业"杀手"……

待处理的事务大多与当事人有利害关系或对当事人有重大影响。这些事务都有它发生的必然因素,比如复杂的商业背景、多变的社会环境以及各人不同的道德法律观念……在这些事务中,人的想法、做法和表现出的感情大多是真实的,大多是人的本质比较直接的体现。

在上述各种各样的人群中,律师要处理好待处理的事项,他要让本方当事人满意,要让对方当事人或裁决者接受自己的观点,他要协调好方方面面的关系,还要得到应当属于他的合法收入……他就必须要有运筹帷幄、纵横捭阖的能力。律师这个行业要求他们专业知识更广博、更精深,因为承认他们知识的不是年轻的学生,而是拥有丰富社会经验的当事人,他们得用知识创造和换取实际的结果;要求他们要比棋手考虑的因素更多,并且考虑得更深更细,因为他们所能利用的因素大多是变量,并且规则尚有很多的不确定性;要求他们要有比医生更强的洞察力和判断力,因为他们没有辅助的检查仪器和报告数据,他们只能依据执业经验、专业知识和事实的证明让人们认可他们独具的慧眼;要求他们要比说客更能言善辩,因为他们往往不能选择要说服的对象,他们能够选择的只有说服的方式……

3. 律师是最能体现从业者自身价值和社会价值的行业之一

当事人经过考虑和权衡,一旦决定付出相对高昂的代价聘请律师时,大多对律师提供法律服务的需求都是迫切的,有时甚至是非常迫切的。很多资深律师尤其是处理刑事案件的律师,都会有这样的经历和体会。当一个身陷囹圄的嫌疑人把

求生或获得自由的希望托付给唯一能够给他提供帮助的律师时,律师从他噙满泪水的双眼中,感受到的那种真挚殷切的期待,有时可能超过了危重病人对医生的期待。

当社会法治化进程不断深入,法律对人们生活的调整不断加强时,人们对法律服务的需求必然不断增强。中国目前的从业律师人数已超过 23 万人,如果按照中国总人口 13.7 亿计算,我国总人口与律师的比率约为 6000:1。在 2000 年时其他国家人口与律师的比率为:美国 500:1;英国 800:1;日本 1000:1;发展中国家平均是 3000:1。上述数字表明我国在社会发展过程中对法律服务的巨大需求,表明了律师在中国是一个极具发展前途的行业。

律师工作的独立性,为其充分实现个人价值提供了条件。律师提供法律服务的过程,不仅仅独立于法院、检察院,而且常常独立于当事人的意志。从对事实的了解、分析判断,到设计、调整、实施具体解决问题的方案,整个过程都需要律师最大限度地发挥自己的主观能动性,没有现成的行为样板可以照搬,没有固定的工作流程,律师也不是大型机器中的一个零部件……这样的工作性质,为律师施展自己的才能、展现自身的价值提供了宽松的环境。

律师提供法律服务所追求的具体目标是维护特定当事人的合法利益。实际上,一个个具体的当事人合法利益的维护及实现的过程和结果,推动了整个社会的公平和正义的实现。如果一个律师真正具有为社会的公平正义作出贡献的理想,那么其每天的具体工作都是在直接地实现着自己的理想。在一些法治发达的国家流传着这样一句话,“没有总统社会会照常运行,没有律师是万万不行的”,可见,律师工作在法治社会中,有着极高的社会价值。

4. 律师在中国是一个新兴的行业

虽然中国最初的律师业出现在 20 世纪初的清末,但自新中国成立以来,律师作为一个行业在中国真正的兴起是在 20 世纪八九十年代,是伴随着经济体制改革而新兴的行业。由于中国市场经济发展的历史比较短,为市场经济服务的相关法律制度及法律服务经验自然也不够成熟和完善,故此,与一些发达国家中掌握几百年市场经济法律服务经验的律师相比,我们确实处在一个初级阶段。

正是由于律师是一个新兴的行业,律师业处于一个高速发展、高速淘汰的阶段,一个有抱负、有才华的积极进取的年轻人投入到这个行业,才有无限的发展空间。

三、成功律师的概念

什么样的律师是好律师,什么样的律师是成功的律师?这可以说是每一个有志于从事律师业的人所应考虑的首要问题。对这个问题的不同理解，很大程度上影响着从业者的执业追求、执业态度、执业品位、执业风格、执业作风、执业能力、执业水平等各个方面。

不同的律师由于追求不同、所处的环境不同，对成功律师的理解也是不同的。随着自身状况和所处环境的变化，从业者对成功律师的理解也会发生变化。

1. 成功律师

成功律师一般都有如下共性：(1) 确实将律师工作作为一项最为理想的事业，作为自己最有意义的人生追求来从事这个工作；(2) 发现并享受律师工作的乐趣，能够最大限度地将自己的精力、时间和财富投入到这项工作中；(3) 确实能够做到把客户的利益置于个人利益之上，无怨无悔地、一点一滴地实现着社会的公平和正义，并且对律师事业的发展起到一定的促进作用。

尽管成功和成功律师是一个相对的概念，但是，成功律师与其他律师相比较而言，还是有客观标准和具体体现的。这通常表现为下述五个方面的能力：(1) 具有能够让客户满意、让同行信服的提供法律服务的能力；(2) 有高水平的开拓客户、维护客户关系的能力；(3) 具有总结业务经验、制作标准文件、制定和完善标准工作方法的能力；(4) 具有管理律师事务所的能力；(5) 具有较强的培训、帮带年轻律师的能力。

2. 成为成功律师的建议

(1) 将律师工作当做人生目标来追求

工作的选择有些像择偶，选择固然重要，但更重要的在于感情的培养。一旦成为律师，你应当坚信律师就是你最理想的工作，为了成为成功的律师，你能够为之付出一切，包括你的时间、你的精力、你的感情……你用心努力地去工作了，这个过程也会根据你设定的目标使你的自身因素发生改变。很可能在一段时间后你会发现律师工作几乎就是你全部或大部分的人生价值，是你生活不能割舍的一部分。当然，在你的工作过程中，你不仅仅要认识到你的工作价值、工作的神圣和崇高，更重要的是能够时刻发现并享受工作带来的乐趣。当接触每一个当事人时，你需要用一种欣赏的态度来理解事件发生的原因和他(她)的各种要求；当你设计一个解决问题的方案时，你需要有一种尝试创作的冲动，来验证你的判断能力和逻辑思维能力；当你实施某个具体方案或行为的时候，你应当具有接受挑战的心态，把你的耐力、反应能力、亲和力、组织能力等发挥到极限……如此这般，无论事情的具体结果如何，你每天都朝着你追求的目标发展，都收获着自信和希望，实际上，你已经踏上了成功之旅。

(2) 集中精力于最重要的目标

成功之旅是由一个个具体的目标构成的。在不同的时期，需要在达到具体的目标后才能开始下一段行程。

走上成功律师的道路,具有这样一些目标或者说一些条件是非常重要的:

① 选择一家好的律师事务所、一个可以为师的律师和适宜的业务发展方向。通常人们认为好的律师事务所拥有宽敞的办公用房,拥有众多高学历和富有经验的律师,拥有较多的业务和巨额的收入……上述都是事务所成功的具体表现。作为一个律师,判断是否是一家好的律师事务所看重的是它能够为律师做什么。换言之,好的律师事务所要能够为律师的成功提供支持。好的律师事务所要有好的理念、好的制度、好的工作气氛和人际关系,要有能够使律师得到锻炼的各种业务和业务培训体制。尤其是最后一点,对年轻律师而言至为重要。

如果年轻律师刚刚跨入律师行业就有一个可以为师的律师进行指导,那是一件非常幸运的事情。很难想象,一个律师没有可以为师的律师进行长期指导教诲,他在今后的执业竞争中还能够成功。在很多情况下,寻找一位可以为师的律师确实是可遇而不可求的事情,但是,如果你切实抱定成功的信念并努力争取着,你必然会得到成功律师的青睐,因为物以类聚。即使没有找到或者尚未找到一个可以为师的律师,你也要尊重并学习每一个律师的优点,博采众长。

在一些发达地区的大中型律师事务所中,律师已经超越了赤脚医生式的执业水平,有了比较专业的分工,也有了自己的专业发展方向,成功律师也大多形成了自己的专业特长。你应该根据你的教育基础、专业教育或研究水平、外语水平、个人经历和所拥有的社会资源,找到适宜自己发展的专业发展方向。专业发展方向没有高低之分,关键在于适宜。

② 熟悉法律法规。国内的法学院教育基本是站在立法者的角度讲授对法律的理解和理解法律的理论及方法,学生对法律法规本身的熟悉程度往往是不够的。成为律师以后,你要利用法律维护和实现当事人的权益,换言之,法律对律师而言是维护和实现当事人权益的工具。你必须站在一种区别于法学院的理论的角度来重新理解和体会法律,你必须要熟知与你的每项业务相关的所有法律法规、具有指导意义的案例和立法趋势。

年轻律师是否成功的最大区别往往在于没有业务时的表现。在你刚刚成为律师后的一两年内,在你尚不能独立承担业务或开拓客户的时候,你必须利用好这段时间做到熟悉法律法规。这个目标是你通过自身努力就可以达到的。

③ 掌握律师专业思维方式和业务技巧。法律调研、起草法律文书(各种报告、法律意见书等)、起草合同、参与谈判、代理诉讼和代理其他纠纷的处理这些执业律师日常的工作,从形式安排到内容表述以及各种行为实施的程序和方式都有律师习惯的做法,在习惯的做法后面隐含的是执业律师的专业思维和业务技巧。律师的专业思维和业务技巧都是经验的总结,只有了解和掌握这些才能够完成具有律

师专业水准的工作成果。如果年轻律师天天用心努力地从事上述这些工作，并认真体会总结，在资深律师的指点下，用三年左右的时间达到这个目标应当算是比较成功的。

④ 培养业务关系，提高开拓客户的能力。听说过做律师就是"熬年头、混人头"的说法，似乎是说年头长了，人头熟了，律师业务就会自然而然地开展顺了。这句话从强调律师工作要培养社会关系、开拓客户的重要性的角度来理解是不错。但并不是年头到了，人头自然就熟，就自然会有客户上门。培养业务关系、开拓客户是一种能力，是通过综合因素的作用而表现出的综合能力。如果年轻律师能够在五年左右的时间内培养起自己的客户渠道及拥有足够的客户和业务，就已经算是比较成功了。

在上述四个成功的条件和目标里，有些目标是初入这个行业时就必须在比较短的一段时间内集中精力达到和完成的，有些是在相当长的一段时间内都要潜心体会、不断尝试才能达到的。所以，你必须有一个规划，在每一个时间段内要知道重点实现的目标。否则，几年后再从头补课将很可能是一锅夹生饭，对你的成功造成不利的影响。

（3）忘记过去、聚焦未来，专注于不断的进步

作为一名年轻律师，没有经验、没人指导，并在一个相对陌生的环境中工作，而且行业本身对从业者又有着较高的要求，不如意的事情在所难免。面对这样的现实，正确的选择就是忘记过去、聚焦未来，专注于不断的进步。

在对过去的事情进行总结、吸收了有益的教训之后，过去就已经死了。如果记忆中有着太多的失误、太多的悔恨，这必将影响律师应有的自信。如果让过去绊住手脚，律师将失去前进的动力。在一些高水平的体育比赛中常有这样一些现象：世界顶级的足球运动员在一个射门打偏后，他们并没有像国内中超球员那样表现出太多的遗憾和悔恨，他们好像知道每脚都要打准的要求本身就是不合理的，他们好像知道蒙出一脚世界波也没有太大的意义。这不仅仅是风度，更重要的是一种素质，是一种扫除心理障碍的素质，是成功必备的素质。

聚焦未来才能不迷失方向，做律师应该做的事。一脚球踢歪了，但比赛还没有结束，全队的教练、队友以及方方面面的其他人员的努力目标都是要赢得比赛，如果这个时候考虑到自己的面子，为了自己的虚荣心打乱了赛前战术部署或影响到技术水平的发挥，才真正是大错。几乎每个人都有时时刻刻、在方方面面证明自己的价值，展现自己价值的心理冲动，但成功者只在其设定的目标轨道上、在自己应当做的事情上证明自己的价值，因为有所为就要有所不为。聚焦未来，就是满怀希望。当你满怀希望朝着自己设定的成功目标努力时，这不仅仅有助于你处理目前所遇到的困难和应付一些琐事，同时也会使你有一个健康积极的心态去工作、去付

出。无论结果如何,你的工作和付出的过程是主动积极地自我满足的过程,这样的一个过程就是成功。

专注于个人的进步,就是专注于个人能力的肯定和提高,它不仅仅给你带来成功的动力和自信,而且它是发现你的潜能并促使你获得成功的关键。有人这样评价沃尔玛创始人山姆·沃顿:"在他的一生中,从未停止过进步。每天都应比前一天进步一点,是他的成功信条。"当抱着专注于自身进步、自身能力的提高的心态去从事律师行业后,你也许会发现这个成长的过程甚至比你所得到的具体成果更重要。因为相当一部分人认为人生的追求过程就是一个自我完善、自我提高的过程。

(4) 施惠于人,回馈社会

社会中每个人的人生价值、工作价值都必须得到他人和社会的认可。我们的生存和发展得益于他人和社会,施惠于人、回馈社会是我们应尽的义务和责任。

如何能将施惠于人、回馈社会与个人人生、工作的成功相结合?

正如西方先哲所言,"我们靠获取而生存,但靠付出而生活"。对我们来说,施惠于人并不意味着一定要去帮助穷人,不过如果你认为帮助穷人是你生来应当完成的使命,无疑你应去完成它。如果你跟多数人一样,认为施惠于人是你可以立即做到的事情,不论是花更多时间与你的家人相处,培养一位有潜力的下属,在社团中帮助他人,还是为社会利益而牺牲自己一时的私利,这些都是施惠于人的做法,关键是找到你的目标并在追求它的过程中帮助他人。

成功之旅因人而异,因为人们对成功的憧憬不同,但旅程中的原则是不变的,你可在家中、在学校、在办公室、在球场和法庭上适用它们。而当你学习并适用这些概念时,便开始走向成功。

第二节 律师的价值和律师工作的意义

一、律师的价值

律师的工作作为一种有偿服务,在市场经济环境中,一定程度上具有商品的特征,是具有价值的。从追求做成功律师的目的的角度认识律师的价值,实际是讨论客户对律师工作的合理需求以及律师所应当具备的满足客户合理需要的专业能力。换言之,就是客户买的是什么,律师卖的是什么,律师只有非常清楚地了解上述内容,他才有可能在平时有针对性地提高自身的价值,才能走上成功之旅。

我国《律师法》第 2 条规定:"本法所称律师,是指依法取得律师执业证书,接受委托或者指定,为当事人提供法律服务的执业人员。"法律服务即律师的业务范围,在《律师法》第28条中规定为:“律师可以从事下列业务:(一)接受自然人、法人或者其他组织的委托,担任法律顾问;(二)接受民事案件、行政案件当事人的委托,担任代理人,参加诉讼;(三)接受刑事案件犯罪嫌疑人、被告人的委托或者依法接受法律援助机构的指派,担任辩护人,接受自诉案件自诉人、公诉案件被害人或者其近亲属的委托,担任代理人,参加诉讼;(四)接受委托,代理各类诉讼案件的申诉;(五)接受委托,参加调解、仲裁活动;(六)接受委托,提供非诉讼法律服务;(七)解答有关法律的询问、代写诉讼文书和有关法律事务的其他文书。”可以概括地理解为:律师的法律服务就是帮助客户正确地理解法律;帮助客户与第三方建立、变更和终止具体的法律关系;代理客户依法防范、解决各种纠纷和处理其他相关法律事务。

上述法律规定是从管理者的角度对律师的业务范围进行的许可性界定,对律师执业具有重大意义。但是,对新从业的年轻律师而言,更应当了解的是为了做好上述服务工作,律师所应当具备的各个方面的条件、能力、知识和执业技巧。律师应当具备下述几个方面的基本价值:

1. 了解法律的价值

(1)针对客户遇到、提出的问题,能够全面、详细地了解和准确地理解相关法律规定。就某一个具体事实或当事人的问题,与之相关的法律规定往往分布在不同的法律、不同章节条款之中。如客户问这样一个问题:某外国的建筑公司与中国的房地产开发商签署一个建筑安装合同,双方当事人能否就建筑物质量作责任限制的约定?就这个问题,可以在民法、行政法、刑法、国际法等不同法律部门的法规中检索出十几条相关的规定。即使这样,仍然不能保证这些规定就是全部。仍然需要向司法机关研究部门的人员请教。有些人时常会说中国的法制不健全,但作为律师,必须有这样一个观念:**如果就客户的问题我没有掌握与之相关的全部现行的法律规定,这就是我的失误**。法制不健全在立法方面往往体现为规定是原则性的,不直接、不具体,所以,在现行法律规定的水平上给出一个准确回答,恰恰是客户最需要的,也是律师工作最重要的价值之一。

(2)在整个法律体系中,了解具体法律规定的效力及其相互之间的关系,了解立法的本意;从维护当事人的利益出发,甄别、确定对当事人有利或不利的具体法律规定及其效力。作为律师,就一个行为或事实仅全面了解与之相关的法律规定并准确地理解这些规定是不够的,在很多情况下,上述做法尚不能给客户一个最终的法律意见。客户需要的法律意见往往是其行动的依据,有价值的法律意见是从法律的角度给出的对客户最有利的行动建议。相关的具体规定分布在不同的法律规定之中,有些法律规定的法律后果不同,效力也是不同的。面对不同的法律规定,律师要在了解的基础上,得出适用性结论,即分析出哪些具体规定是对客户有利的，哪些是不利的。不同的规定之间是原则与具体的关系，还是相互补充的关系，或是相互矛盾的关系，哪些规定是适用的，哪些规定是优先适用或者不适用的。在经过了上述分析之后，才有可能提出一个可行的法律建议。

（3）了解相关法律在具体执行过程中的实际情况。了解相关法律在具体执行过程中的实际情况有时比了解法律本身更为重要，这也是律师具有执业经验的重要标志。法律在执行的过程中会受到各种客观因素的影响，甚至在不同情形下产生的法律后果也不尽相同，掌握法律运作的现实情况对律师来说更加重要。如果一个客户委托律师设立一家公司，客户未必看中律师对公司法律法规有着非常深刻的理解，如果你能立即准备出一套设立公司所需要的文件样本，拿出一个清楚的程序图和每个程序需要的时间表，甚至准确地说出办事机关的负责人或经办人，以及他的工作习惯，也许更能得到客户青睐。

（4）了解相关的判例、案例。我国并不是一个判例法国家，但相关案例在我国的司法实践中却是具有很强的影响作用的。有些案例，比如《最高人民法院公报》每期发表的案例，它们自身的权威性注定其就是对法律的解释，其他法院的判决不能与之相悖。不具有很高权威性的案例，对审判也是有一定影响的。任何人包括执法人员，都有从众的心理，只是不同的人心理作用的程度不同。无论是在诉状中还是在庭审过程中，就同一种案件你能够举出一个对自己的当事人有利的案例，可以肯定地说这是非常有力的说服方式。案例对律师的非诉业务也同样重要，律师深究判例的依据的过程，往往是对自己法律分析的验证。律师只有清楚地了解了某种纠纷处理的结果，才能够帮助自己的客户事先作好如何处理这些纠纷的安排，并将处理方案作为事先约定写入各种法律文书。如果适用国外法，尤其是适用判例法国家的法律，律师更应当了解相关的判例。

（5）了解立法趋势和未来走向，预见在今后一定时期内其对客户利益的影响。几乎所有的法律意见书都会声明“本法律意见是根据现行的公开的法律作出的意见，如果今后制定或公布的法律导致本法律意见与法律不符，律师不承担责任”。但是，高明的律师是可以根据立法趋势和未来走向，考虑到今后一定时期内新出台的法律法规对客户利益的影响的。这一点，是律师高明的一个标志，也是律师高度负责的一个标志。2005 年 6 月，我国一家大型广电企业收购某省的有线电视网络公司，客户收购的最终目的是要将目标公司变成全资子公司并改组成分公司。如果律师不知道新《公司法》关于投资主体的修改，很可能否定客户的收购目标或给出新的建议方案，其他的中介机构已经按照原《公司法》的规定这样做了。但是，律师恰恰知道《公司法》的修改方案，肯定了客户的方案，最终赢得了客户的信任和欣赏。

（6）了解相关的法学理论、权威专家的观点和社会意见。针对当事人的某些问题，有时确实没有相关的法律规定或者法律规定明显不合理，律师作为当事人利益的维护者，需要从法理的角度，利用社会上权威专家的观点或社会公众意见，作出合理的解释或制造一些影响，这也是律师常用的办法。采用专家论证会的方式或者其他可行措施，有时也能收到一定效果。

2. 运用法律的价值

（1）利用法律知识对事实进行分析、判断和证明。对于客观发生的事实，需要将其确认为法律规定的行为模式，才能适用于相应的法律后果。在从事律师工作时，律师需要知道事实可以分为客观发生的事实和可以证明的事实，两者有时是一致的，有时是不一致的，法院或仲裁机构能够接受的只是可以证明的事实。律师必须根据掌握的资料，分析哪些事实对当事人有利，哪些事实是不利的；证明对当事人有利的事实，驳斥对当事人不利的事实，陈述并指出对当事人不利的事实证明的缺陷，是律师非常有价值的工作。

（2）利用法律知识判断行为的法律后果。很多人（包括自然人和法人）陷入法律困境后，尤其是犯罪嫌疑人被拘捕后，他们往往最想知道的就是将要承担何种法律后果。律师应当在客户做出某种行为（或发生某种事件）前，能够帮助他预测和避免某种不利的后果；在做出某种行为（或发生某种事件）后，准确地说明其将要承担的法律后果和可能争取的有利后果，只有这样，客户才可能切实感受到律师的价值。

（3）利用法律知识，帮助客户在法律程序中解决各种纠纷。解决纠纷的法律程序包括诉讼、仲裁以及独立的调解程序。作为一项重要且独立的律师工作，除了具有上述的工作价值外，律师还要了解并熟悉各种程序的内容，根据程序的要求，在各种不同的法律程序中，将客观事实与法律规定相结合，将实体法与程序法相结合，恰当地运用上述工作的价值。

（4）利用法律知识建立、变更和终止具体的法律关系。无论针对当事人与他人的贸易关系，还是涉及人身、财产内容的其他社会关系，凡属于私法调节的范畴，律师都可以在法律规定的范围内，帮助当事人利用法律知识，以维护当事人合法权益为宗旨，设立、变更或终止具体的法律关系。

（5）利用法律知识，帮助客户办理各种法律手续。公司设立、变更或解散，商标专利申请、续展和转让登记，不动产的抵押登记等法律手续的办理都是非常专业的法律业务。其中有些业务，没有专业法律人员的帮助，当事人是很难独立操作的。在这些非诉的法律业务中，律师应当了解并熟悉办理各种手续的条件、需要的文件、办理的部门和程序等专业内容，以更好地为客户提供服务。

（6）利用法律知识，起草撰写法律文书。法律文书（包括律师函、法律意见书、合同、诉讼书状等）的内容、形式、语言风格与其他文书是有很大区别的，尤其是它的作用和后果往往是其他文书所不能比拟的。律师的很多最终工作成果就是以文书的形式体现的。因此,起草、撰写规范有效的法律文书是律师非常重要的一项工作。

3. 律师具有的社会经验和人脉资源

律师的法律知识不同于自然科学领域的原理或定律,不能简单地利用科学实验来重复或验证。律师的专业法律知识往往要通过特定的人或不同的人的接受过程,在特定的事件中发挥作用。让特定的人接受律师的观点或建议,并在特定的事件中发挥作用,这就需要律师除了法律知识外,还要有相应的社会经验和人脉资源。这些社会经验和人脉资源往往也是当事人非常看中的律师价值。

(1) 律师应有较高的判断能力和预见能力。这里所讲的判断能力和预见能力不同于上述对法律事实的判断证明和对法律后果的预见的能力。除了上述内容之外,律师对客户所遇到的事情的过程和结果,根据当事人及对方当事人的条件和能力以及他们之间的相互关系,结合其他人(包括法官、仲裁员、管理机关的人员等)的因素,要有基本准确的判断和预见,并帮助当事人作出最佳的选择。一些做过离婚案件的资深律师都深有体会,相当一部分委托律师提起离婚诉讼的当事人,其心理往往仍然处于矛盾的状态,感情是否真正破裂到一定要离婚的程度是一件非常难以判断的事情。如果一位缺乏生活经验甚至从没有恋爱结婚体验的年轻律师,正在按照当事人的指示坚定不移地主张离婚请求,拒绝一切调解和解的机会,毫不留情地证明对方的种种破坏婚姻的劣迹……却忽然得知双方当事人已经捐弃前嫌又甜蜜地同床共枕了,律师的所作所为无疑将自己置于一个非常尴尬的境地。之所以如此,与律师的法律知识无关,而是他的社会经验不足,他对社会生活的判断能力和预见能力不够。如果律师在同样的事情中提前就已经有了一个准确的判断和预见,并因而从中做一些力所能及的工作使当事人的关系得以恢复,那么律师所得到的收获也许就不仅仅是律师费了,他还可能得到当事人真心的信任、钦佩、赞许……并且事半功倍。

(2) 律师应有专业的沟通能力。律师的工作需要与当事人有非常紧密的沟通,需要与本方当事人聘请的其他专业人员(会计师、评估师、税务师、投资顾问、技术人员、商标专利代理人等)有很好的沟通和配合,需要与对方当事人或对方当事人聘请的律师和其他专业人员有很恰当的沟通。上述的所有沟通都需要律师具有区别于其他一般人员的专业的沟通能力。无论在什么情况下,律师都要从职业责任的角度出发,考虑与各方的关系,排除一切个人情绪和个人利益因素,尽最大努力利用书面、口头等恰当方式做好沟通工作,这就是律师的专业沟通能力。

(3) 律师应有专业的说服能力。处理任何法律事务,讨论的基础都是以法律为准绳。律师必须牢牢地利用法律规定和法律知识阐述自己的观点和建议,这是律师专业说服能力的一个方面。同时,律师还要晓之以理、动之以情,以被说服对象最有可能接受的方式阐述自己的观点和建议,这是律师专业说服能力的另外一个方面。

(4) 律师应有较强的组织、利用人脉资源、社会公共资源的能力。律师不得利用人际关系,通过非法手段,为当事人或自己谋取非法利益,律师在任何情况下都不得违反这个原则。但是,合法地利用人脉资源,维护当事人的合法权益,是律师应当做的事情。律师与其他专业人员(会计师、税务师、评估师、鉴定人员等)有恰当的关系,可以组成紧密团队,为当事人提供优质高效的服务,这些都是当事人希望律师具有的价值。律师具有这样的价值,发挥这样的价值,也会为自己的发展带来更多的机会。

(5) 律师应当在自己擅长的业务领域具有相关的专业知识和广博的生活常识。律师在擅长的业务领域内,除了具有专业的法律知识外,还必须对这个领域的其他相关知识有基本的了解。比如擅长并购的律师,必须具备公司财务知识,知道并购的商业模式和并购过程中的管理及经营风险,否则,与客户及其他专业人员没有交流的基础。尤其是在帮助客户策划并购方案的过程中,律师只有在了解相关商业知识,充分理解其他人员的想法后提出的观点或建议,才是当事人和其他专业人士最容易接受和最有效的。

好的律师不仅仅是一个专家,而且还是一个"杂家",有广博的生活常识。只有这样,律师才能对事情进行多角度分析并对其性质作出准确的判断,进而对当事人进行有理有据的说服。成为美国总统之前的林肯律师根据上弦月、下弦月的天文常识,令人信服地分析出证人的陈述不真实,从而为被告人赢得了诉讼。这个案例比较典型地说明了掌握一定的生活常识在律师工作中的重要性。

二、律师工作的意义

律师工作的意义是指律师工作的社会影响。律师工作的意义可以分为两个方面:一是维护当事人的合法权益;二是维护法律的公正。以法律的科学性为前提,二者是一致的。维护当事人的合法权益是具体的,律师在实际工作中如果能够维护当事人的合法权益,其最终结果必定是维护了法律的公正,维护了社会的公平和正义。

第三节 律师工作的性质和形式

一、律师工作的性质

所谓“性质”，就是事物的本质特征。这里讨论律师工作的性质，是通过与其他行业的对比，了解律师行业与其他行业的共同点和不同点，从而更清楚地了解律师工作本身。

根据《律师法》的规定，律师是指依法取得执业证书，接受委托或者指定，为当事人提供法律服务的执业人员。因此，律师行业具有服务行业的某些特征。

（1）律师行业的服务对象是人。律师应当像医生平等地对待每一位患者一样，无论当事人的年龄、民族、信仰、道德、文化水平、个人喜好、财富拥有量有什么不同，只要他们给了律师信任，律师就应当回报全部的热诚和尽最大的努力。律师面对的客户时常是一些有杀人、强奸、抢劫行为的犯罪嫌疑人，他们也许文化水平低、道德败坏、卑鄙无耻、令人厌恶反感……律师面对这些当事人时必须清楚：行业的道德准则不允许你用个人好恶来决定你的工作热诚和努力程度。每个人都有利用法律维护其合法权益的资格，维护每个具体当事人的合法权益才能够实现社会的公正。正像由于每个患者的身体素质存在差异，医生对同一种病情采取不同诊疗方式一样，由于客户的年龄、民族、信仰、道德、文化水平、个人喜好不同，就同一种法律问题，律师也必须采用不同的服务方式。遇到同样法律问题的不同客户，对同样方式的法律服务，其感受不同，评价也会不同。律师应当针对客户的具体特点，采用不同的服务方式。

（2）律师行业的服务具有无形性。有些服务成果具有外在的表现形式，而有些服务成果则没有外在的表现形式。律师参与一个谈判、出庭辩护，其劳动成果很难用物质的形式表现，也不应与一定的事实结果相联系。律师所提供法律服务的无形性决定了：律师向客户提供规范有效的法律服务，客户向律师支付相应的报酬。年轻的律师应当有这样一种观念和自信：我是受过高等法律教育的人员，我是通过国家司法考试、经过专门培训并经审核批准而取得了国家承认的提供法律服务资格的人员，我为客户提供了规范有效的法律服务，我就应当得到相应的回报。当事人是否达到了他的具体目的或者具体要求，与正常收费没有直接的关系。一般地说，医生都希望治好患者的疾病，但没有一个医生可以治好所有患者的所有疾病，可是治病的过程本身就要收费。否则，世上将没有医生这个行业。

律师行业除了具有服务业的基本特征外，它还具有自己独有的特征。律师向社会提供的法律服务可以概括为：律师为实现或保护当事人的合法权益，就当事人的法律问题和在法律程序中，向当事人提供的有偿法律服务。具体体现如下：

（1）资格要求。根据《律师法》的规定，律师提供法律服务的前提是取得法律职业资格（律师资格）和执业证书，这就把其他为他人提供法律帮助的人排除出律师这一特定人群的范围。

（2）行业规范的指引和要求。《律师执业行为规范》等行业规范确定了律师执业的道德原则，规定了律师在执业机构、诉讼、仲裁程序中的纪律，规定了律师与委托人、对方当事人的纪律，也规定了律师与同行之间的纪律，这是行业内部对于律师的特殊要求。

（3）营业性。《律师法》第13条规定："没有取得律师执业证书的人员，不得以律师名义从事法律服务业务；除法律另有规定外，不得从事诉讼代理或者辩护业务。"反言之，只有律师才能靠向社会提供法律服务而获得经济利益；获得经济利益是律师提供法律服务的目的之一。

（4）私权性。和法官、检察官、行政执法人员不同，律师是法律特别规定的一个群体，与法官、检察官、行政执法人员具有明确的具体分工并且相辅相成，共同构成专业法律人群，但律师提供法律服务仍是私权性的，没有国家公权力的强制保障，律师的权利来源于当事人的授权或法律的特别规定。

（5）责任性。在律师向当事人提供法律服务的过程中，如果违反了相关的法律、法规、约定或执业纪律规范，将要承当相应的法律责任，这些责任包括民事责任、行政责任，有时甚至是刑事责任。

概括地讲，律师工作的性质是：为实现或保护当事人的合法权益，利用法律工具，通过法律途径，向当事人提供法律服务。上述观点包含四个方面的内容：① 提供服务的目的是实现和保护当事人的合法权益；② 提供服务利用的工具是法律，也就是上节论述的律师的价值；③ 提供服务的途径是法律途径，法律途径一方面是指法律规定的各种程序，另一方面是指法律允许的相应途径，包括协商、和解等途径；④ 向当事人提供的服务是法律服务，法律服务是利用法律知识解决法律问题的具体服务，是一种具有相应资质的特定人员提供的专业服务。

二、律师工作的形式

律师工作的形式，可以从诉讼（包括仲裁）业务和非诉讼业务两个方面说明：

1. 在诉讼业务中，律师提供法律服务的主要形式有：

（1）帮助当事人分析案情；

（2）解答法律问题；

(3) 会见犯罪嫌疑人;
(4) 查阅案卷;
(5) 搜集证据;
(6) 代表当事人与法院(仲裁庭)联系,安排处理诉讼(仲裁)事务;
(7) 代写、提交各种书状;
(8) 作为代理人、辩护人提起、参加诉讼;
(9) 参加调解;
(10) 申请执行。

2. 在非诉讼业务中,律师提供法律服务的主要形式有:
(1) 为客户提供各种法律咨询、法律意见;
(2) 代理客户办理各种法律手续(商标申请、专利申请、公司设立等);
(3) 为客户制定各种规章制度;
(4) 参加谈判,建立、变更或终止各种法律关系;
(5) 为客户起草合同、意向书、律师函、遗嘱等各种法律文书;
(6) 应客户请求,进行法律宣传和法制教育;
(7) 见证,出具见证书。

上述律师工作的形式是律师在工作过程中的一般形式。随着法制和经济的发展以及当事人需求的增加,律师提供法律服务的形式会不断增加,比如一些国际律师事务所经常为客户提供的提存业务,目前国内律师事务所就很少展开。我们相信,随着经济发展的需要,律师会用更多的恰当形式为当事人提供高质量的法律服务。

第四节 律师的角色与职业面孔

一、律师的角色

在律师的工作过程中,无论是与本方当事人的合作还是在与对方当事人或与对方当事人的律师的接触过程中,律师的角色、提供服务的方式以及具体的态度都要根据需要进行确定、变换和调整。

在说明律师的角色时,我们可以用一个形象的比喻:把当事人比作一支球队或球队的老板,他想要通过律师实现的目标是战胜对手(对方当事人和他的团队),赢得比赛,此时律师充当了什么角色?律师在哪里?律师在做什么?律师又是怎么做的?结果又是什么?所有这些问题都是入门律师需要搞清楚的。

1. 律师在与当事人合作过程中扮演的角色

首先,律师是一个帮助者(律师与球队的组成人员不同,它是外聘的,是临时的人员),他和当事人共同参与到比赛中,他必须用他的知识、经验和技能,以及相应的社会资源,尽一切努力来帮助当事人赢得比赛。律师在上述工作中,必须随时留意“球队的老板”和直接负责人的态度。

其次,律师要扮演教练员的角色。在球队中没有教练时,当事人需要律师扮演教练角色的时候,律师要根据比赛的经验,设计进攻和防守的战术,提供用人和分配具体任务的建议。这样的情况往往是在当事人力量比较薄弱的时候出现。律师应尽量使自己的战术和建议事先得到当事人的认可。通常为一些大的客户提供服务时,客户已有专业教练或老板自己热衷于教练的角色,在这种情况下,律师要从利用规则的角度,为战术设计提供意见,完善战术的设计。利用规则去赢得比赛,律师比当事人或当事人的教练更有专业上的优势,此时律师实际上是教练的顾问。律师扮演教练员的角色,其权利来源于老板的高度信任和直接授权。律师有可能在制订战术、调整战术、人员调遣等方面发号施令,淋漓尽致地表现和发挥他的才能,但这需要他具有丰富的经验并承担巨大的风险。一旦比赛失败,律师有可能失去更多,而且比赛可能会出现波折,球员也有可能出现不理解的情绪,老板也许没有能够将信任持续到比赛结束,所有这些因素,都是律师扮演这一角色之前应当事先考虑和评估的。

再次,律师要扮演运动员的角色。在诉讼、仲裁或谈判等过程中,律师往往是与当事人共同组成一个团队或者代表当事人独立工作。律师要亲自上场,此时的律师,要能游刃有余地应对各种程序,应掌握充足的证据和事实,要有精彩的辩论和发言……律师在场上尽情地表演时,一定要牢牢记住自己在场上的位置和战术安排。律师通常仅仅是熟悉比赛规则和利用比赛规则的高手,而最需要肯定律师工作成绩的是聘请律师的老板和直接负责人,如果他们是同场的队友或是教练员,律师必须要让他们得到更多的喝彩。这一点是急于得到他人肯定的年轻律师特别要注意的。

最后,律师要扮演裁判员的角色。在诉讼、仲裁以及行政部门处理纠纷的过程中,法官、仲裁员以及相应官员就是裁判员,律师何以扮演裁判员的角色?非诉事务中根本就没有仲裁者,哪里会有裁判员的角色?其实无论是在诉讼还是非诉事务中,所有的参与人都要以法律为准绳处理相关事项。律师站在公正的角度,客观地解释法律,他就是公正裁判的影子,有时甚至是裁判员的裁判。当事人何以花钱聘请律师发律师函?当事人何以花钱聘请律师作律师公告?主要原因在于律师具有解释法律的公正性,律师根据法律对事情后果的判断是公正的,从这个意义上讲,律师扮演的就是裁判员的角色。事实上,律师没有公权为保证,律师对法律的解释也不是有权解释，不是强制执行的解释，与裁判员的效力确实有区别，但这并不妨碍律师在执业过程中扮演裁判员的角色。

2. 律师在与对方当事人和对方当事人律师接触过程中扮演的角色

对方当事人是指在具体事务或法律关系中与本方当事人的利益相冲突，意见、观点相对立的当事人。律师在与对方当事人或对方当事人的律师接触的过程中首先扮演的角色就是对手。律师一定要牢牢站在本方当事人立场上，主张本方当事人的权利，维护本方当事人的利益，这一点是毫无疑问的。但是，扮演对手的角色并不是一定要采用咄咄逼人、伶牙俐齿的态度，律师扮演的最基本的角色还是裁判员的角色，律师要站在公正的角度，客观地解释法律，从容地主张和争取本方当事人的合法权利，有理有据地耐心说服，只有这样才能赢得对方当事人的尊重，至少会减少对方的敌意，保持与对方的顺畅沟通。如果律师能够抓住双方当事人在具体利益上的共同点，并以此为切入点进行律师工作，在维护本方当事人的利益的同时，也使对方当事人或他的团队得到了帮助，给对方当事人一个帮助者的印象，律师就扮演了一个最成功的对手角色。

二、律师的职业面孔

“律师是一些善于钻法律空子的人”，“律师是一些狡猾善变、伶牙俐齿的人”，“律师是一些锱铢必较、小气之至的人”，“律师是循规蹈矩、非常古板的人”，“律师是一些喜欢虚张声势、上纲上线的人”……上述对律师的评论确实有些片面，但某种程度上也反映了一些律师在执业过程中给他人留下的印象。

律师为什么会给他人留下这样的不好印象呢？因为有时候这是职业的要求。世界上任何一个职业都有它的职业特征——职业面孔。保镖在当事人受到威胁时，就是要凶狠，如果我们用仁慈宽容的词汇去赞美一个保镖，是对他最大的贬斥；外交家就是要善于权变，如果我们用耿直忠厚的词汇去描述一个外交官员，绝对不是对他工作的赞美。律师就是要谙熟法律，利用法律保护当事人的合法权益；律师就是要随机应变、善于表达和说服；律师就是要维护当事人所有的权益，绝对不可轻言放弃；律师就是要严格依法办事，做守法的模范……上述所有律师的执业特点都是律师职业的要求，给他人的表现就是职业面孔。

职业面孔与个人自身的品德、性情、爱好等有时确实有冲突。你也许一直都是一个诚恳、善良、宽厚待人的人，也许一直都是一个富于想象、勇于创新的人，也许一直都是一个疏财仗义、大方果断的人……你也许希望你的这些优点能够被他人认可和赞美。其实每个律师几乎都有你这样的想法。你也应该保持你的优点和正确的做人观念。但是，你一旦成为律师，从事律师这项工作，就必须要学会用职业面孔去执业。因为取得职业成功就需要这样,职业的成功是你人生成功的重要组成部分。

第五节　律师的形象和与人交流

一、律师的形象

年轻律师在当事人面前大多都非常注重自己的个人形象。律师如何给当事人一个正确的职业形象？你也许相貌堂堂、潇洒飘逸,你也许美丽动人、人见人爱,你也许要突出自己的个性,表现得与众不同,这些其实都不一定是当事人看中的。当事人是带着委托事项会见律师的,他最关心的是如何办好委托事项,所以,律师给当事人最重要的形象是可靠。

律师可靠的形象是通过如下几个方面表现出来的:适当的热情;自信、沉稳、机智的性格;丰富的阅历和干练严谨的作风。

适当的热情首先要求律师对当事人陈述的委托事项表现出应有的兴趣和关注;其次,律师应对当事人谈论委托事项时所表露出的情感和态度表示出相应的理解和同情,以达到感情的共鸣;最后,律师在接受委托时要表示出相当程度的期待和积极主动的工作态度。出于礼貌的接待和赞美之词,不是律师热情的表现,但确实是律师必须注意做到的。

律师的自信是由行业的自豪感和专业的权威性所决定的。在律师的概念中曾讨论过,律师行业是门槛最高、最具有挑战性、最有益于认识社会的行业之一,你作为这个行业中的一员,与其他行业的人员相处不应有任何自卑感。当你以律师的身份与当事人接触时,你是为他们提供法律帮助,更多的是关注事情本身,而不是当事人。在法律领域内,你具有国家认可的资格,你就是这个领域的权威。自信不是狂妄自大、目中无人,而是在胸有成竹的情况下表现出的坦荡、平和及自然,有时甚至略带一些谦逊。

沉稳是不急不躁、有条有理、有容有量的性格。律师是不轻易表态的人,他们只在自己擅长的领域表述成熟的观点;律师往往是最后表态的人,他们非常乐于听取别人的意见,利用别人的观点来印证和丰富自己的想法;律师是相信自己在最后阶段能够取得最好结果的人,因为他们知道认识和处理事情的过程,所以,无论遇到怎样出奇的情形,他们一般不会有夸张的惊讶、沮丧、气愤、疑惑的表情。

真正机智的律师很少有灵机一动的时候,他们的机智是把事情琢磨清楚、透彻后,在事情自行发展变化的过程中,善假于物,正中机关,使出四两拨千斤的技能并不露痕迹。他们的机智令他人越是品味越是钦佩。

阅历是靠积累和反思而形成和丰富的。律师行业是一个能够最直接地接触社会、体验人生的行业，律师有机会接触形形色色的人，处理千奇百怪的事，但仅仅是经历和接触是不够的，事情过后要不断地反思、不断地总结，提炼出精华、认识事物的本质。当你真的认为人无非是这几种、事无非就是这几样的时候，阅历也许就算丰富了，你也就不会有束手无策的感觉了。

干练严谨的工作作风是任何一个行业的优秀人员必备的素质。分析问题抓住关键，解决问题注重实效，这是干练的表现。美国人常说“细节是魔鬼”，严谨的工作作风就是降魔的本钱。当你的干练体现为从大处着眼的时候，从小处入手，能够处理好一个个细节就是硬功夫。如果你尚不知道怎样培养出严谨的工作作风，我们建议你不妨从消除文件中的错别字入手。当你可以向客户保证一个几万字的文件不会有任何错别字的时候，客户必然会称赞你工作的严谨。

二、律师的着装

工作装应当庄重、整洁、大方、合体。律师在工作中的着装必须满足上述要求。律师要自觉地满足上述着装要求，还需了解其中的道理。

着装有时是一种礼貌，着装一般反映出个人的修养、品位、情调和物质生活水平。律师是为当事人提供法律服务、代理当事人处理法律事务的人。在当事人的眼里，律师的着装是与他相关的，律师的着装会影响当事人与律师的关系，所以，律师的着装问题有时显得非常重要。律师要学会从当事人的视角来审视自己的着装。当律师约见当事人的时候，一般当事人需要你对他的重视与尊重，如果你的着装过于随便、休闲，当事人会怎么想？当你与当事人一起会见其他人时，当事人是否希望通过你的着装来映衬他自己？当他把你作为他的律师介绍给其他人时，当事人一般都希望自己聘请的律师是干练的、有品位的成功律师，你的着装是否反映出他所要求的品位和档次？

着装有时反映着人的心情。律师除了要懂得从当事人的角度看自己的着装外，还要知道，着装的标准还有场合的要求。律师经常要参加庭审，出席这个场合的所有人都知道律师在做一件非常重要的事情，他的每个举动都将产生严重的后果，在这样的场合律师应当选择什么样的衣着？不言自明。

着装要符合相应的习惯。一些西方人把星期五作为便装日。如果在星期五参加西方人的一些不是特别正规的活动时仍然西服革履，也许就会感觉到有一些不自然了。

三、律师的言谈举止

1．面谈

律师在会见当事人的过程中，从第一次眼神的相遇开始，无论问候、握手还是交谈，律师都应该关注当事人的表情。除了交谈内容或交谈的对象需要你的眼神转移外，你的眼神应当始终留在当事人的脸上。眼神的交流是面谈的一个非常重要的内容，律师的眼睛基本上应当是自然的注视，眼神中应当流露出自然的表情。

无论是第一次问候还是再次的问候，当面的问候都应当诚恳。简单的“你好”二字，不同的人会有不同的表达方式，会给当事人不同的感受。律师会见当事人尤其是第一次会见当事人时，当事人如果是年长者、位尊者，那么律师的问候应当在前。反之，律师的问候应当表现出应有的威严和持重。无论律师表达的问候在前还是在后，问候的同时眼睛应当注视着当事人的面部，绝对不可以敷衍了事或表现出任何的轻浮或傲慢。

如果你是一位男律师，需要与当事人握手时，你的当事人是位女士、年长者或位尊者，你要等着他们首先伸出手来。如果与当事人不是非常熟悉，你最好只握单手。除非是熟人或需要表现出关系密切时，最好不要在握手的同时附加拍肩等其他动作。握手的同时眼睛应当关注着当事人的面部表情。

在与当事人面谈的过程中，你必须要知道你的任何手势都应当是自然的，动作幅度应尽量小一些。交谈时夸张、僵硬、多余、不自然的手势不能体现出优雅的风度。谈话时用手指点指他人、从里向外的扬手……会令他人反感甚至厌恶。

律师的口头语言应当明确、简练和流畅。所需表达的内容本身也许是不明确的，但是这并不影响表达的方式。说不清楚的事情可以不说，或者直接告诉当事人这就是不确定的事情，如果律师支支吾吾、含含糊糊地表达，则反映着律师的言语表达能力的缺陷。在与当事人面谈的过程中，总体而言，你应当把当事人调动为主角，请他滔滔不绝地陈述他的事情、他的想法和他的要求，即使是你给他分析、解释甚至是说服他，如果你是一个有经验、有条理的成熟律师，就不会有冗长、不必要的重复或烦琐的口头表达，因为你需要考虑当事人的接受程度，况且你知道言多必失的道理。如果你对事实的了解是清楚的，你要表达的是深思熟虑后的明确的观点或态度，如果你的表达能力没有问题，那么你的表达一般是流畅的。想好了再说，一般能说得流畅。

律师在与当事人面谈的时候语音应当是清楚平缓的，语速应当中等，也许稍微慢一些能更好。关于面谈时的态度和表情在律师的形象中已有论述。

最好是由当事人首先提出结束面谈。如果当事人没有恰当地结束面谈的意思，律师可以用协商的口吻请当事人确认结束面谈。

2. 电话交谈

在与当事人交流的各种形式中，电话交谈是最难把握的交流形式之一。电话交谈是比较昂贵的交谈，分分秒秒都在计费，交谈的双方一般都不可能像当面交谈时那样坦然。在电话中，你唯一可以采用的交流手段就是口头语言，你不能够利用环境、眼神、表情、手势等其他因素影响对方。在当事人与你进行电话交谈的过程中，双方所处场景（所处环境）和心情也许完全不同，比如，一个在出席婚礼，一个在参加葬礼，此时的交流根本就没有相同的情感基础，如何能沟通双方共同关心的事情，这是一个难题。电话交谈中双方的表情、心情都是不能直接观察和表现的，这就限制了你和对方有针对性地采取相应的交流手段；当事人甚至可以随便找到一个充分的借口，很礼貌地结束交谈，给你一个没有结果的结果……电话交谈的这些特征，是我们每一个律师都应当注意的，因为电话交谈是律师与当事人最常用的交流方式，也是应当掌握的一种交谈方式。

在采用电话交谈前，律师首先要判断所交谈的事项是否适合电话交谈。如果是一件需要说服对方的事情，是一个比较复杂的事情，是要讨论一件你没有把握的事情，而上述事情是你有可能用其他方式与当事人沟通的，请你最好不要电话沟通。

电话沟通要注意时间。一般情况下，在节假日和休息的时间尽量不要给当事人打电话。

可以用座机打的电话尽量不要用手机，可以在办公室通话的电话尽量打到办公室。

律师给当事人打电话的基本步骤如下：问好，通报姓名，确认通话是否方便，通过适当"闲谈"了解对方所处的场景和当时的心情是否适合谈话，谈论正题，扼要概括结论，结束问候。

律师应在当事人挂断电话后再挂电话。

3. 书面交流

书面交流是最能体现律师专业性的一种交流方式。律师可以在起草写作的过程中梳理思路，可以从容地选择恰当的词句，可以反复修改而使文件达到完美的程度。律师书面交流的信函文件应当是严谨和周密的。以下是律师在书面交流过程中应当注意的一些事项，年轻律师最好对此给予应有的注意。

（1）手写信函文件中注意的事项

每个人的字体总能在某种程度上反映个人的性格。无论你的字体是否优美，是否具有艺术感，律师的书写总应当做到工整、清楚，应当表现出律师对工作的认真。潦草的字体妨碍交流的顺畅，也会影响当事人对你的印象。

（2）利用传真进行交流的注意事项

几年前，人们使用传真侧重于文件的内容和意思的传递。目前律师使用传真不仅仅是传送信函文件的内容，表达一个意思，更多的时候是要传送给对方信函文件中包含的客观性信息，比如发送一份证据或者利用传真的形式异地签署合同，传真文件显示的客观性信息，有时是更需要关注的事项。

发给当事人的传真，在发出后必须及时确认，确认当事人是否收到，收到的传真是否清楚和完整。这是律师应有的负责态度。每一次收到当事人的传真应当首先主动与当事人联系并确认相关内容，这是律师应有的积极的工作态度。

（3）利用电子邮件交流应当注意的事项

律师利用outlook软件起草电子邮件时，最好使用word软件起草好内容后再剪贴过去。因为word软件是专用的写作软件，它所具有的一些功能（比如纠错功能）是其他软件所没有的。word软件是大家所使用的最熟悉的写作软件，很有可能也是你最熟悉的软件，你利用最熟悉的软件起草文件会降低出错率。

起草完邮件内容后，再附加附件。在附件附加完成后，一定要打开附件核对选择的附件是否正确，是否是你想要的文件，是否是你想要的版本。附加错误的附件或者没有附加附件是发送电子邮件时发生率非常高的错误。

邮件内容和附件内容都确定后，再填写收件人和抄送人的邮件地址。尽管你在通讯簿中存储着收件人的地址，但我们建议你不要用鼠标直接选择。你已经花费了很多精力完成了邮件的主要内容，如果此时就沉醉于完成一项工作的喜悦中，很可能就要出错，如果你把一个给本方当事人的邮件发给了对方，很可能铸成大错。你可以在收件人或抄送人的栏目中键入他们的地址，先输入几个字符，如果通讯簿中有存储，它们就会显示出来，这时再用鼠标确认，出错率就会大大降低。

律师要经常发送邮件，一般会设计一个自己的签名。这个签名会令你省时省事，邮件也显得正式规范一些。尤其是在转发、回复邮件时，好的签名会把不同人的邮件很好地分割开。签名有四个内容：① 文件结尾的致礼；② 署名；③ 通讯地址；④ 保密声明。签名的设计程序如下：① 打开“outlook”，点击“工具”，再打开“选项”。② 点击“邮件格式”，在右下方点击“签名”。③ 在页面的右上方点击“编辑”。④ 选好“字体、字号、格式”后，可在空白的方框里填入“签名内容”。⑤ 点击“确定”键即可。以下是一个律师的签名档示例。

示例：

Best Regards;
即致 时祺！

Henry Wang
王××

××Law Firm
Suite ××, Tower A - ×× Plaza
No. ×× ×× Road, ×× District
Beijing, China 1×××××
Tel: (8610) ×××
Direct: (8610) ×××
Mobile: (86) ×××
Fax: (8610) ×××, (8610) ×××
××律师事务所
中国北京××区××路××号
××大厦×座××
电话：总机(8610)×××，直线(8610)×××
手机：×××
传真：(8610)×××，(8610) ×××

CONFIDENTIALITY. This email and any attachments are confidential and may also be privileged. If you are not the named recipient, please do not disclose the contents to another person, use this email for any purpose or store or copy the information in any medium. Instead, please notify the sender by return email and delete this email (including any attachments) from your system. Thank you.
保密：本邮件任何内容(包括邮件的附件)是保密的或私密的。如果您不是注明的收件人，请不要向任何人公开邮件的内容，也不得以任何目的利用或存储、拷贝到其他任何介质上。请您回发邮件通知发件人并在您的系统中删除本邮件(包括邮件的附件)。谢谢！

第二章　律师工作中的主要关系

第一节　律师与当事人（客户）之间的关系

认清、处理好与当事人（客户）的关系，是律师工作中最重要的问题之一。分析律师与客户的关系不是做学问、学知识，而是出于处理好与客户的关系的目的。

一、原则上律师是客户的帮助者

一般的理解是：律师与客户的关系是通过委托代理合同建立和确定的服务合同关系。这种理解没有错。但在实际工作中，同样的一份合同，不同律师的执行会产生不同的结果。因为没有一个合同可以反映或要求律师在执业过程中的具体姿态、具体位置和具体做法。从处理好律师与客户的关系的角度来认识这个问题，需要有进一步的探讨，需要清楚律师在处理代理事项过程中的态度、位置和具体做法等问题。

“在与当事人的接触过程中，我要拿出三分之一以上的时间以不同的方式指出当事人的失误。这样，他才会认可我的价值、离不开我”，这是北京一位著名律师的原话。这句话实际反映出他所建立的当事人与律师的关系——“依赖型关系”。在依赖型关系中，律师以一个绝对权威者的面目出现，占据了办理事项的主宰者位置，根据自己的判断和经验处理相关事务；当事人对处理委托事项没有足够的信心，对律师有较高程度的信任，对律师有着很高的期望值。在这种关系中，律师确实拥有便于发挥自己才能的空间，容易在建立关系的初始就得到当事人的信任，也便于收取相关的费用。尤其是对一些外行客户或自我意识不是很强的客户，往往效果还不错。但是一旦办理事项的结果没有达到当事人的期望值，律师往往容易失去当事人的信任，甚至使当事人有一种被欺骗的感觉，也容易造成律师与当事人关系的紧张。

律师在为一些自我意识比较强的客户服务、处理一些客户不屑做的事务时，很容易与客户形成一种“仆人型关系”。在仆人型关系中，当事人以主人（雇用者）的面目出现，占据着决定者的位置，独立地决定处理事项的方法和方式；律师仅仅按照当事人的吩咐处理指定的具体事项。这样的关系，尽管限制了律师的发挥空间，但是，律师一般不会令当事人感到太大的失望，也容易交差。

好的律师，大多以帮助者的姿态，和客户形成一种“帮助型关系”。当事人聘请律师，正常情况下是做他不能做或不便做的事情。这说明当事人有能力不及或身份不便的缺陷，他需要律师运用能力或身份给予援助。律师行业的公益性质和专业性特征，尤其是委托事务的重要性和急迫性，使律师可以像医生把自己定位为白衣天使一样，作为公平正义的化身为当事人提供帮助。帮助者的姿态能够使律师取得客户的信任和尊重。当事人是委托事项的主体，他要承担办理事项的后果，他应当是决定者，无论他的素质、能力如何，决定者永远是他不可动摇的位置。只有尊重当事人的位置，才能加深他对律师的信任。在决定委托事项前，律师应当从专业的角度给当事人合理的分析和建议，无论当事人是否听从了律师的意见，律师都应该让当事人清楚地意识到这是当事人自身的决定。当事人接受了律师的意见时，律师更要让他明白这是他自己作的决定，他要对后果负责。千万不要认为当事人接受了律师的意见就是律师价值的实现，处理事项的结果还不一定如何呢。如果确实是情况紧急，当事人授权律师决定，律师就必须有作出的决定是最好的选择或是唯一的选择的把握，并且要及时向当事人汇报和说明。当事人作出了决定并且决定是不能变更的时候，律师无须对当事人的决定作任何议论和评判。在决定过程中，处于帮助者的位置能够使律师避免承担不应当承担的责任。在具体实施方案的过程中，律师应当具有帮助者的热情。律师不是一成不变的当事人的辅助人员，当事人更不是律师的配角，律师与当事人应当是相互配合的关系。在专业领域，律师应当尽最大努力，充分发挥自己的能力，把当事人的利益放在首位，无私地工作。办理的事项取得满意的结果，作为一个帮助者，律师没有必要炫耀自己的能力和努力程度，而应当恰当地赞美当事人，为当事人的成功而高兴。办理事项没有取得满意的结果，律师也要从帮助者的角度去理解，事情毕竟是当事人的事情，决定权在他，只要律师尽了最大努力提供了相应的帮助，做到问心无愧就足够了。律师没有必要以一件自己不能决定的事情的结果来证明和体现自己的价值或能力，进而产生过分的自责。

律师能够以帮助者的姿态建立和处理与当事人之间的关系，是达到一定水平的体现，也是扮演好职业角色的基础。

二、在当事人（客户）不了解自己的权利时，律师是当事人合法权利的倡导者

提供法律服务是一项专业性很强的工作。当事人在要求律师作一项咨询服务或解决一个纠纷的过程中，往往不知道或不完全知道自己拥有哪些权利及如何行使权利。在这种情况下，当事人作出的判断或决定很可能不利于自己利益的最大化。主动阐明当事人的权利，积极实现和维护当事人的权利，是倡导者的工作态度。律师应当在这种情况下出色地完成倡导者的角色。

倡导者的姿态是律师最利于表现工作的主动、热情，体现律师工作价值的姿态，是在咨询和制订方案过程中易于表现的姿态。

三、经过授权，律师是当事人权利的行使者，是当事人的代理人

从法律关系上看，代理人与当事人的关系是清楚和明确的，无须赘述。当律师处于代理人的位置时，必须要知道自己与当事人（委托人、本人）有着非常不同的地方：① 当事人往往是最了解情况的人，当事人最了解双方处理委托事项的真实意图，当事人往往比律师更清楚处理委托事项所涉及的人员的心理状态和相互之间的利害关系……② 律师具有的专业知识、专业技能以及行业中的资源优势一般是当事人所不具备的。当律师处于代理人的位置时，律师最好还是坚守帮助者的姿态，协调并发挥当事人与律师双方的优势，相互配合处理委托事项。当当事人确实不能直接参加处理委托事项时，律师应尽量做到拥有当事人的优势，事先与当事人沟通确定委托事项的处理方案。

年轻律师千万注意：当通过当事人的授权成为代理人时，自己并不是当事人。切忌自作主张、自以为是。

四、处理和建立与当事人(客户)的关系时应注意的问题

1. 律师能否与当事人交朋友

著名体育记者和评论员徐济成先生在比较中国人和美国人的习惯时,曾表述过下述观点:中国人做事首先是讲感情,交成朋友后,再合作做事,在事情合作失败后才想到法律。美国人恰恰相反,他们首先想到的是法律,知道法律要求如何做事后再合作做事,等合作的事情做好了,大家再谈感情处朋友。徐先生上面介绍的中国人的习惯,在很多情况下,对传统思维较深的中国人来说,确实如此。年轻律师要想发展自己的客户,巩固客户关系,不与客户交朋友好像真的不行。一些比较成功的律师,大多都是善于交际、性情开朗、在朋友圈中纵横捭阖的人士。

无论是“管鲍之交”、“桃园结义”还是“俞伯牙摔琴谢知音”,这些朋友的相处讲究的是趣味相投、情投意合、疏财仗义,讲究的是包容,讲究的是畅快,讲究的是为朋友两肋插刀。如果与朋友的相处中掺杂着利益,注重的是公平,坚持亲兄弟明算账,则很难算是朋友。但是,律师与当事人的关系,就是掺杂着利益,就是要注重公平,而且非明算账不可。可见律师与客户交朋友是把相互对立的做客户、交朋友两件事统一为一体,是非常复杂、非常困难的。如果处理不好,不仅客户做不成,朋友也交不成。其实交朋友、做客户两件事也有共同点,律师对待客户应当热情、坦诚、严守诚信,这也是交朋友所需要的。律师如果抓住这两件事情的共同点与当事人交往,也有可能使当事人既成为朋友又成为客户。

律师在与当事人相处的过程中,应当注意到:律师与当事人形成的客户关系是工作关系,进一步讲是当事人与律师事务所之间的关系,律师与当事人形成的朋友关系是私人关系。这两种关系的性质是不同的。律师在处理这两种关系时可以有如下的原则性做法:① 能够把两种关系分开处理则一定要分开处理;律师不得以自己的工作做筹码去交朋友。② 不能将两种关系分开处理时,一定要先公后私。一般地讲,工作关系对谁都是相当重要的,如果有人为了一个朋友的利益轻易地损害他的单位或合伙人的利益,那么他的朋友是明白人的话也未必愿意交这样的朋友。

当今的中国处在一个历史骤变的时期,不仅社会环境在发生骤变,人的观念也在急剧地变化。我们在商品化社会中为了生存和发展,可以学学美国人的做法和习惯,事情做圆满了再谈交朋友。美国人的做法和习惯也是社会环境的产物。

2. 就工作成果给客户的承诺

“案子交给你,有几成把握胜诉?”在会见当事人,尤其是会见一些面临参加诉讼或解决纠纷的当事人时,律师常常要面对相同或类似的问题。

当事人提出上述问题主要有两个原因:① 当事人在选择律师时,对办理委托事项有很高的心理期望值,他们选择律师的标准和目的就是要取得设定的结果;② 他们对律师在委托事项的办理过程中的位置和作用并不是十分了解,误将律师的努力成分当做处理事情的决定因素。

如果说在会见当事人的过程中,当事人提出这样的问题是律师会见当事人过程中的一个败笔,那么原因在于律师给当事人的分析不够。在会见当事人的过程中,在完成了叙谈和概括阶段,当事人对律师有了基本的信任,律师了解了基本案情后,律师应当从法律的角度,给当事人一个客观的分析。一方面要清楚地告诉当事人法律后果是什么,另一方面也要客观地告诉当事人律师工作的内容和所起的作用,如果当事人对上述两个方面都有了足够的了解,他提出上述问题的可能性就比较小了。

律师在代理诉讼或者处理纠纷时,其实并没有决定权也没有绝对的影响力。影响案件结果的因素有很多,有些因素是事先根本不可能预见的。法律本身具有预知的功能,律师唯一能做的就是在分析、解释法律的过程中,站在法律的角度,明确告诉当事人严格执法的后果及可能要承担的责任。即使律师真的被逼到一个死角非要回答这类问题不可,律师最多能告诉的就是原来办理相同或相似的案件的结果。

律师不得就案件的结果给当事人作出任何承诺,这是很多律师事务所的一项纪律,也应当是所有律师执业的一项原则。一旦承诺的结果不能兑现,对律师事务所、对律师自身的形象都会带来严重的不良影响。即使暂时失去一些不明白的客户,也不要影响律师今后对长远客户的拓展。

3. 律师不得议论和评价当事人,当事人对律师的评价就是最终评价

尽量不评价和议论他人是尊重他人的表现,也是自己有修养的表现。律师在与当事人相处的过程中,当事人出于对律师的信任和处理委托事项的要求,也许会把他的一些情况、真实的想法以及一些做法告诉律师,有些是私密的,有些可能是丑陋的,不符合律师的道德标准。律师应当明白当事人告诉你这些信息是为了更好地处理委托事项,律师应该想到的是如何利用这些信息办好委托事项和处理好与当事人的关系,除此之外,没有研究和记忆的价值。律师没有必要对他的人品、道德水平作任何评价,更无须议论,否则不是辜负了当事人的信任就是节外生枝。律师必须清楚,当与朋友、同事或是其他当事人轻率地议论、评价某一当事人时,你也会失去他们的信任。

律师提供的法律服务有专业性特点,有些情况下律师的一些想法、行为甚至高明之处可能不会立即被当事人理解和接受,但这并不妨碍当事人对律师进行评价的权利。首先,律师提供的法律服务的内容是帮助当事人了解法律问题,维护当事

人的合法权益。如果当事人不懂或者不能接受律师对法律作出的解释,一般地说过错在律师。律师维护当事人的合法权益是帮助当事人处理事务,对于事情结果的好坏,当事人最有发言权,他将最后承担这个结果。无论律师为他争取到多么客观公正的结果,如果当事人认为对他不利,那就不一定是一个好结果。其次,律师提供法律服务的对象是当事人。当事人付出了相应的对价换取律师的服务,他有权考虑律师的服务值不值他的付出。最后,当事人也往往是最了解律师服务的人。律师的法律服务与当事人的利益息息相关,只有他最关心律师的一举一动,他最关心律师的每个行为产生的效果。所以,他对律师评价有可能是最准确的。

强调当事人对律师的评价就是最终评价,实际上是强调律师在为当事人服务的过程中,必须把当事人的利益放在首位,以当事人为核心,以当事人最容易接受的方式提供法律服务。一般情况下,当事人很少会当面直接用语言客观地评价律师的服务,假如偶然能够得到当事人对律师真实的评价,这是一件值得庆幸的事情,值得律师珍惜和反思。

4. 律师对当事人的保密义务和忠诚义务

(1) 律师对当事人的保密义务

根据《律师法》和《律师执业行为规范》的相关规定,律师对当事人负有保密义务是没有任何前提条件和限制的,保密义务是不可变更、不可撤销、持久有效的法定义务。无论当事人是否与律师签署了服务协议,是否与当事人建立了客户关系,律师都负有保密义务。

保密资料指通常不被公众所知或第三方无法轻易得到的,以任何形式或方式表述的资料或信息。包括但不限于:客户的商业秘密、专有技术、业务流程、管理文件、业务情况、文书范本、客户的身份、客户的联系方式、客户的个人隐私等资料或信息。

保密的要求:律师不得将客户的保密资料私下复制;不得把保密资料带出指定场所;保密资料要妥善保管不得遗失;保密资料不得扩散;保密资料不得以办理委托事项以外的目的使用;保密资料要及时归还。

为了处理好与当事人的关系,赢得当事人的信任,履行好保密义务,这里介绍一些律师在与当事人接触过程中的惯常做法:① 在与当事人开始接触时,可以交给当事人一个已经签署的保密承诺函。承诺函的内容包括:律师的保密义务、保密资料的概念、保密的要求以及保密责任等。也有一些律师事务所把保密承诺函作为事务所简介的一部分,由事务所主任代表事务所签署,与事务所简介一起交给客户。② 在传真笺头的页脚和电子邮件的签名中注明保密事项。③ 给案件或项目名称取一个不反映实质内容的代号或代码。比如××公司收购××上市公司的项目,我们可以取名为“LH 收购项目”。④ 用电子邮件联络时,可以将保密文件作为附件发送并设置密码,只有输入密码才可以打开。在word中设置保密文件的命令是:工具—选项—安全性—输入密码—确定。

(2) 律师对当事人的忠诚义务

在美国,律师经常处理的一项业务就是作为当事人的遗嘱执行人,按照当事人的遗嘱执行遗产的分配。当事人立遗嘱的时候,只有律师在场;知道遗嘱内容的人,也只有律师。当事人死后,律师严格遵照被继承人的愿望将遗产分配给被继承人的亲属。此时律师的被信任程度超过被继承人的亲属。为什么律师如此被当事人信任?最重要的原因就是律师的忠诚。

律师为什么要对当事人忠诚?当事人也许在学历、能力、修养、财富等方面都不如律师,甚至他的一些想法、做法与律师的道德取向、价值取向相悖,律师的内心甚至是鄙视和蔑视他的,何必还要忠诚于他呢?律师有时像保镖,是当事人生命健康的保护神,是当事人利益的守望者。当当事人的生命健康受到威胁时,保镖就要挺身而出,不是他的生命比被保护者轻贱,而是他一旦选择了这个职业,他的生命的意义就在于此,如果当事人的生命受到危害时他不能挺身而出,尽管可以苟全性命,但从职业的角度而言,他的生命已经没有任何价值了。律师也是如此,如果选择了律师这个行业,选择了以维护当事人合法权益为天职的行业,律师就必须不计一切代价地维护当事人的合法权益。其实,律师在工作过程中表现出的对当事人的忠诚,实际上是律师对法律的忠诚,也是对自己职业的忠诚。

律师对当事人应当忠诚,但是在法律及相关规定中是没有明确地提出"忠诚"这个概念的。经验告诉我们这是当事人非常注重的一项要求,也是律师必须遵守的原则。律师与当事人的关系不是纯粹的交易关系,如果律师为了物质利益或受其他因素影响,在当事人最需要律师的帮助时,没有尽最大努力,没有达到勤勉的要求,甚至倒戈反击,以后谁还敢请律师,谁还要请律师呢?

5. 律师不得用客户的威望、名誉宣传自己

打开国内某些律师事务所的简介,常见的是罗列出一大堆有名的客户名称,以此来宣传自己的执业能力。再看一看一些著名的国际律师事务所,他们一般很少宣称为哪些著名客户服务过,但是看看他们正在办理的业务,恰恰都是一些最著名客户的最重要的法律事务。

优秀的律师是充满自信的人,他们的自信立足于自己的能力、经验和水平。如果真有足够的能力、经验和水平让一流的客户"三顾茅庐",律师还需要用给他们服务的经历来宣传自己吗?律师行业是值得骄傲和自豪的行业。国内一些律师事务所通过别人的认可和利用别人的威望、名誉来宣传自己的行为,是不自信的表现。这些行为降低了律师行业的整体位置。如果律师为了给客户介绍自己的专业经验,不妨采用这样的方式:我们曾在××年×月为一家××领域的国际公司在

××事项中作为××提供过全程的法律服务,包括策划方案、起草文件、提供咨询和参与谈判等。

律师利用客户的威望、名誉宣传自己不利于处理好与客户之间的关系。律师最好以帮助者的姿态与当事人建立和处理相互之间的关系。在处理委托事项的过程中,他们是相互配合的平等关系。如果当事人认为律师给他服务的经历将成为这个律师炫耀的资本,在服务的过程中律师还能和他保持平等吗?律师还能得到应有的尊重吗?

在未征得同意时利用客户的威望、名誉宣传自己,是很多客户不喜欢的做法。也许律师确实帮助过一些名人或著名企业办理过一些事务或处理过一些纠纷。这些纠纷或事务,尤其是涉及个人隐私或商业秘密的事情,往往是当事人不愿意提及的。如果律师在宣传册里不厌其烦地强调其曾经代理过××的抄袭剽窃案件,试想,××作为名人以及他的亲属或朋友会高兴吗?著名企业也是如此,它也不愿意被人提及与其他人发生的纠纷以及一些不愉快的事情或是涉及商业秘密的事情。

用他人的威望和名誉宣传自己的做法也许会获得暂时的利益,但是,不论做任何事情,只要牵扯到他人(他人的名誉、利益等),最好还是从他人的角度多想想,体谅他人的感受,尊重他人的利益。

6. 律师收费问题

无论白衣天使把自己定位得多么崇高,在我们走进任何一家医院的时候,基本都是实行先行收费制度;即使最小的医院,也是把诊疗和收费分开的。医院为什么这样?首先解决收费问题,处理好了医生与病人关系中的主要矛盾,便于医生更好地工作;将医生救死扶伤的面孔与向病人收取费用的面孔分开,有助于树立医生受人尊重的形象,更有助于施展他的医术。医院的做法确实不难理解,最难得的是整个医务行业都实行一样的做法,这样就使这种做法变成了被大众普遍接受的做法,进而养成了病人进医院先掏钱包挂号的习惯。如果说律师业目前统一实行先行收费制度确实有些难度,那么,律师把争取客户和收取费用两件事分开做总不会太难。律师不妨事先准备好一个书面的"收费标准",事务所不妨设置一名专门负责收费的人员,当与客户已经有了接触,客户有了聘请律师的愿望后,再请收费人员按照"收费标准"与他确认收费事项。在与客户建立服务关系的时候,律师应当始终保持着帮助者的姿态,淡化收费的矛盾,尽量不以低价作为争取客户的砝码。即使收费人员与当事人没能就收费问题达成协议,律师还有周旋的余地。在美国有句夸张的话,"律师的所有意见都是不确定的,只有一件事除外,那就是按期、足额、一次性交纳律师费",这句话描述的事实确实有些夸张,但是,事先解决律师的收费问题,的确有助于律师的工作和树立律师的形象,更有益于建立与维护律师和客户的关系。"我宁可少收百分之十,我也愿意客户事先一次性付清",这是一位资深律师的真心话，也是经验之谈。

前面曾谈过，律师所提供的法律服务具有无形性的特点，它一般不与某一个特定结果相联系，尤其是律师在某一事项中不起决定作用时，将收费与结果联系就成了赌博。所以，律师风险代理是不可取的。如果客户提出风险代理的要求，律师不妨感谢客户的抬举，解释清楚律师不是老板，没有商人投入资本的能力和冒险精神，律师一般不会投入资金、时间和精力去争取一个不太确定的收益。客户至少要先行负担一定的成本支出，如果取得了特定结果，再支付特定的费用。最好在肯定能够得到特定结果时，就要求客户支付全部的律师费。

律师不是教师，普及法律教育不是他们的主要职责，但律师为当事人提供的是专业的法律服务。因此，律师针对当事人的咨询必须要充分地准备、认真地调研、仔细地研究、明确地解释，并且，他们一定要承担相应的责任。所以，律师的咨询是专业性、权威性的工作，在一些国际律师事务所中，咨询是律师最主要的工作之一，占创收的很大比例。但目前，“免费咨询”成了国内律师事务所的常用广告语。这样做的结果，会使很多当事人轻视律师的咨询工作，从而导致律师丧失应有收益，也使咨询业务和这项工作不能正常开展。

法律规定了律师有法律援助的义务，律师必须在不收取任何费用的情况下，认真做好法律援助的各项工作。接受法律援助的对象很多都是经济困难又需要法律支持的人，律师应当给予援助，这是一件公益事业。在从事这项事业时，律师已经得到了相应的补贴和税收的优惠，所以，律师必须在不收费的情况下，认真地为受援者提供高质量的服务。在法律援助的工作中收取当事人的费用是法律所禁止的。

第二节　律师与对方当事人的关系

对方当事人是指在具体事务或法律关系中与本方当事人（客户）的利益、地位相对立，意见、观点以及处理事务的方法相冲突的当事人。对方当事人与客户的利益、地位相对立表现为两个方面：利益对立是指相互之间在利益划分中你多我就少、你少我就多的直接冲突；地位对立是指相互关系中你主我就为次、你次我就为主的位置冲突，这两者的对立常常是相互联系的。

一、律师与对方当事人相处的立场、姿态和方式

本方当事人与对方当事人的关系决定了律师与对方当事人的关系。由于利益和地位的对立,双方当事人的意见、观点和处理事务的方法必然冲突,对方当事人与客户(本方当事人)在处理相关事务和相互关系中的立场是对立的。作为客户聘请的人员,律师所处的是站在客户一边与对方当事人对立的立场。站在与对方当事人对立的立场上,律师应当注意如下事项:① 律师与对方当事人的利益是对立的。客户聘请律师的目的是为了从律师那里得到帮助,从而认清、维护自己的权利;律师应当帮助客户恰当地行使自己的权利,维护自己的权益并使自己的权利最大化。律师只有帮助客户达到了他的目的,客户才会最大限度地肯定律师的价值,律师才会从客户那里得到自己的利益。律师帮助客户实现权利的最大化,必然影响到对方当事人的利益,故此,律师的利益与对方当事人的利益是对立的。② 对方当事人明白律师的立场,会有防范、猜疑甚至敌对的心理或情绪,有时甚至会把对客户的情绪发泄到律师身上。这些都不利于相互沟通和问题的解决。律师必须善于化解对立的情绪。③ 站在与对方当事人对立的立场,律师必须忠于客户的利益,无论以何种方式和态度与对方当事人相处,律师必须以客户的利益为核心,以维护客户利益为原则,否则,就是背叛。

对立的立场并不直接影响律师与对方当事人接触的姿态和态度。律师与对方当事人应当以一个帮助者的姿态和态度相处。从立场上讲,律师确实是站在本方当事人(客户)一边来帮助客户处理法律问题的,律师帮助客户认清他的权利,行使他的权利并维护他的合法权益的过程是公正客观地解释法律、依法办事的过程,这个工作的内容和过程在客观上也有助于对方当事人认清法律、依法办事。上述律师工作的特性,为律师以帮助者的姿态出现,与对方当事人相处提供了基础、条件和可能。以帮助者的姿态与对方当事人相处,有助于缓解对方当事人敌对的心理,便于与对方的沟通,但是,此时的帮助者的形象与给客户提供帮助的帮助者的形象有很大的区别。律师没有给对方当事人提供帮助的义务,律师是为了给自己的客户提供帮助的目的而给对方当事人提供帮助的,对对方当事人不应该表现出对客户一样的热情,律师要通过帮助者的形象从对方当事人那里得到应有的尊重和信任。

律师如何处理与对方当事人的关系,可以在两种基本的场景中来讨论,一是谈判,二是庭审,这是律师与对方当事人接触最多的两种场景。在具体的场景中便于进行比较深入的探讨。

在谈判尤其是商务谈判的场景中,律师首先要明白自己的作用是在维护本方

当事人核心利益的基础上尽力促成和议，律师的作用更多地表现为沟通和桥梁的作用。这个基本观点决定了律师在谈判过程中与对方当事人接触的态度和方式。律师在谈判中应当适时地从一些双方当事人具有一致性的问题或当事人一时不解（误解）的问题入手，对法律作出客观的解释或说明，甚至可以稍微有侧重性地说明对方当事人的利益应当如何保护，他的观点意见应当如何体现，让对方当事人能够感受到或肯定律师所提供的法律帮助的价值，从而树立起律师作为帮助者的形象。在上述过程中，律师提出任何一个观点都应当有充足的准备，结论应当是准确的、毋庸置疑的。在讨论上述问题时，律师的态度应当是自信坦然的，对对方当事人应当抱有应有的尊重和热情，还要有足够的耐心。律师的语言应当是清楚、流畅和诚恳的。律师在谈判中要特别清楚究竟哪些具体事项或合同的具体条款真正是相互对立的，哪些内容是不能让步、必须坚持的。在明白这些内容后，应当由本方当事人在讨论这些内容时表明态度，律师应当做的是为当事人的表态从法律的角度提供支持，这些支持应当公正客观，有说服力。律师所有的语言都应当是说明事实本身，不应当涉及任何人或是评价任何人。在谈判破裂、当事人之间不能达成和议时，律师应当适度地扮演一个公正的局外人角色，表现出应有的遗憾，如果当事人有继续沟通的可能或愿望，律师应当做好沟通联络工作，发挥桥梁的作用。

在庭审的场景中，律师必须明白其各种形式的表达的直接作用对象是裁判者（法官、仲裁员），尽量不与对方当事人发生直接接触。在诉讼或仲裁中，当事人的利害冲突一般已经发展到了不能够通过协商的手段达成和议的地步，很难用沟通的方式解决双方的利害冲突。他们之间的关系对立程度较高，敌对情绪严重。此时，律师作为客户的代理人参加到诉讼或仲裁的程序中，对方当事人很有可能把他对客户的情绪发泄到律师的身上。律师应当以宽容的心态来对待对方当事人，面对对方当事人过激的语言，最好的态度是平和，提请裁判者注意和制止。对对方当事人的各种言论和行为，不从人格上评论，不直接反驳、揭露、攻击当事人，仍要保持帮助者的姿态，但不是帮助客户或对方当事人，而是谦逊地帮助法官、仲裁员查明案情、正确地适用法律。在诉讼或仲裁过程中的调解阶段，律师可以采用谈判场景中的方式与对方当事人相处。

二、与对方当事人接触时所用的名义

无论以何种姿态或何种方式与对方当事人接触，律师都应当以客户的被委托人、代理人或法律顾问的名义与他们相处。从技术上讲，这样可以减少律师的风险，由客户承担相应的责任。一家保健品公司曾经接到过这样一份律师函：

××保健品有限公司
总经理××先生：

××法律事务中心××律师，接受台湾××公司委托，向你作如下声明：

一、××药品有限公司是台湾××公司与××市××区××乡工商联共同投资成立的合资企业，台湾××公司合法持有××药品公司的45%股份。

二、贵公司在没有得到台湾××公司允许的情况下，代替了台湾××公司的出资人地位，侵犯了台湾××公司的权利，属于非法出资。

三、本律师代表××法律事务中心敬告贵公司立即收回投资，终止与××市××区××乡工商联的合作关系。否则，我们将追究贵公司的一切侵权责任和法律后果。

××法律事务中心
×× 律师
1996 年 6 月 18 日

本案的事实是：1993 年××市××区××乡工商联投资 550 万元现金与台湾××公司共同投资兴建了××药品有限公司，台湾公司以购买药品设备为名将工商联投资的 300 万元汇出，声称购买了价值 750 万元的设备并将其运到××药品有限公司。设备合同价款为 750 万元，但商品进出口检验局认定该设备的实际价值不足 100 万元。台湾公司在把设备运回后的 3 年之内再也不与合营企业和其他股东联系。这是一起典型的利用购买设备而进行的诈骗案。投资者为了能够继续经营减少损失，引进××保健品有限公司投资。

在上述的律师函中，陈述的事实是虚假的，解释的法律是错误的。最不该出现的错误是律师不应当代表律师事务所，以律师事务所的名义去追究××保健品公司的责任。假定××保健品公司接受了律师函的意思表示，撤回了投资，那么，将给两个股东和设立的公司造成巨大的损失，以上三家公司完全可以追究律师和律师事务所的责任。可见，如果律师没有以正确的名义与对方当事人接触，会给自己和事务所带来巨大损失甚至是灭顶之灾。

对于同样内容的律师函，如果把握好名义问题，稍作修改，尽管在法律或事实上仍有纰漏，但律师和律师事务所可以减少承担责任的风险。见下例：

××保健品有限公司
总经理××先生：

××法律事务中心××律师，接受台湾××公司委托，兹代表台湾××公司向你作如下声明：

一、台湾××公司认为××药品有限公司是台湾××公司与××市××区××乡工商联共同投资成立的合资企业，台湾××公司合法持有××药品公司45%的股份。

二、贵公司在没有得到台湾××公司允许的情况下，代替了台湾××公司的出资人地位，侵犯了台湾××公司的权利，属于非法出资。

三、本律师代表台湾××公司敬告贵公司立即收回投资，终止与××市××区××乡工商联的合作关系。否则，台湾××公司将追究贵公司的一切侵权责任和法律后果。

台湾××公司代理人
×× 律师
1996年6月18日

三、律师仅就客户委托事项与对方当事人接触

西方人一般认为律师是自己的一个保护屏障，在处理一些重要敏感的事情时，他们所有的言行和提供的文件都有可能成为将来纠纷中的证据，因此，他们在自己的律师不在场的情况下，一般不就一些敏感的问题、重要的事情直接向对方当事人作出意思表示，而是通过律师与对方联系。美国人常常会说“这个事请和我的律师谈”，这种做法不是在摆派头，而是一种慎重的态度和有效的办法。从这个角度上讲，客户花费昂贵的律师费聘请律师，就是要律师处理其所委托的事务。如果律师与对方当事人接触并谈论其他与委托事务无关的事情，这就与客户聘请律师的目的和愿望不符。如果律师与客户实行的是按时计价的收费方式，律师与对方当事人在接触过程中谈论委托事务以外的事项，则在收费的问题上也会增加产生矛盾和误解的几率。

律师与对方当事人在接触过程中谈论委托事项以外的事情容易节外生枝，也容易造成客户对律师的不信任。客户聘请律师处理委托事项，建立的是一个非常清楚的工作关系，律师应该站稳立场，以恰当的姿态和方式与对方当事人相处。如果掺杂其他的事情或其他的关系，则会增加关系的复杂程度，律师能否站稳立场，

以恰当的姿态和方式与对方当事人相处都会成为问题。一位年轻律师曾接受客户的委托参与一个谈判，双方当事人在谈判中为了增强沟通共同举办了一个晚宴，律师也参加了这个晚宴。席间，对方当事人赞美律师的外表，赞美他具有的文化知识和做事方法，表示希望律师和自己的女儿相识。这位律师不仅没有明确表示拒绝，甚至饶有兴趣地继续谈论相关的事情。在这种情况下，客户表现出强烈不满和不信任的心理及情绪是完全可以理解的。客户是会联想的，如果律师与对方当事人之间的这种关系继续发展，在正常的工作关系中掺杂了亲情或友情，在谈判的过程中，客户的秘密是否还能够被保守？律师是否还会信守对客户忠诚的原则？律师是否还会尽最大努力为客户争取最大利益？

四、律师在与对方当事人接触时注意的事项

1. 律师应当尽量避免与对方当事人的直接接触

我国港、台地区的客户和一些西方国家的客户一般认为律师是专业人员，他们的专业能力和经验是外行所不能相比的。律师如果主动、直接地与对方当事人接触，对方当事人会感觉是一位内行在邀请一个外行进行较量，他们一般不会直接与对方律师接触，而是请自己的律师去接待对方律师。所以，律师在被客户要求与对方当事人接触时，最好首先要求与他们的律师联系，这样，对方当事人会更信任律师，律师也会做得更职业。律师与律师沟通的效果一般会好于律师与对方当事人的沟通效果。

律师应尽量回避与对方当事人当面接触。如果代理事项没有完成，律师最好不要参加对方当事人在场的各种非工作性活动。不是律师不热情，而是职业的要求。

2. 律师要尽量避免与对方当事人的单独接触

国内公检法部门内部有严格的规定，凡是进行工作，都要有两个以上的工作人员与当事人当面接触。这种规定是一种保障，从执法人员严格执法、相互监督的角度来看是一种保障，从使执法人员免受诬陷、保证人身财产安全的角度来看也是一种保障。律师在处理有些事务的过程中，有时与公检法人员的位置相似，确实应当借鉴他们的一些做法。

可以设想这样一个场景：当一位男性青年律师正在代理一位年龄相仿的男性当事人的离婚案件，这时，对方当事人与律师单独在一家酒店里接触，会产生怎样的不便与误解呢？

律师不仅仅要尽量避免与对方当事人的当面接触，也要注意避免与对方当事人单独的电话交流。如果需要与对方当事人打电话，最好召开电话会议，请客户参

加。律师必须严守将与对方当事人或对方当事人律师接触过程中的一切文件转发或抄送客户的做法。

律师有时确实不得不与对方当事人单独接触，那么，律师应当将接触的理由、接触过程中的详细情况主动及时地通报给客户，争取客户的理解和信任。

3. 律师必须控制好对待对方当事人的热情程度和与对方当事人之间的距离

律师必须以处理工作关系的态度处理与对方当事人之间的关系，在工作场所、工作时间与对方当事人相处。一般来说，律师在与对方当事人接触的过程中除了表示出应有的礼貌外，不应主动轻易地表露对对方当事人的热情。

有些律师不太注意与对方当事人的距离，往往在见面初始，盲目地提及共同认识的人或共同参与的事，或者谈论一些共同感兴趣的问题，以此拉近相互之间的关系。这种做法与上述和对方当事人共同处理委托事项以外的事情一样，容易节外生枝，造成客户的不信任。

有些优秀的律师确实有这样的经历，在委托事项完成后，与对方当事人也建立了客户关系或成为朋友。很显然，能够与对方当事人事后形成这种关系的原因是：在处理委托事项时，律师表现出了对客户的忠诚和专业能力，表现出了处理与对方当事人关系的水平。任何背叛客户的行为同样会导致对方当事人的鄙视。

第三节　律师与对方当事人律师之间的关系

一、律师与对方当事人律师之间的共同点和不同点

一位律师曾向笔者谈到这样的真实经历：

> 一次去上海出差，在列车的包厢里，我遇到了北京一家律师事务所的王律师。闲谈中得知，我们毕业于同一所大学法律系民商法专业。我们谈起了给我们教过课的老师，谈到了……我们感叹是同时代的学生。我们在学校学习法律的时候，教师基本上都是没有执法经验的学者，我们学到的知识都是站在立法者角度上形成的一些法律知识和法学理论。关于如何运用法律保护当事人权益的观念、思维和技巧，这些做律师最重要的知识，几乎是学校法学教育的空白。师出同门，对法律有着相同或近似的理解，但是做律师的观念、态度和方法也许会迥然不同。
>
> 在谈到做律师的压力时，我们好像遇到了久别的知音，骤然达到了感情的融合。为了创收指标，我们要做开拓和维护客户关系的工作，我们要

维护好与方方面面相关部门的关系，我们要认真地做好每一件业务工作，除此以外，我们要关心和做好事务所的管理，我们要培训年轻律师，我们还要不断地总结经验做出标准的样本文件为今后的业务做好准备……面对如此繁重的工作，我们哪里有时间照顾自己的家人，哪里有时间关心自己的生活？我看着王律师一双充满血丝的疲倦的眼睛，我理解他的辛劳和酸楚。律师为了工作付出的不仅仅是时间和精力，有时甚至是他们的健康、他们的正常生活。谈到当事人，我们不约而同地谈到了当事人有时过分的要求、有时蛮横的态度……我们共同感受着来自事务所和当事人的压力，我们之间产生了相互理解甚至是相互关心的感情。

在谈到律师与法官的关系时，我们一致认为没有一个律师心甘情愿地去花费自己宝贵的时间和精力甚至放弃自己的尊严去奉迎某些趾高气扬的面孔。尽管我国的法制建设在二十多年的时间里取得了重大成功，但是现行的制度仍然没有充分地为律师提供应有的地位和发挥作用的空间。我们谈到了律师执业环境不理想的现状，我们能够深刻地理解在法制发展过程中仍然存在这样或那样的问题，我们共同为律师感到些许悲哀，感到些许气愤，我们有着共同的无奈。

在谈到为什么还要坚持做律师时，我们谈到理想，我们都是把律师作为一项追求公平正义的事业来做的；我们为了这项事业和工作，几乎付出了我们能够付出的全部。律师行业的发展饱含着我们的心血和希望。我们热爱这项事业和工作。

与王律师的一夜畅谈给我留下深刻的印象，从未有过的畅快沟通，从未有过的强烈共鸣，这是基于我们所具有的相同的专业教育背景、相同的工作压力、相同的工作环境和相同的执业理想和信念。我们在交谈中不仅感受到了同学、同行、同事之间的感情，甚至有了挚友间的亲密。我们相约一定要保持联系，继续交往。

但是，分手后不到5个小时，我们又在上海的一个法院里相见了。此时他出现在原告代理人的位置上，我坐在他的对面，我是被告代理人。王律师代理的客户就一个劳动争议在经过仲裁后提起了诉讼，起诉我代理的一家计算机企业。

这位律师继续向笔者讲到：

此时我虽然有些诧异，但法庭上我和王律师四目相对，我心里盘算和担心的是我（本方当事人律师）与他（对方当事人律师）之间的不同：

1. 坐在对面的王律师，应当是站在他的当事人的立场上维护他的当事人的利益，我也同样要最大限度地维护我方当事人的利益。前几个小时还在称兄道弟，现在要为各自的当事人“争名夺利”，他会怎么理解？他会不会因为我的据理力争而怪罪我不讲情面？他会不会因为我们的友情而放弃当事人的利益？

2. 他是如何理解律师在诉讼过程中的作用的呢？他认为律师的作用是帮助法庭查明案情、正确地适用法律还是认为争取到法庭对其诉讼请求的支持呢？

3. 他会用什么姿态进行诉讼工作？他会不会直接与我或我的当事人进行面红耳赤的争辩？他会不会把法官当成他的唯一作用对象向法官澄清事实帮助法官正确适用法律呢？他会不会在法庭上作一些虚假的陈述？他会不会为了他的当事人的利益曲解法律呢？

4. 我们都认识的一位大师哥就是这个审判庭的负责人，他会不会庭后约请大师哥见面疏通关系呢？这位大师哥和王律师是同一个导师，如果王律师疏通关系，我将怎么办？

这位律师向笔者谈到：

如果争讼的律师之间就这些问题有一致的正确看法，那么在法庭上就会有律师之间的默契，既能处理好庭上的律师与律师的关系，也会处理好庭下的律师之间的同事关系、朋友关系。

二、律师和对方当事人律师之间的关系

抛开当事人、法官等其他因素，单纯地讨论律师与律师之间的关系，其实就是同行关系，说得更直白一些，就是同行的共同利益关系。就像上面这个真实的故事所体现的一样，两位律师在没有走进法庭时，他们有相同的执业理想和信念、相同的教育背景、相同的工作压力、相同的法律工作环境，共同拥有一个自己所属的协会，容易相互理解，产生共鸣。

从追求行业的共同利益的角度来看，这里所探讨的律师与律师的关系可以形容为相互配合、相互帮助、共同促进的关系。谁都知道覆巢之下没有完卵的道理，如果不能维护律师行业的整体利益，树立律师整体行业在社会中的形象，作为个别律师的具体的个人利益也不能得到维护。

“同行是冤家”这句老话在律师界表现得尤为突出。因为当事人之间是存在严重利益冲突的，律师要尽可能满足立场对立的各方当事人利益最大化的要求，律师也就站在了对立的立场上，在对立的利益之争中表现他们的执业能力、执业水平

和执业方式，他们之间的同业竞争更为激烈。从个人利益的满足而言，律师与对方当事人律师之间的关系常常被形容为对手之间的关系。

律师与对方当事人律师的关系，实际上是在律师实际工作中律师个人利益的满足和律师行业整体利益的满足两者之间矛盾统一的关系，是律师在具体工作中相互配合、相互促进、相互竞争的关系。正确地处理律师与对方当事人律师之间的关系的原则是个人利益的满足和律师行业整体利益的满足之间的对立统一，它要求每个律师通过正当合法的方式、诚实有效的劳动来实现自己的利益，并且不得损害律师行业的整体利益和声誉。

三、处理律师与对方当事人律师之间关系应当注意的事项

1. 律师不得串通对方当事人律师牺牲任何一方当事人的合法利益

律师串通对方当事人律师牺牲任何一方当事人合法利益的行为，是一种失信行为；是一种违反律师职业道德和执业纪律的行为；是一种违反法律的侵权行为。

律师间的相互串通、牺牲当事人合法利益的行为，不仅仅会失信于受损害的当事人，也同样会失信于受益方的当事人。尽管为了具体的利益，受益方的当事人也许会指使或默许律师从事上述行为，其实他们心里明白，从事上述行为的律师都是在接受了可以损害当事人利益的观念的情况下实施了相关行为的，律师接受了可以背叛当事人的观念，今天可以背叛受害方当事人，明天也同样会背叛受益方当事人，这样的律师是最靠不住的。律师与当事人的工作关系实际上是律师事务所与当事人之间的合同关系。律师间相互串通牺牲当事人的利益会影响到律师事务所的利益和声誉。律师事务所知道律师会做出这样的事情，还会把业务交给他吗？合伙人不会愿意为这种律师承担无限连带责任，事务所的同事也不会乐意与这种人为伍。律师很大一部分业务是通过亲戚、朋友等社会关系介绍来的，别人把业务介绍给律师首先是基于对律师的信任，如果律师做了一件背叛当事人的事情，必然会失去帮助他承揽业务的亲戚、朋友的信任，而这些人每天要和其他人交流，他们的看法、他们的评论会影响到许多人。而要想挽回失去的信任，比登天还难。

律师串通对方当事人律师牺牲任何一方当事人合法利益的行为，违反了中华全国律师协会制定的《律师执业行为规范》第45条规定："律师和律师事务所不得利用提供法律服务的便利，牟取当事人争议的权益。"根据2004年中华全国律师协会修订的《律师协会会员违规行为处分规则（试行）》第11条的规定，律师有可能受到训诫、通报批评和公开谴责的处分。

律师串通对方当事人律师收取对方当事人财物的行为违反了《律师法》第40

条和《民法通则》第66条的规定，根据上述规定，律师可能受到司法行政部门的行政处罚有：① 给予停止执业6个月以上1年以下的处罚，可以处5万元以下的罚款；② 没收非法所得；③ 情节严重的，吊销律师执业证书。受害方当事人可以根据法律的相关规定，提起民事赔偿的请求，律师将有可能承担相应的民事赔偿责任。

律师千万不要认为从事了非法行为不会被他人知晓，不会被追究相应的责任。凡是带有侥幸心理从事非法行为的人，一般都是不能认清后果、正确处理人与人之间的关系的人：他们有时为了炫耀自己的能力和经历轻易地表露出自己的所作所为；他们有时在相互的争斗中会毫不留情地揭露其他人的非法行为；他们可能会在酒后吐出不能告诉其他人的真言，甚至在梦魇之中和盘托出……受害方也不会轻易地放弃自己的权力和利益，在他们的利益受到损害时，他们正常的心理是要搞清原因，维护自己的合法权益；各个监督管理部门也会根据举报主动进行调查和处理……故此，律师在任何情况下都不能做出损害当事人利益、背叛当事人的行为。

2. 律师必须相互尊重，不得贬低、诋毁、侮辱或攻击对方当事人律师

在当事人或者其他行业人员的眼中，律师与对方当事人律师是同行，属于同一类人才。律师与对方当事人律师有相同的专业教育背景，对当事人起着相同的帮助作用，处于相同的社会位置，有着共同的行业利益。

由于律师间的上述共性，律师贬低、诋毁对方当事人律师的能力就是贬低自己。从律师实现个人价值的角度讲，律师应当在与对方当事人律师接触过程中时时注意发现他们的专业智慧，并且把这些智慧适时地解释给当事人。如果当事人认为对方当事人律师的专业智慧是他们没有认清或识破，这个过程本身实际上就在体现律师的自身价值，是当事人认同律师的价值的过程。律师与对方当事人律师的相处，有时像运动员之间的比赛，只有具备高水平的对手，才能够展现自己的高水平。律师之间要相互展现自己的价值和水平，应当把比赛打得精彩。

律师侮辱或攻击对方当事人律师，不仅仅是没有修养、没有涵养、没有风度的表现，而且违背了职业道德和执业纪律，从本质上讲这是一种愚昧愚蠢的行为。我们前面说过，律师在当事人面前应当以帮助者的姿态为当事人提供沟通的工作，起到桥梁的作用，在法庭上为本方当事人服务，帮助法庭查明案情、正确适用法律，尽量减少与对方当事人和对方当事人律师的直接接触。以这样的姿态进行工作，就很容易保持自己受尊重的地位和控制自己的情绪。在美国律师界有这样一种观念："无论在何种场合，律师只要失态、不能控制好自己的情绪，就是彻底的失败。"其实无论律师是否有这样的观念，如果当事人看到律师之间不能沟通，甚至相互谩骂侮辱、相互攻击，他们就不会相信律师能够起到应有的作用。

在律师与律师的接触过程中，相互较量的应当是各自对事实了解判断的能力、运用法律知识的能力和协调沟通的能力以及其他社会经验和心理素质。律师之间

不是较量谁更会装腔作势，谁更能尖酸刻薄，谁更能刁蛮无礼……律师对对方当事人律师的评价往往注重两个方面的能力：一是业务能力，即深入了解事实，准确地解释法律，巧妙地利用法律维护本方当事人利益的能力，律师业务能力强，就会使其他律师敬佩；另一个是善于沟通、协调当事人之间和律师之间的关系的能力，这方面能力强，会使其他律师喜欢。律师如果想得到其他律师的认可，最成功的做法是令同行既敬佩又喜欢。如果能够做到让他人敬佩不喜欢或喜欢不敬佩也尚可，如果令同行既蔑视又讨厌，则是最大的失败。只要律师在同行面前不是刻意地以压低对方来抬高自己，一般不会有太大的失败。律师之间是容易理解、谅解和包容的。

第四节 律师与法官的关系

学者站在立法者的角度论述律师与法官的关系，一般认为律师与法官之间应当是相互独立、彼此尊重、相互合作、互为监督的关系。① 本书谈论律师与法官的关系，是根据律师实际工作中的一些经验和感受，描述现实的客观情况，针对现实状况，来探讨律师应当如何做好自己的工作。

一、律师与法官的关系

1. 法官有独立审判的权力和公正判决的职责

在案件的审理过程中，法官有安排诉讼、正确指挥诉讼的权利和义务，在诉讼过程中，法官处于主导地位。我国《宪法》明文规定“人民法院依照法律规定独立行使审判权，不受行政机关、社会团体和个人的干涉”，法官代表人民法院执法，依照法律规定具有独立的审判权。《法官法》第5条规定法官的职责包括“依法参加合议庭审判或者独任审判案件”。

法官有安排、指挥诉讼的权利和义务。法官有安排庭审的具体法庭和时间的权力，法官安排庭审前是不会与律师或当事人商议的，安排庭审后如没有特殊情况，当事人和律师一般是很难更改的。法官有权决定民事案件所适用的程序，法官可以决定适用简易或者一般程序，适用简易程序的，法官有权根据案情再改为适用一般程序。法官有权在审判过程中指挥当事人和律师行使具体的民事诉讼权利，

① 参见王利明：《法官与律师的相互关系》，载王利明：《司法改革研究》（修订版），法律出版社2001年版。

当事人和律师各项诉讼权利的行使都要得到法官的许可;法官掌握具体诉讼程序中各个审判阶段的进展;法官有权维护庭审的秩序和维护法庭纪律……《法官法》第7条规定,法官应当履行依法保障诉讼参与人的诉讼权利的义务,这条规定可以被理解为是对法官公正行使指挥诉讼权力的一般要求。

鉴于法官拥有上述权力、义务和职责,在诉讼过程中,法官处于主导地位。其主导地位的表现为:① 法官在庭审阶段中可以控制、影响律师各项诉讼权利的行使;② 法官可以以维护庭审秩序和维护法庭纪律为由,对律师进行口头警告、训诫,也可以没收录音、录像和摄影器材,责令律师退出法庭或者经院长批准予以罚款、拘留[①];③ 法官可以自主独立地决定律师的意见和提供的证据是否被采纳、被采信,进而独立作出判决。

2. 律师是在诉讼过程中法定的对法官审判工作具有较强影响力的人之一,在诉讼过程中处于服从的地位

律师在介入诉讼之前,会对案情有充分的了解。好的律师对案情的了解往往超过所有的诉讼参与人。律师不仅可以向当事人了解他所知道的关于案情的全部情况,律师还有法定的调查权、阅卷权,利用这些权利,律师可以从其他人、对方当事人处或通过其他途径了解到当事人自己并不知道、没有掌握的情况。律师对案情的了解不仅仅局限于对所发生的事实的了解,律师往往会在掌握充分的事实后进行分析、概括和证明,从而对事实的性质有准确的了解,他们了解能够证明的事实是什么。绝大多数律师具有法律专业教育背景,他们都是从事法律服务的专业人员,具有法律知识、专业思维方式和专业技能,比任何其他专业人员更加了解法官的愿望和压力。他们不仅了解案件适用的实体法,他们也熟悉审理案件的程序法和习惯做法。法院也是律师的工作场所之一,律师相当一部分工作时间都是在法院度过的。律师对案件的了解、对法律的了解和与法官的关系决定了律师有影响法官的能力和条件。

律师经过当事人的授权参与诉讼,律师可以拥有和行使当事人所有的诉讼权利。除此以外,为了方便律师的工作,律师还可能拥有和行使当事人没有的权利,如阅卷的权利、调查的权利。律师在诉讼过程中正确行使上述权利影响法官的审判是合法的,是法官在审判过程中应当对其给予保障的。律师在诉讼过程中,站在委托人的立场上,帮助委托人行使诉讼权利,他的作用是帮助当事人与法官进行专业的沟通,律师的这种作用是当事人和法官都需要的,是不可或缺和替代的。

律师所具有的上述能力、条件、权利和诉讼地位决定了其对法庭审判的影响

---

① 参见《中华人民共和国人民法院法庭规则》。

力。律师对法庭审判工作的影响最直接，也应当是最有效的。律师作为提供法律服务的专业人员，他可以参与诉讼的各个阶段。在每个阶段中，律师可以以各种法律规定的方式直接发表自己的观点，证实自己的观点。他们可以利用自己专业的法律知识和技能，有针对性地直接就案件涉及的法律问题发表自己的看法。法官处于审判者的位置，一般是根据各方当事人提供证据证明的案件事实作出判决，换言之，法官是根据当事人之间的抗辩作出判决的，当事人之间的抗辩是法官获得案件事实的重要来源，甚至有时是唯一来源（法官主动行使调查权除外）。所以，律师在抗辩过程中的表现应当是影响法官审判的最有效的因素。

律师在诉讼过程中的权利是基于当事人的授权和法律的规定，站在当事人的立场，为维护当事人的合法权益而行使权利。从性质上讲，该权利是属于私权的范畴。法官是依法行使国家审判权的审判人员。法官的审判权是国家权力，属于公权的范畴。两种不同性质的权利（权力）在诉讼过程中的行使决定了权利（权力）的地位关系。上文论述法官在诉讼过程中占有主导地位，在诉讼过程中，相对法官的主导地位而言，律师处于服从的地位。律师的服从地位表现为：① 律师必须依法行使各项诉讼权利。律师是否合法地行使了各种诉讼权利的判断权在法官。② 律师在法庭审判过程中行使各项诉讼权利必须得到法官的许可和服从法官的指挥。③ 律师在诉讼过程中违法行使诉讼权利时，法官有权对律师的行为直接进行处罚。

3. 律师的工作有助于法官查明案情，提高审判质量

一份历时 3 个月、覆盖山东省全部法院（山东省高院、19 个中级法院、146 个区县级法院）和 17 个地市的 21 家律师事务所，包含总数为 2 000 份调查问卷的调查报告显示，71% 的法官希望当事人聘请律师参加诉讼。①

法官希望律师参与诉讼的最主要原因是律师在诉讼中的作用。法律是一门科学，当事人具有什么诉讼权利、如何行使这些权利、怎么行使权利更有效是这门科学的内容。当事人在不了解这些内容的情况下参与诉讼，很难保证诉讼的正常进行。“法官有时不得不亲自充当律师的角色”，给当事人解释法律、提供法律帮助，这是法官不愿意做也不应该做的事情。但是，法官必须保证诉讼的正常进行，必须保证公正判决，这是法官的义务，是高悬在法官头上的利剑。从法官的职责和工作压力的角度看，法官希望律师参加诉讼，为当事人提供法律帮助的同时也为法官提供帮助，为保证诉讼顺利进行、增进当事人和法官的沟通提供帮助。律师了解法官的这种需求和心理，有助于正确地保持自己工作的姿态。

---

① 参见栾少湖、王中：《关于法官眼中的律师与律师眼中的法官的调查报告》，载《中国司法》2006 年第 12 期。

处于服从地位的律师，对法官的审判行为没有监督权。法官没有义务向律师汇报和解释实施各种审判行为的原因和根据，法官即使不正确地行使审判权，律师也没有处罚的权利。但是，律师可以合法地行使自己的权利，提请相关部门或人员对非法行使审判权的行为行使监督权。律师可以在二审审理中对一审法官非法审判的不法行为进行揭露；律师可以在申诉、审判监督程序中对审判过程中法官非法审判的不法行为进行揭露；律师可以直接向法院内部的监察、纪检部门反映相关法官的不法行为……律师有监督法官公正执法的方法和渠道，律师就应当充满自信地处理法官在审判过程中的各种非法行为和要求。

二、律师如何处理与法官的关系

1. 认清自己的诉讼地位和诉讼权利

真正认清自己在诉讼中的地位是处理好律师与法官的关系最重要的前提条件，认清自己在诉讼中的地位也有利于处理律师与当事人的关系。如果律师处理好与当事人之间的关系，对审判结果没有过分的要求和过大的压力，这也有助于律师处理好律师与法官的关系。律师认清自己的地位和作用，在与当事人接触、承揽相应诉讼业务时就应当说明自己的作用，不就诉讼结果作任何承诺，律师对审判结果也就不会有过高的要求和过大的压力。有些当事人在找律师时就是要得到预想的结果，在这种情况下，更需要律师坚守职业道德和执业纪律。律师应当向当事人解释清楚案件的决定权在于法官，律师并不能保证裁判的结果。律师如果保证案件的结果，从法律制度上讲就是一种欺骗。律师实施非法手段影响法官的审判的做法也许暂时会得到客户满意的结果，但是这种违法行为会导致客户和律师受到法律的追究和惩罚。律师界应当形成一种观念，凡是以律师和法官、法院之间的关系为资本招揽客户的行为，是一种饮鸩止渴的愚昧行为，不仅不利于处理好律师与当事人之间的正常关系，也必然使律师在处理律师与法官的关系中处于尴尬的境地。这种做法应当受到其他律师的鄙视和唾弃。

律师清楚自己在诉讼过程中的地位，便于确定自己在诉讼过程中与法官接触时的态度，行使好自己的权利。明白律师在诉讼中处于服从的地位，律师应当对法官表示出应有的尊重。律师不得藐视法官、藐视法庭，律师不得与法官对抗，不得侮辱、谩骂和攻击法官，这些要求是在相关法律和《律师执业行为规范》中有明确规定的，每个律师都必须严格遵守。尊重法官就是尊重法律、尊重国家的审判权，拉拢、行贿法官迫使审判权向自己一方倾斜，实际上是企图分享法官代表国家行使的独立审判权，这是对法官权力、专有资格和人格最大的不尊重。律师明确自己的服从地位，就会从心理上接受法官的指挥，从而避免律师、当事人与法官之间不必要的矛盾冲突，有助于律师正确地、正常地行使自己和当事人的权利。

我国的法律中没有明确规定律师与法官之间的关系以及律师与法官的相互地位。律师在诉讼过程中的地位是通过法律规定的律师的各项具体权利以及对这些权利行使的限制表现出来的。所以，律师只有明确自己在诉讼过程中的权利才能够明确自己在诉讼中的地位。

2. 保持帮助者的姿态

律师选择与法官相处的姿态的目的是与法官进行很好的沟通，从而使律师的合法主张易于被法官采纳，当事人的权利能够得到更好的实现和维护。律师最好是以帮助者的姿态与法官相处。这种姿态能够使律师在诉讼过程中得到应有的尊重，能够促进律师与法官的沟通，能够使法官易于接受律师的观点。

前已论及，法官在诉讼过程中有获得律师帮助的愿望和要求。法官的这个要求和愿望为律师以帮助者的姿态与法官相处提供了条件。

律师帮助者的姿态不是主动地、热情地为法官提供帮助，而是在为客户提供法律服务、提供帮助的同时，客观上也为法官的审判工作提供了帮助；律师帮助者的姿态也不是居高临下的，律师也不是以命令、要求的口吻为法官提供帮助，而是以平等、协作的态度提供帮助。律师帮助者的姿态是在律师心中确定了法官具有得到律师帮助的愿望的情况下表现出的一种自信、坦然的姿态。律师帮助者的姿态是律师用自己的言行令法官自然接受的姿态。

律师以帮助者的姿态处理与法官之间的关系，就要求律师在积极主张和维护当事人合法权利的同时，要时刻想着法官在审理过程中遇到的困难、法官的思维模式和审判习惯。无论是法官与当事人出现沟通困难的时候，还是法官对当事人的发言、表述不满的时候，或者是法官产生疑惑、急躁情绪的时候，律师都应当发挥专业的分析能力、表达能力和沟通能力，用法官最容易接受的方式，适时地为法官查明案情、适用法律提供帮助，对法官工作起到帮助的作用，奠定帮助者的位置。

3. 严格依法处理与法官的关系

2004 年 3 月 19 日，最高人民法院和司法部联合颁发了《关于规范法官和律师相互关系维护司法公正的若干规定》，该规定是关于如何处理法官与律师之间的关系的非常具体、非常详细的规定。规定中用了 23 个“不得”和 13 个“应当”详细规范了律师和法官的具体行为，如果律师能够严格遵守该规定对律师的要求，基本上可以处理好律师与法官的关系。

三、律师处理与法官的关系时的注意事项

1. 面对极个别法官对律师的不友善行为,律师应当如何应对

在诉讼过程中,极个别法官对律师不友善的现象偶有发生。庭审中出现这种状况时,律师应当迅速作出基本判断:法官的行为是否会影响到律师和当事人诉讼权利的正常行使进而影响审判的结果?

如果律师判断法官的行为不会影响到律师和当事人诉讼权利的正常行使,也不会影响审判的结果,律师应当有不为其所动的态度,以包容谅解的姿态和心理继续进行法庭的审理。在庭审结束或审判结束后,向有关部门(律师协会、法院领导、法院纪检部门等)反映法官非法指挥诉讼的情况,追究法官的违法责任。

如果律师判断法官的行为会影响到律师和当事人诉讼权利的正常行使并进而影响到审判的结果,律师有权以申请法官回避或其他原因申请立即中止法庭审理,并尽快向相关部门反映法官的非法行为,保障律师和当事人诉讼权利的正常行使。同时,律师应当把自己的行为和理由向当事人作全面的汇报和说明,以维护和巩固律师与当事人之间的关系。

律师在法庭上面对极个别法官的不友善行为时,切记不要以同样或其他过激的方式作回应。律师如果在法庭上有任何违反法庭秩序和法庭纪律的行为,法官都有可能行使职权对律师进行处罚,这就会给律师带来非常严重的不利后果。律师不应当因为个别法官的行为影响到自己的情绪,影响自己诉讼权利的行使和诉讼水平的发挥。律师在实际工作中要达到上述要求是非常困难的,尤其对涉世不深、血气方刚的年轻律师来说,更是难上加难。但是,每个律师都应当清楚,一旦选择了这个行业,就必须要有坚强的神经。

2. 面对极个别法官散漫的不严谨作风,律师将如何应对

律师精心准备的法庭代理意见,有时会在庭审笔录中表现为前言不搭后语、错字别字层出不穷、词不达意的散乱记录;律师正在法庭上滔滔不绝、激情洋溢地发表自己的辩护意见,可能发现审判员却在一旁昏昏欲睡或顾左右而言他;律师历尽千辛万苦收集的证据资料或准备的案件材料,有时在法院的卷宗中无端地悄然消失了……上述种种由于极个别审判人员的散漫等不严谨的工作作风造成的情形,对律师的工作热情可能会有一定影响。

律师面对这种状况,心里应当清楚:律师直接的服务对象是当事人,律师热情、认真、勤奋的工作最终是由当事人认可和评价的。律师应当从维护当事人利益的角度出发来应对这种状况。凡是对当事人的利益、对审判结果有重大影响的事情,无论审判者的工作作风、具体态度如何,律师必须坚持自己认真、严谨和积极的工

作态度和工作方法，并以此促进和带动审判人员工作水平的提高。

庭审前，律师应当预料到极个别审理案件的法官的工作作风对案件审判可能产生的影响，并且做好积极的防范工作：凡是能够用书面表述的，应当尽量做好书面表述的工作，以代理词或其他合法的书面表述方式，对审判发挥作用；认真核对庭审笔录，注明自己的观点和意见；提交证据应尽量提交复印件，原件由当事人自己妥善保管，避免证据遗失带来不利后果。

第五节 律师与检察官的关系

在一起刑事案件的开庭审理中，辩护律师正在就一个痕迹鉴定报告发表质证意见，公诉人不耐烦地吐出两个字："无知！"闻听此言，律师愤然大怒，厉声喝道："你才无知！"于是控辩双方就谁无知以及谁更无知展开了激烈的争辩，若非法官猛敲法槌，场面几乎失控。这当然不是律师与检察官工作关系的常态，但这件事所反映的律师和检察官之间相互轻蔑甚至敌视的现象却多多少少地存在。律师是一个靠阐明并证明自己观点作为主要职业活动的人士，若不能妥善处理和检察官的关系，必然影响自己的辩护观点在多大程度上被接纳，最终也将影响到委托人的合法权益。

一、律师和检察官职业的相同点和不同点

1. 律师和检察官拥有相同的法律职业素养

当前，律师和检察官在法学院里所受到的法学教育是基本相同的，2000 年以来，凡新入行的律师和检察官都要通过以严苛著称的全国司法资格考试。相同的教育背景决定了律师和检察官这两个职业群体具有相同的法学知识体系，拥有相同的法律职业素养。

这种相同的法律职业素养表现在：相同的职业知识、相同的职业语言、相同的职业思维特点、相同的职业技术、相同的职业信仰等多个方面。① 律师和检察官从事其职业所需要的知识是相同的，而且是外行不易介入的一种专业知识，它主要由两部分构成：一是法律学问中的关于原理的知识，如刑事处罚的理论和被告人合法权益的理论等；二是制定法中的关于规则的知识，如二审终审制和证明责任的分配等。② 相同的法律职业语言是指律师和检察官运用有关法律术语和法学术语进行观察、思考和判断，且对这些术语有同样的理解。③ 相同的法律职业思维的特点，指律师和检察官都是借助于法律概念进行观察和思考，注重缜密的逻辑；遵

循"同样的事同样处理"的习惯;谨慎地对待情理等因素;只追求程序中的"法律真实",不专注客观实在中的"实际真实";等等。④ 相同的法律职业技术,指的是律师和检察官能相互理解的法律解释技术、法律推理技术、法律程序技术、证据运用技术、法庭辩论技术和法律文书制作技术等。⑤ 律师和检察官在法律执业过程中形成了相同的职业信仰,其核心是一种对法治的精神追求;这种职业信仰的内容包括:正义、善法之治、权利本位、权力控制、程序正当、规则至上等,这些成为律师和检察官共同的精神追求。

2. 律师和检察官诉讼地位对立

虽然律师和检察官有如上所说的相同的法律职业素养,但是他们各自具体的工作职责确是迥然不同的。

检察官与律师的职业特征都是作为代言人出现,不同的是,在刑事诉讼中,检察官是作为国家的代言人,以公益代表人的身份对犯罪嫌疑人、被告人持否定的态度,积极主动地追究犯罪嫌疑人、被告人的刑事责任。同时,根据我国《检察官法》的规定,检察官的职责除代表国家以公共利益的名义积极追诉犯罪,实现其控诉职能外,还要对司法活动予以有效的专业性监督,实现其监督职能,两种职责缺一不可。在追求惩治犯罪的过程中,检察官成为全体公民权利和自由的坚定捍卫者。

刑事诉讼中,律师作为犯罪嫌疑人、被告人的受托人,其职责是保障犯罪嫌疑人、被告人的合法权益,为其作无罪或罪轻的申辩。同样,律师作为拥有法律专业知识和法定辩护职权的"在野法曹",有权利监督司法活动的正常进行,对司法机关违反法律规定侵犯其委托人合法权益的行为在上诉审和申诉审程序中予以揭露,或向有关监督部门举报、控诉,或公告于社会各界。通过忠实履行自己的受托职责,律师成为公民私权利和个人自由的有力维护者。

由此可见,作为同属代言人的律师和检察官,在刑事诉讼过程中,其代理立场刚好是对立的,其追求的目标恰好相反,现代刑事诉讼制度设计的目的就是促使控辩双方对抗,由中立的第三方裁判者(法官)发现案件的法律真实并据以适用法律。可以说,法律由专制到文明的标志之一就是控辩制度的诞生,正是在控辩对抗中,才能实现律师和检察官共同追求的社会正义。

二、律师如何处理和检察官的关系

在我国司法实践的现阶段,由于检察官和律师之间官民身份的权力分野,而且由于控辩双方的攻防策略和技术都不成熟,有时就使得律师和检察官工作上的对抗转变为律师和检察官个人之间的对抗。这无疑是有害于律师和检察官之间建立符合现代法治文明的良性互动关系的。从律师这一方而言,应该守法、稳妥、不卑不亢地处理好与检察官之间的工作关系。

1. 律师和作为侦查人员的检察官的关系

一些职务犯罪案件如贪污贿赂犯罪、渎职犯罪、非法拘禁等，由人民检察院立案侦查，如果在这类案件的侦查阶段，律师受托介入为嫌疑人提供法律帮助，由于律师在该阶段的执业范围目前局限于为嫌疑人提供法律咨询、代为申诉、控告，代为申请变更强制措施等，因此，在与作为侦查人员的检察官相处时，因双方之间没有太多的直接冲突，关系还是比较好处理的，只要律师对检察官表达职业的敬意，一般情况下，检察官是会配合律师按工作程序（陪同会见、收受相关法律文书）履行其职责的。

要注意的是，基于中国司法实践中的一些现实问题，律师应预见到，极个别检察官会存在拖延安排会见、限制会见时间或干扰律师与嫌疑人谈论案情的情况，并作相应的准备。一旦这种情形出现，律师应该向检察官出示有关法律、法规和司法解释，有理有据地告知检察官律师的执业权利是法律所授予的，不应非法限制。事实上，这些限制往往是检察官个人的习惯性做法，他们担心在其个人负责侦办的案件中，嫌疑人获得过多的法律帮助以对抗其侦查活动。但当检察官知道律师有备而来，而自己又确实没有什么限制谈论案情的法律依据时，理智的检察官通常也就不再坚持那些非法限制了。

2. 律师和作为审查起诉人的检察官的关系

根据《刑事诉讼法》第 170 条的规定，人民检察院审查案件，应当讯问犯罪嫌疑人，听取辩护人、被害人及其诉讼代理人的意见。因此，在审查起诉阶段，犯罪嫌疑人委托的律师要与作为审查起诉人的检察官就案件情况进行沟通。

在案件的审查起诉阶段，负责审查起诉的检察官的主要职责是审查犯罪事实、情节是否清楚，证据是否确实充分，犯罪性质和罪名认定是否正确等，其审查的结果可能是认为侦查机关移送的材料犯罪事实不清、证据不足，退回侦查机关补充侦查；或者作出不起诉的决定；或者是认为案件事实清楚，证据充分，直接向法院提起公诉。因此，审查起诉时，检察官一般对案件尚没有既定的框架，处于比较超脱的状态。而且，此时掌握侦查机关移送的全部案卷材料的检察官一般还有一种好奇的心理，他们会想：只有一纸起诉意见书和鉴定材料的律师，一般也就是见过嫌疑人几次，能说出什么有价值的观点呢？因此，作为审查起诉人的检察官在与律师沟通时，还是能认真听取律师意见的。

律师在与检察官沟通案件发表意见时，要保持平常心，要知道自己在没有看到案卷材料之前发表的观点可能是片面的，也可能是错误的，因此，不要强求自己的意见一定要被检察官采纳。另外，律师在内心深处要保持一种帮助者的心态，通过站在维护嫌疑人权益的角度提出案件的可疑之处，这样事实上也是为检察官的审查起诉工作提供了帮助，使他（她）能以逆向思维的方式审查案件，最终作出适当的决定。

3. 律师和作为公诉人的检察官的关系

律师和检察官的对抗乃至冲突主要发生在案件的审判过程中。此时，作为公诉人的检察官在经过较长时期的审查后认为被告人犯罪事实清楚，证据确实充分，应予以刑罚制裁；而辩护律师在认真分析过案情后则认为案件存在无罪或罪轻的情节，要求无罪释放或从轻处罚。双方都要争取胜诉，工作中的对抗是不可避免也无须回避的，为保障委托人的合法权益，有时甚至需要律师主动地发起争辩。律师在处理与检察官的关系时要注意以下几个方面：

（1）要以正派和自信的形象与检察官平等对抗。出庭支持公诉的检察官往往是惩治罪恶的正义化身，似乎在道义上占有制高点；但是，作为辩护人参与审理案件的律师并非是在为蝇营狗苟的罪恶辩护，而是在为被告人的权利辩护，而被告人的权利和所有公民的权利是等同的，内心有为权利奋斗的职业荣誉感的律师，其外在形象同样是正派的正义天使。

辩护律师在庭审前一定要充分准备，出庭时，对自己的辩护观点、证明逻辑一定要充满自信。只有一个自信的人才会感染其他人，才会让人觉得其观点值得采信。而且，一个正派和自信的律师，也将获得正直、精通业务的检察官的理解和尊重。

（2）理性平和参与法庭审理。初入行的律师不要为影视剧中辩护律师煽情式的慷慨陈词和戏剧化的案情转折所打动，现实生活里，真实的法庭审理中，冗长的出证、质证，繁琐的陈述等，即使在专业人员看来也大多是枯燥乏味的。控辩双方正是在这种表面的波澜不惊中演绎着个人权利对抗公权力追诉的争讼。

因此，即便审理的案件有时充满了血腥，但法庭上的抗辩是绅士间的严肃讨论，应该是理性平和的，可以唇枪舌剑，但不能人身攻击。法庭诉讼中，辩护律师应该不急不躁，不卑不亢，辩驳慷慨犀利，神态从容淡定，应该有“费厄波赖”（fair play）的胸襟。正派的辩护律师应该在公正的法庭上追求理性的胜利。

（3）以对事不对人的诉讼方式参与审理。在庭审抗辩中，律师和检察官都为追求胜诉而辩驳，仿佛竞技场上追求胜利的竞争者。但是，竞技场上有两种竞争法则：一种是如拳击类以打倒对方获胜；另一种如长跑类以领先对手获胜。那么，律师和检察官之间的竞争关系应该和哪一类相似呢？

无论检察官怎样理解这种竞争关系，就律师这一方而言，应该认为律师和检察官之间进行抗辩，其制度设计的目的就是让中立的裁判者——法官——听到立场对立的两方对各方最有力的陈述，从而让裁判者依据诉讼规则对案件事实和法律适用形成自己的结论，换言之，检察官和律师在庭审中任何一个诉讼行为的目的都是要影响裁判者,期望裁判者作出对自己代理的一方有利的裁决。律师和检察官在庭审中其言论针对的对象是裁判者而不是对方,是让裁判者来判断哪一方的辩驳更有事实和法律依据,应该被采纳。因此,律师和检察官在庭审中的抗辩关系更接近于长跑选手之间通过领先优势而获胜的竞争关系。

在这样通过抗辩而说服第三方的竞争关系中,律师要结合证明犯罪的责任在检察官这个刑事诉讼的证明特点,以冷静客观的态度对公诉方的证据和论证提出恰当的质疑,并提出自己一方的证据和陈述自己的主张。如果公诉方证明体系(包括证据和对证据的理解,以及对法律适用的理解)确有法律上的漏洞,律师平和地将此漏洞在法庭上展示出来即可,不要对此冷嘲热讽,不要对检察官及其所代表的检察院进行攻击。这即是一种对事不对人的抗辩方法,以诉诸理性作为力量来源的律师并不需要、也不可能通过羞辱对手获胜。

4. 不要在辩护权之外行事

如前所述,律师和检察官拥有相同的法律职业素养,其间所蕴含的共同的科学精神、伦理道德、专业素质和知识修养,使得律师和检察官之间有一个相互的职业尊重。这种彼此的职业尊重,也源于明确的权力界限——律师行使辩护权,检察官代表国家行使检察权。

就像前一节讨论的律师不应分享法官的审判权一样,律师也不应期望分享检察官的检察权。律师和检察官个人之间可以是师友,但不要期望以这种关系或其他关系来影响检察官对嫌疑人和被告人取保候审、不起诉、择轻罪起诉,或者在诉讼中放一马。律师不影响、不干涉检察权的行使,只在自己的辩护职权内行事,这是对职业对手的尊重,是对自己人格的尊重,也是对法律的信服。

第三章 客户的开拓

第一节 客户的需求

律师要开展业务,没有客户便是无米之炊。而有了客户,就首先面临一个如何“知彼”的问题,也就是知道客户需要的是什么服务,从而确定后续工作的目标。

一、律师为什么要了解客户的需求

当我们走进一家商场挑选衣服时,我们要考虑衣服的面料、质地是否与标价相符,我们要考虑衣服的样式、颜色是否符合我们的审美观点,我们要考虑衣服的商标品牌是否反映了我们的品位……作为消费者、作为服务的对象,我们的这些想法毫无疑问是正当的,因为我们拥有在满足自己需求(物质利益需求、心理需求等)的条件下进行交易的权利。

换位思考,当我们的当事人要花费高昂的费用去选购法律服务的时候,他们也同样要考虑服务的价值与他们的付出是否一致,他们也会考虑律师提供服务的方式、服务技巧是否满足他们的心理需求。如果他们认为律师提供的法律服务不能满足他们的需求，他们也同样有权利拒绝交易。所以，当事人对律师提出要求是正常现象，是发生委托代理关系（服务合同关系）的基础。

我们作为提供服务的一方，尤其是在买方市场的情况下，必须尊重当事人的各种要求，无论他的要求是否过高，是否公平。律师可以不与当事人建立服务合同关系，但不能对当事人的要求表现出任何不满、鄙视的态度。因为每一个人的位置不同，思维和价值观念也不同，他的要求必有其产生的原因。在遇到困难或身处困境时客户会对律师抱有期望，对这种要求律师应理解为是对律师的企盼、信任和抬爱。只要当事人不是用欺骗、强迫等不正当的方式令律师接受他的要求，就没有损害律师的利益，律师就应当用尊重的态度来对待当事人的要求。

了解当事人的需求，是律师决定是否建立客户关系的基础。处理好与客户关系的重要法则就是要使律师的工作态度、工作效率以及工作成果达到或超过客户的要求。如果律师的工作不能达到或超过客户的要求，客户会有不满意的情绪，在这种情况下律师就很难处理好与客户的关系，甚至会导致纠纷或索赔的发生。

了解当事人的需求，是管理客户关系的基础。客户关系管理理论将客户关系管理分为四项最基本的管理，它们是客户满意管理、客户忠诚管理、客户全生命周期管理和客户全生命周期的价值管理。

具体到律师管理客户关系的工作而言，律师对客户的满意管理实际上就是从客户的角度对律师的服务进行评价和从律师的角度对客户进行分类的一种方法。换言之，就是根据客户和律师双方的满意程度，明确律师与客户关系的类型，认清客户关系发展的阶段。如果律师不知道客户对律师工作的需求，从客户满意程度来评价律师的服务显然无从做起。

律师对客户的忠诚管理的目的是发展和培养尽量多的忠诚客户。忠诚客户的特征是：他需要反复大量的律师服务；他可能会主动向其接触的人宣传和介绍律师；几乎没有选择其他律师的念头；能够以宽容的态度对待律师工作的失误，能够就律师的失误进行交流和给予帮助，从而使得律师的客户关系得以加强。律师最理想的客户就是忠诚客户。忠诚客户像一个刚刚滚动起来的雪球，只有把他们紧紧控制住，才有希望把雪球滚大。律师只有了解了当事人的需求，才能知道当事人是否具有培养和发展成为忠诚客户的可能性；律师只有真正了解忠诚客户的需求，才知道怎么培养和发展忠诚客户。

客户的全生命周期管理的概念是：假定律师具备提供有潜力的法律服务的能力，律师如何从众多当事人中甄别出目标客户，以及如何围绕目标客户关系的建立、发展、成熟和衰退这一全生命过程，根据客户关系所处的不同生命阶段，对目标客户资源进行有针对性的动态管理，以期达到客户与律师双赢的结果。律师要判断自己所提供的法律服务是否有潜力，要判断当事人是否是目标客户，要了解客户需求的内容和程度进而判断出客户关系的全生命周期，律师不全面了解客户的需求就无法做到这一点。

客户全生命周期价值管理是在客户全生命周期管理的基础上，对客户的价值（即客户能够提供的利润，包括当前价值和潜在价值）进行评定，并以客户价值为依据而采取的动态管理。进行这种管理需要律师了解客户的市场价值、规模价值、品牌价值、信息价值和网络价值，客户的价值受客户人为因素的影响、受外部环境因素的影响并与上述五点紧密相关。全生命周期价值管理的要求，律师应当对客户的需求有更全面、更具体的了解。

即使不与当事人建立客户关系，律师也应当了解当事人对律师的需求。只要当事人对律师有需求，这就是对律师的信任，是对这个行业的信任。就具体律师而言，你也许不适合和某一个具体的当事人建立客户关系，这个判断应当是在了解了客户的需求和自己的条件后作出的，也许你的条件和要求不适合与当事人建立客户关系，但可能其他的律师恰恰是适合的，你可以根据客户的需求帮助他寻找合适的律师，或者和其他合适的律师一起与当事人建立客户关系。即使你决定要拒绝与当事人建立客户关系，仅仅为了找一个适宜的拒绝借口，你也应当了解当事人的需求。况且，了解当事人的需求对你工作水平的提高总是有益的。

二、什么时候了解客户的需求

没有一个律师能够了解他的任何一个客户的全部需求。客户的需求是具体的，客户在不同情形下会有不同的需求，他不太可能把自己的全部需求一下就表述给律师；当一个具体的目标达到了，客户往往会有新的目标、新的需求，所以，客户的需求也是不断变化的。对当事人的需求的了解是一个不断深入的过程。但是，在与当事人接触的每个阶段，律师都应当了解当事人具体需求的基本目标和要求。

律师在与当事人建立服务合同关系之前，要通过了解客户的需求考虑和判断如下事项：

（1）客户需要律师提供的法律服务的方式及内容和客户谋取利益的需求是否合法？

（2）客户的需求是否是正当合理的？

（3）律师是否有能力满足客户的需求？

（4）与收入相比，律师满足客户需求的付出是否是律师可以接受的？

如果律师对上述任何一个事项的判断是否定的，那么，律师最好不要与当事人建立服务合同关系，除非你有把握改变或降低当事人的需求。

上述需要了解的内容是律师是否与客户建立服务合同关系的重要依据,所以,在与当事人建立服务合同关系前,律师对此必须要有清楚的了解。

律师与客户建立服务合同关系后,每从事一项具体的工作,律师最好事先了解客户对律师的具体需求并且在工作中随时注意发现客户的需求以满足客户的要求。比如律师代表律师事务所与一家企业签订一个常年法律顾问合同,作为客户的法律顾问需要为客户起草一份具体的供销合同,律师应当在起草前了解客户希望的合同篇幅、文字的风格、合同的基本内容等。在初稿完成后,要主动征求客户的意见并对合同进行不断的修改和完善。这个过程对律师而言不仅仅是一个起草修改合同的过程,同时也是一个加深了解客户需求的过程。如果下次客户要求律师做同样的工作,律师对工作基本要求的理解就增加了几分把握。

每做完一个项目或一个案件,律师一般都会反思自己的工作是否令客户满意。这个时候,尤其是自己感觉不是非常成功甚至是失败的时候,律师会更多地考虑客户的需求。客户的需求有时候是直接表达出来的,对于一些细小微妙的心理需求,客户往往是不表露或不直接表露的,所以,事后律师要反思客户的每一个细微的表情和言语,揣摩客户当时的需求。优秀的律师一般不会在事后抱怨客户需求的无理,他们往往为当时没有很好地察觉客户的需求而遗憾,并总结及时发现客户需求的方法和技巧。事后反思是律师了解客户需求的一个非常重要的方式,它的效果往往会在你为下一个客户提供服务中体现。

三、怎样了解客户的需求

在律师与当事人建立客户关系前,当事人一般会直接用语言或书面的形式表述出对律师工作的要求,有时,客户需求甚至在委托代理协议中直接体现。这样的方式是最直接的,但反映的内容一般是基本和原则性的要求。

有些当事人尤其是一些聘用律师经验并不丰富的当事人,他们不是非常了解工作过程和律师的价值及其作用,他们很难一下表明自己对律师的要求,这个时候,律师应当根据自己的经验,主动说明工作的过程和律师工作的价值及作用。律师可以在接待当事人的过程中,在介绍自己以及商谈服务合同关系的时候,结合委托事项作全面的解释。律师也可以在发给客户的法律服务建议书(proposal)中,作比较全面的书面陈述。律师主动阐明律师的价值和作用,会启发、促进当事人对律师提出合理的要求。

在具体工作过程中,律师要不断加强和客户的沟通,随时随地用各种方式(包括当面商谈、书面请示等多种方式)了解客户对律师工作的具体要求,深入了解客户的需求。

除了上述四种基本方式外，律师还可以通过下述两种方式和渠道了解客户的需求，通过这两种方式，律师往往更能够了解客户细微的真实的需求。

(1) 注意当事人的自我介绍，根据当事人的自我介绍了解当事人对律师的要求。当事人在介绍自己时，尤其是介绍自己的性格、工作作风、自己的处事原则和经验时，往往不是客观的描述，更多反映的是他的追求和他的希望。他的追求和他的希望在工作过程中很可能就是对律师的要求。

(2) 注意当事人对他人的要求和评价。在当事人在对他人的要求和评价过程中，反映出的是他自己的追求和希望，同时也反映出他的处事原则，这些当事人自己的内在需求一般不会因人而异，表现出很大变化，所以，这些需求很可能就是当事人对律师的要求。在当事人要求和评价他人的过程中，律师应当特别注意当事人对其下属或同事以及其他中介服务人员的要求和评价，因为在当事人的眼里，律师很可能与他们处于相同或近似的位置。

四、谁的需求是客户的需求

有这样一个实例，某律师曾作为一家著名的国有公司的法律顾问做一个并购项目。公司的董事长作为公司的法定代表人和最高管理者提出了要将并购的两个步骤并成一步走的方案，即将目标公司收购为全资子公司的同时将其改组为分公司。公司的总经理作为项目的负责人提出这两个步骤必须分两步走的主张，并且提出了两步并成一步的法律障碍。在讨论会上，董事长与总经理进行了激烈的争辩，他们各自坚持自己的主张，不肯作出任何让步和妥协。由于两人之间的长期矛盾骤然爆发，他们已经不再考虑公司的利益和工作需求，而是一味地要证明自己的能力。作为项目的执行人即公司总经理助理，也是聘请律师的决定者，不便、不能也不愿意发表自己的意见。但此时，董事长和总经理都要求律师从法律的角度发表自己的意见，此时此刻的律师真的不知道谁的需求是客户的需求。

律师服务的目的就是要维护客户的合法利益，这是原则。在坚持原则的基础上，律师也需要从法律角度考虑谁能够代表客户的意志，并根据服务合同的约定、服务合同的对方权利主体来考虑和确定哪些是完全符合法律的客户需求。律师一般应当认为真正能够代表客户利益的需求就是客户的需求，但在某些情况下也应当从法律角度考虑谁更能代表客户，也就是谁是客户的法定代表人或有法定的决定权。

第二节 律师的市场定位

从律师的角度来讨论客户的需求,对执业律师而言是一个“知彼”的概念和方法。律师处理好与客户的关系,还需要“知己”。律师的市场定位就是要求律师了解自己,选择好自己的发展方向,有目的地壮大和提高自己。

一、市场定位的概念和意义

律师的市场定位是指律师从自己职业发展规划的角度确定自己的主要服务对象的过程和方法。

市场定位是年轻律师从业时首先要解决的最重要的问题之一。如同企业家开办公司时首先要考虑公司产品是否在市场上具有竞争力一样,年轻律师刚刚入行时也应当了解什么样的业务是当今走红的业务,什么样的业务是具有潜力的业务,什么样的业务具有长远的全生命周期,什么样的业务最具有价值。在对市场有了充分的了解后,根据自身所处的环境和自身条件,确定自己的业务发展方向,规划自己的从业计划,只有把自己提供的法律服务培养成在律师市场中具有竞争力的法律服务,律师本人才有可能成为这个行业中具有竞争力的律师。律师行业不是纯粹的商业行业,律师的工作也不是纯粹的商业行为,律师只有真正从自己追求的成功的概念出发,解决市场定位问题,才有可能享受工作的乐趣并成为优秀的律师。

律师的市场定位是律师能否争取到有价值客户的关键环节。目前律师行业的市场是买方市场,律师尤其是年轻律师面临的最大困难就是案源不足,没有足够的客户。出现这种现象,一方面是年轻律师没有足够的接触潜在客户的机会,另一方面就是没有管理客户、维护客户的经验和能力。后一种情形在很大程度上取决于律师的市场定位。市场定位不准,律师就不太可能发展和维护最有价值的客户和培养忠诚客户。在中国的律师界有一个“二八”定律,即20%的律师占有律师行业80%的创收,而其他80%的律师却只占有20%的创收。表面上是创收之比,实际上反映着市场的占有率,或者说20%的律师占有着绝大部分有价值的客户。

我们了解的一些年创收上百万的律师,他们在创收上的成功往往取决于他们对自身市场定位的准确。从20世纪80年代起,公司业务开始风行的时候,造就了一些在公司设立、公司并购等业务上占有优势的律师在创收方面的成功;在炒股风行的时候,造就了一些在公司上市业务上占有优势的律师在创收方面的成功;在房地产风行的时候，同样造就了一些在房地产业务上占有优势的律师在创收方面的成功……市场定位准确确实对律师在创收方面的成功起到很大的促进作用。但是，市场定位准确不是鼓励年轻律师采取投机行为，而是从自己的环境和条件出发最大限度地迎合市场的需要。

律师准确的市场定位是开拓发展适当客户的重要因素。与仅仅在创收方面获得成功的律师相比较，更令人钦佩的是那些从自己所处环境和自身条件出发从事传统业务并在创收方面同样取得成功的律师。因为他们在创收方面取得成功的同时，在工作中最大限度地发挥了自己的潜能，体现了自己的价值和促进了自我的完善，这样的市场定位也是准确的市场定位，他们也是成功的律师。

律师行业的本质不是经商赚钱，律师也不能等同于商人。律师从事律师行业最基本的需求是获得经济收入，在这个层面之上，律师有被接纳的需求（被爱、有归属感、按照自我的本相被接纳而不是因为自己的所作所为才被认可）、自尊的需求（追求自我的价值感）和自我实现的需求（个人有追求成长的需求）。当律师发展到了能够超越满足自己经济收入的需求的程度，律师考虑更多的是从事具体业务是否能够使自己在工作中表现出被他人接受的本质、体现自己的价值、获得自尊和促进自我完善。律师只有真正明确了自己的需求是什么，才有可能知道什么样的客户能够满足自己的需求，才可能真正正确地选择适合自己发展的适当的客户。

律师市场定位的准确有助于律师发展有价值的客户，帮助律师在创收方面获得成功；律师市场定位的准确在帮助律师发展适当的客户、在创收方面取得成功的同时，也促进律师发挥潜能、获得尊重和自我完善，使律师取得更大的成功。所以，准确的市场定位是律师成功的重要因素。

二、律师进行市场定位要考虑的因素

我们作出准确判断的前提之一是要尽可能全面地考虑到影响事物的各个因素。律师如果要做好自己的市场定位，就需要了解影响市场定位的各种因素。

1. 从律师成功的概念考虑律师的市场定位

我们讨论所有问题的重要目的是为了成功，为了成为成功的律师，我们应当从成功的要求来讨论市场定位问题。

关于成功的理论告诉我们，成功是一个过程，它是由一个个具体的目标组成的。如果我们把开拓客户看做一个过程，这个过程包含着以下几个阶段：

(1) 没有很多接触潜在客户的机会，只能被动地接受客户的选择；

(2) 有了一定的接触潜在客户的机会，可以主动地选择客户，但是仍以获得一定数额的创收作为接触客户的主要目标；

（3）接触潜在客户的机会应接不暇，可以在不考虑创收压力的情况下主动挑选客户。

处在第一阶段的律师，发展客户的主要目标应当是了解市场、学习开拓客户的本领和开拓积累、维护客户的经验。处于这个阶段的律师不能作出市场定位的判断，而要为市场定位做好充分的准备。处于第二阶段的律师，是处于努力逐步实现自己市场定位阶段的律师。只有到了第三阶段，律师才有可能完全实现自己的市场定位。

根据成功的理论，成功的要求和重要标志之一是最大限度地发挥自己的潜能。如何发挥自己的潜能，这就要考察自己的兴趣爱好，考察与自己性情适宜的工作方式，考察自己的执业理念、所追求的工作方式……上述各个因素都是律师进行市场定位所需要考虑的因素。

根据成功的理论，我们成功的要求和重要标志之一是施惠于人，回馈社会。在确定市场定位的时候，需要考察和印证究竟什么样的律师工作对他人最有意义，什么样的律师工作对社会贡献最大。

2. 律师进行市场定位要考虑市场环境和竞争对手的因素

律师的市场定位需要从宏观的角度，在对律师法律服务市场有基本的认识和判断的情况下进行。律师需要了解其提供法律服务的区域内的人口和收入水平、经济发展状况、消费结构状况及相关的政治、经济、法律状况等各个市场要素，进而对该区域的法律服务市场的整体消费水平、消费增长率以及消费增长热点有一个整体的把握，从而判断在这个区域内是否可以比较好地发展自己的律师事业。

律师的市场定位需要从微观的角度对目标客户有基本的认识和判断。律师需要了解目标客户法律服务需求的消费观念、消费发生的原因、全生命周期以及全生命周期的价值等市场要素。

律师对法律服务市场的了解必然牵扯到对竞争对手的了解。律师应当知道竞争对手有哪些，他们占领的市场份额，他们占领市场的竞争力……律师只有了解了对手的情况，才有可能通过准确的市场定位使自己变成法律服务市场上有力的竞争者。

3. 自身条件方面的因素

自身条件是走向成功的出发点，律师在开拓客户、进行市场定位的过程中和具体工作中，只有了解自身各方面条件和因素后，才有可能清楚自己律师事业的使命，才有可能制定和实现一个个具体的目标。律师只有了解自己的自身条件，才可能知道自己在律师界的地位和竞争力，才有可能准确进行市场定位。

律师应当考虑自己的教育背景、专业背景和外语水平来进行市场定位。律师是专业法律服务人员，其受教育程度、律师专业教育背景以及外语水平在很大程度上影响甚至决定律师的专业水平和执业领域。如果没有相应的外语水平、国外留学或国外事务所执业的经历，非要独立从事涉外业务不可，这就是给自己设立了一个不太切合实际的市场定位，自己的事业也不会有很大的发展。

律师应当考虑自己所处的工作环境因素。这里讲的工作环境是指律师所在的律师事务所和其他能够给律师工作提供支持的专业人员（包括其他律师、会计师、评估师、技术专业人员等）。律师事务所的威望、专业特色对律师开拓客户有很大影响，毕竟当事人是与律师事务所签署合同，法律服务市场发展的趋势之一是个人网络式的经营方式逐渐被社会商业网络所取代。所以，在进行个人市场定位时律师应当考虑自己定位的业务是否是律师事务所的主流业务或特色业务，如果自己的市场定位与律师事务所的特色业务、重点业务不符，你的个人律师事业不仅会受到影响和限制，而且你在事务所的位置也可能受到一定程度的影响。

律师从事专业性较强或规模比较大的律师业务时，必须要有一个团队相互分工配合，这样才能够满足客户的需要。律师团队中要有不同的专业人员进行分工和配合，比如在一个大型的公司并购项目中，需要有起草合同、参与谈判的主要律师，也要有进行法律调研、从事具体联络的辅助人员。如果所有工作都要律师事必躬亲、都按照律师的收费标准定期收取费用，当事人也会不满。因此，既要有负责起草合同、参与谈判的主办律师，也要有具体进行审慎性调查操作的其他律师；在起草并购合同的时候，主办律师也应当请擅长税务、审计或者知识产权的其他律师临时配合，有时还要特别聘请财务人员、财务顾问或者是审计评估人员直接给予支持。律师如果把市场定位确定在大型公司并购项目上，没有这样的人员优势是根本无法实现的。

律师应当考虑自己的人脉资源优势进行市场定位。有些潜在客户或目标客户确实非常具有吸引力，律师要考虑自己的人脉资源是否有助于接触和发展这些客户，自己的人脉资源对这些客户有多大的影响力。如果律师的人脉资源不能充分地为自己提供接触潜在客户的机会，毫无疑问，不要把这些潜在客户包括在你的市场定位中。

以上是律师在进行市场定位时需要考虑的基本因素，但不是全部因素。律师要考虑这些因素，而且要考虑这些因素在不同情况下的不同作用，进而作出准确的市场定位。

三、律师如何进行市场定位

刚刚进入律师行业的年轻律师首先要对法律服务市场有一个基本的了解，对上述需要考虑的因素有一个基本的了解和印证，有一个市场定位的准备过程。可以利用多种渠道和多种方式对市场进行了解。比较有效和简便的方法是在律师事务所内部进行考察。有句老话是“河中没鱼市上看”。律师事务所实际上就是客户法律服务需求的交易场所,律师可以在律师事务所尤其是大型综合性的律师事务所中了解法律服务市场的基本情况。将律师事务所整体创收、整体创收的增长情况结合事务所在当地市场所处位置的情况汇总后,年轻律师可以对整个法律服务市场有一个基本的了解;通过观察创收最多的前几位律师主要从事的业务领域,或者观察创收稳定的前几位律师主要从事的业务领域,汇总这些情况,年轻律师就可以对价值客户有一个基本的了解和判断。

年轻律师在律师事务所内部最有条件接触有经验的律师,因此要尽量多争取机会了解他们对客户的评价、了解他们对适宜客户的评判标准、争取得到他们关于自己的市场定位的建议……这些在律师事务所内部能够得到的信息,配合中华全国律师协会和当地律师协会发布的各项统计资料,会帮助年轻律师对法律服务市场有一个基本的了解。刚刚进入律师行业,年轻律师很难了解自己的性情是否适合具体的业务要求,也很难知道自己的能力和人脉资源能够提供多少帮助。所以,无论是否可能得到相应的报酬,年轻律师不妨对所有可能接触到的业务,都用虚心学习、锻炼尝试的态度去做,并及时反思和印证上述在律师定位过程中要考虑的因素,做好律师定位的准备。

律师应当在如下方面作出自己的市场定位:

(1) 律师应当就自己的执业区域作出市场定位。经济发达地区并不适合所有律师,经济发达地区的法律服务需求量大、需求种类多,也有一定数量的高端服务需求,但是,经济发达地区也是律师集中的地区,竞争对手多,竞争对手相对较强。真正好的市场往往是最适宜发挥律师能力、发展最迅速的市场。

(2) 律师应当就自己的律师执业水平进行市场定位。我们经常把律师比作医生,医生的执业水平往往被划分成三类:一类是社区门诊医生的水平,他们仅就一些简单的创伤和常见病作出一些临时性诊疗和处理或者尊重已有医嘱和治疗方案从事一些规范性的医务工作;另一类是医院门诊医生的水平,他们可以对一些重大疾病进行诊疗,这些诊疗都是有诊疗规范和先例用来参考借鉴的;还有一类是大型医院的专家水平,他们对一些危重病人和疑难杂症在没有诊疗规范和先例可以借鉴的情况下进行创新性诊疗。三类不同情况,对医生的要求不同,服务的客户种类也不同。律师的业务水平也可以比照医生的水平分作三类。律师如何定位自己的执业水平,需要考虑自己的执业能力、客户需求以及自己在这个行业的付出等因素,并不是水平越高越好,关键是适合自己的发展。

(3) 律师应当对自己的专业领域进行市场定位。社会发展程度越高,社会分工越细。律师业的发展趋势是要求律师有自己的专业领域。目前已经形成的主要的律师业务专业领域有:刑事诉讼法律服务、民事经济诉讼法律服务、公司并购法律服务、公司上市法律服务、知识产权法律服务、金融保险业法律服务、房地产业法律服务、国际投资业法律服务。目前正处在形成阶段的主要的律师业务专业领域有:IT业法律服务、资源能源产业法律服务、电信广电业法律服务、税收法律服务、劳动关系法律服务。

(4) 律师尤其是年轻律师最应当从客户满意度出发进行市场定位。刚刚开始独立执业的律师必须把自己的主要市场定位于满意度高的客户。律师在了解客户的需求后,必须判断出自己满足客户需求的可能性。律师如果不能在一定程度上满足当事人的基本需求,那么这样的客户就不属于你的客户。如果做砸了一个客户,你就有可能失去十个接触潜在客户的机会。如果你能把一个客户发展成忠诚客户,他会给你带来其他相应的机会。

对年轻律师而言,市场定位表面上是“临渊羡鱼”,其实质是“退而结网”。通过“临渊羡鱼”解决“退而结网”的问题,解决结什么“网”,如何结你所需要的“网”的问题。结这张“网”不易,需要你花费很多的时间和精力,两只手只能拿一张“网”,律师一旦作出了市场定位,就基本上决定了执业发展方向。律师市场定位确实不易,但也不是固不可变,律师也可以在某个阶段、某种条件下作出调试,在坚持自己市场定位的情况下,临时性、阶段性地发展一些辅助的技能,这也许对你的市场定位更有利。

第三节　律师开拓客户

开拓客户是律师“开源”的过程,只有这一工作到位,才有可能带来源源不断的客户,从而积累成功的经验,提高服务水平,迈向成功。

一、律师的客户来源渠道

认清客户来源渠道,根据客户来源去开拓发展自己的客户,是律师开拓客户的最有效的做法。

律师通过下述几种来源渠道获得接触客户的机会和获得为客户提供服务的机会:

(1) 律师事务所或其他律师;

(2) 亲朋好友;

(3) 现有客户;

(4) 工作合作伙伴;

（5）公共平台。

上述五种客户来源渠道是根据不同性质的社会关系进行划分的，律师应当根据不同的渠道采取不同的处理方法。

二、针对客户来源渠道开拓客户的方法

1．从律师事务所或其他律师处获得接触客户或服务客户的机会

律师事务所把机会提供给某个具体律师，会出于多种原因：可能是为了试试他的能力，可能是照顾他的情绪，也可能是平衡事务所的内部关系，但这些都不是正当的决定性的因素。称职的律师事务所领导应当从事务所发展需要的角度，把机会交给最适合的律师，该律师应当具有接触客户、为客户服务的能力和热情。也许年轻律师最初从律师事务所得到的机会都是一些规模比较小、案情相对简单、操作比较容易的服务项目，但这种机会同样值得珍惜，因为年轻律师的成长需要有这样一个过程。年轻律师首先要向律师事务所证明自己具有热情勤勉、认真负责的执业态度，证明自己具有一定的法律知识和执业技能，证明自己有一定的维护客户关系的能力，证明自己能够达到一定的客户满意度。上述各个方面都是律师事务所要求律师必须具有的基本素质，年轻律师只有在上述各个方面都表现得足够好的情况下，才能够得到律师事务所合伙人或领导的信任，才有可能有下次的机会，才能有下一个过程。

下一个过程是向律师事务所证明自己在某一个服务领域有自身优势和独特价值的过程。如果在整个律师事务所中，自己在某一个业务领域中的优势是最强的，甚至是无法替代的，当律师事务所在这个领域有接触客户的机会或获得服务项目时，律师事务所会自然而然、顺理成章地想到你，把这个机会交给你。在律师事务所内部，客户资源往往掌握在律师事务所的主要领导和合伙人手中，律师与合伙人、领导的关系和工作位置对律师得到机会也很重要，年轻律师应当处理好律师事务所内部的人际关系，这对年轻律师通过律师事务所拓展客户也能起到一定的促进作用。

律师之间的关系是同事关系。同事关系的主要内容是工作上的合作和配合。为什么别的律师会把接触客户、为客户服务的机会提供给你？其主要原因是互补和交换。所谓互补是这样一种情形，在他接触客户或为客户提供服务的过程中可能存在能力上的不足，需要你发挥自己的能力给予支持和帮助。所谓交换是指他把他认为适合你的机会交给你，期待你也能够把适合他的机会交给他。在互补的情况下从其他律师那里得到机会，需要你具有给予补充性的支持能力。在一家大型的律师事务所内，有一位非常精通税务方面业务的律师，尽管他从不主持一些大

的业务项目,但是,该所全部的大型项目几乎都要他参加,因为这些大型项目中都或多或少地涉及税收问题,他也能取得非常可观的收入,而且他不必亲自开发客户。互补还有另外一种情况,就是人手不足,尽管你与其他律师的业务特长相同,但是他仍然需要你的支持。在这种情况下,你需要在配合过程中注意与他保持一致,在工作进度、工作风格以及文件的风格等方面都要尽量一致。在交换的情况下得到机会,你要考虑好自己是否具有交换的能力和交换的资源? 你与他的交换是否能够做到大体的公平? 如果不能,你可以拒绝,但千万不要使同事失望。同事有时纯粹为了帮助你而给你提供一些接触客户、为客户服务的机会,尽管他是你的同事,你应当从友情的角度来理解这个行为。最好不要把同事、朋友这两种不同性质的关系混为一谈,否则将很难处理。

国外律师事务所驻中国的代表处以及国外律师事务所是律师获得涉外业务的一个重要来源。按照我国法律及相关法规的规定,国外律师没有解释中国法律、在中国从事律师业务的权利,他们的代表处可以帮助外国客户联系中国律师从事相关的法律业务。实际上外国律师事务所和它们的代表处会把一些它们没有资格做的业务交给中国律师。为了得到客户的信任,为了对客户负责,外国律师事务所及其代表处会向中国律师提出很多高标准的要求。真正有可能从外国律师事务所或代表处得到业务的律师需要具有在国外学习的经历和在外国律师事务所工作的经验,需要了解国外律师的执业思维和方式,需要具有很高的外语水平。

2. 通过亲朋关系得到接触客户、为客户提供服务的机会

刚刚从法学院毕业、从事律师行业的年轻律师,仅有的社会关系可能就是一些亲戚、朋友和老师、同学。调动好这些关系也是年轻律师发展律师职业的一个途径。为了调动这些关系,可以采取下述步骤:

(1) 让所有能够联系上的亲戚、朋友和老师、同学都知道自己是一名律师了,自己能够给他们提供律师所能够提供的帮助。年轻律师要让他们有这样一个概念:无论是他们或是他们接触的人(包括法人),只要有法律服务的需求,都可以找你,你有为他们服务的热情和能力(不必突出你的服务范围或专业特长)。

(2) 在所有的亲朋关系中,甄别出那些有可能为自己提供机会的亲朋关系,并且加强与亲友之间的联系。除了给他们提供上述信息外,还应该用恰当的方式告诉他们:① 你需要他们的帮助;② 你需要他们怎样的帮助。

(3) 无论是年轻律师还是其他律师,都应当长期注重发展和培养自己的亲朋关系数量。扩大自己接触的范围和影响力,从而开拓更多的接触客户的机会和为客户服务的机会。

亲朋关系是以亲缘、感情为纽带发展的相对紧密的人与人之间的关系。表达感情的方式可以用赠送礼物的方式,亲朋之间也可以利用财产相互帮助,但最好不

要把亲朋关系异化成共同谋取利益的商业伙伴关系，更不得利用亲朋关系谋取非法利益。

3. 律师通过现有客户得到接触客户、为客户提供服务的机会

现有客户与其所接触的人群一般会有共性，即物以类聚。现有客户与他们会具有相似的社会地位、相同或相似的文化背景、生活条件，他们也许有类似的性格和处世方法，甚至会出现相同的矛盾纠纷，所以，他们对法律的需求、对律师的要求也可能是相似的。

“客户的口碑是最好的宣传方式”。当现有的客户把律师推荐给他的朋友时，有朋友之间的信任因素在起作用，无论现有客户是否明示他的担保作用，实际上他都是在用他的信誉在作担保。

律师一定要把现有客户发展为忠诚客户，这样现有客户才有可能把律师推荐给他结识的人。律师在为新客户服务时，应当明白现有客户的担保作用，律师千万不要辜负现有客户的信任。否则，对律师不满的就不止一个客户了。

4. 律师通过工作合作伙伴得到接触客户、为客户提供服务的机会

工作合作伙伴是指律师在为客户提供法律服务的过程中，与其相互配合、共同工作的其他中介组织，包括：投资银行、财务顾问公司、会计师事务所、审计事务所、资产评估事务所、知识产权代理公司等。

在一些大型的项目里，当事人往往需要多个中介组织共同为其提供服务。当事人出于自己的考虑，有时会针对自己最重要的问题首先聘请一个中介公司，最有可能的情况是首先聘请投资银行或财务顾问公司，由他们负责整个中介服务。在这种情况下，这个中介公司对聘请其他的中介公司会有很大影响力或者说决定权。在一些不是很大的项目中，即使没有投资银行、财务顾问的参与，客户首先聘请了会计师或评估师，有时也会听听他们对于聘请律师的意见。

工作合作伙伴的相互推荐主要是从工作配合的角度来考虑的。大家彼此之间具有在同一个项目中默契配合、协调一致的经验往往是相互推荐的重要原因。故此，律师在与工作合作伙伴的配合过程中，要注意观察他们对律师的要求、对律师的看法，维护好与工作合作伙伴的关系，只有这样才能通过他们得到接触客户、为客户服务的机会。

在与工作合作伙伴共同工作的过程中，大家处于相同或近似的位置，相互之间应当有体谅、包容的态度。尽管在多数情况下，大家的雇主是客户，但在具体协作过程中，能够协商解决的事情，应当尽量在中介机构之间解决，不必一定要通过当事人来解决。律师尽量不要直接给他们布置工作或提出要求，律师做得更多的应是建议、解释和协调。

5. 律师通过公共平台得到接触客户、为客户提供法律服务的机会

公共平台指政府机构、各种社团组织、报刊媒体等组织在他们主办的各种活动中为律师提供的展现自己、发展客户的平台。公共平台对律师发展客户的作用好比是银行对商人的作用。如果律师没有利用好公共平台这个资源，一般不会把业务做得很大。尤其是在律师或律师事务所已经取得了一定成功的基础上，更要学会利用公共平台来维护自己、展现自己、发展客户。

在2005年，一家著名的国际律师事务所为了在中国开展业务，与一个国有资产的监管机构进行了接触。他们从公开的信息中了解到监管机构一项非常重要的工作是在全国国有企业中推行总法律顾问制度，尤其是出现了几起对大型公司具有颠覆性的事件后，监管机构希望了解一些总法律顾问如何控制公司法律风险、进行风险防范的经验。于是这家律师事务所介绍了一个国际性的企业法律顾问组织，并与监管机构协商后确定共同主办一个大型的国际性的法律风险防范会议。这家律师事务所作为具体主办的单位参加会议，律师事务所的主要负责人凭借自己多年担任著名企业总法律顾问的经验和经历，获得了担任主讲人的机会。参加会议的是中国规模最大的上百家企业的总法律顾问和其他一些相关机构的负责人员。国内二十余家主流媒体对这次会议和会议的主讲人进行了全面的报道和宣传。在会后的招待会上，这家律师事务所的负责人和其他律师一下获得了接触几十家重点行业大型企业总法律顾问的机会。一家中国企业的总法律顾问风趣地对这家国际律师事务所的负责人说："这个会议已经把你变成了中国法律界的'大山'了(指在中国非常出名的一个加拿大人)。"

这个活动的成功，一是由于律师事务所对监管机构需求的判断是准确的，监管机构本身有这样的需求，甚至是比较急迫的需求；二是由于监管机构有能力提供这样一个最佳的平台；三是由于律师事务所本身有能力和资源满足监管机构的需求，并且律师事务所的预期收益大大超过付出成本；四是由于选择了恰当的时机和合适的规模……

年轻的律师也许目前还没有能力在公共平台的显赫位置上展现自己，但可以有目的地多参加一些活动，了解学习他人的做法，为自己很好地把握将来的机会做好准备。

除了上述根据客户来源开拓客户的方法以外，还有其他一些开拓客户的方法。例如，一家国际律师事务所北京办事处的律师经常到秀水街这类"名牌"市场拍照，把得到的信息(如大型企业的知识产权被侵犯的信息)直接发给一些名牌产品的企业，帮助客户发现自己的法律服务需求，由此在知识产权领域开拓了大量的客户。这种帮助客户发现法律需求的方式也是一种开拓客户的方法。

三、律师开拓客户需要注意的问题

1. 律师通过律师事务所或其他律师得到客户关系时需要注意的问题

律师通过律师事务所获得接触客户、为客户服务的机会，这就需要律师证明自己具有接触客户、为客户服务的能力。律师可以从下述几个方面证明自己：

（1）用自己的工作过程和工作成果证明。你在为客户提供服务的过程中的执业态度、工作方法、工作作风都反映你的素质，你做的每个调研报告、每个法律文书、每个合同，搜集的每个证据，得到的每个判决……都是你的工作成果。工作过程和工作成果凝结着你的智慧、你的辛劳，不掺杂任何他人的因素，客观直接地反映你的能力和热情。

（2）用同事的评价证明。同行之间比较容易理解对方在工作过程中的付出程度和业务水平，如果没有个人偏见，同行一般能够作出比较客观的评价，尤其是工作水平的评价会更加客观一些。同事的评价能够最直接地在律师事务所内部起到影响。

（3）用客户的评价证明。客户是最有评价权利的人，也是进行最终评价的人。他们的评价更多的时候是用脚评价，如果客户在你提供完一次服务后还能够主动来找你提供下一次服务或者介绍其他人找你提供服务，这就表明你的服务是满足他的要求的。

上述三种证明方式都需要你多做、踏踏实实地做，而不要用嘴去证明自己。用嘴只能表现自己而不能证明自己。

年轻律师需要处理好与同事之间的关系，不必过于计较某项具体工作的物质利益，获得更多的经验和学习的机会往往才是最主要的。能力的提高与收入的获得是“渔”和“鱼”的关系，有了打鱼的本领，收获鱼是自然而然的事情。年轻律师也不必特别在意他人对自己一时的态度，切忌把自己置于各种人际关系矛盾之中，更不能把自己置于某一小的利益集团。只想利用人际关系在律师事务所得到发展机会的人，没有太大的出息。

2. 律师在通过自己的亲朋关系发展客户时需要注意的问题

亲朋关系是以亲缘、感情为纽带发展的相对紧密的人与人之间的关系。亲戚朋友应当注重感情的交流、培养。朋友之间相互帮助的目的是为了增进感情。好亲戚好朋友之间的关系应当达到这样一种感情的融合境地：亲朋的成功是能够一同分享的，大家都为成功者取得的成就感到高兴和自豪；当某人失意不高兴的时候，大家会有同情的感觉，乐意为他提供帮助。这种纯粹的感情关系是非常值得珍惜和爱护的。律师应当以真诚的态度从亲朋的感情关系的本质去处理亲朋关系。如果一个人只想利用亲朋关系去发展自己的业务，则背离了亲朋关系的本质要求，这样就很难处理好亲朋关系。失去了亲朋好友，就失去了重要的开拓客户的渠道，事业也不可能发展到应有的高度。

为了处理好亲朋关系，当亲朋好友为你提供帮助时，你就应当首先了解清楚他提供帮助的意图。如果他在为你提供帮助时注重的是公平原则（希望你下次也提供帮助以作为对他的报答），注重的是物质利益，那么与他成为商业上的合作伙伴也许更好一些。有些亲戚朋友确实在帮助你的时候没有提出物质利益回报的要求，但是在其他的阶段、其他的情况下，他会不会有这样的要求呢？所以，你要观察了解亲戚朋友和他们的观念，了解他们处理亲朋关系的原则。

礼尚往来是亲朋相处之道。当亲戚朋友给律师提供了帮助，律师确实应该向他们表示感谢。感谢应当是一种心意的表达，是为了促进感情的交流，而不是物质利益的回报，更不是物质利益的分割。所以，律师在得到亲朋的帮助后表示感谢时，不应当过分考虑你获得的利益，应当主要表达的是感激之情，是真挚的感情。用真诚的感情、真诚的帮助向朋友表达感谢。

四、律师在开拓客户时不得给任何介绍客户的人回扣

律师为客户提供法律服务收取相应的律师费是国家授予律师的专有权利。每个律师为了获得这项权利，要花费多年的心血认真学习，要经历无数次的考试，还要在律师事务所努力地实习。得到这样一个专有权利很不容易，它不仅仅是一项获得财产的权利，也是一项荣誉。

如果一个律师仅仅为了多挣一些钱而把工作纯粹当成一笔交易，他在客户和介绍业务的人面前就丧失了尊严。法律服务的市场是全体律师的专有市场，非法的竞争行为是对全体律师利益的背叛。每个律师都应当珍惜自己的专有权利，都应当尊重律师的专有权利，只有这样，这项权利才有价值，律师职业才有可能得到他人的尊重。

《律师法》第 26 条、《律师执业行为规范》对以提供或承诺提供介绍费的形式招揽业务的方式有禁止性的规定。这些规定是维护律师利益的规定，每个律师都应当遵守。

第四节　客户关系的维护

维护客户关系是指律师维持和促进已经建立的客户关系，使客户不断重复购买律师法律服务的过程。从营销的角度讲，维护客户关系主要有三个基本环节：

① 对客户需求的了解;② 对客户进行分类;③ 实施客户维护。

律师应当了解和掌握上述三个基本环节,对维护客户关系有一个基本的概念并掌握基本的技能。

一、从维护客户关系的角度了解客户

从维护客户关系的角度了解客户的目的是确定与客户的接触点,确定接触客户的方式,根据所了解的客户的情况,进而决定对客户的分类,合理规划自己维护客户的工作。从维护客户关系的角度看,我们需要了解如下内容:

(1) 了解建立客户关系的基础和客户的满意度。维护客户关系工作的基础是律师与当事人之间已经形成了客户关系,律师已经为他们提供了服务。在这个基础上继续维持和发展客户关系,需要对这个基础有足够的了解。了解这个基础具有的主要因素有:发生客户服务需求的原因,建立客户关系的渠道以及原有客户关系的稳定性。客户对原来提供服务的满意程度是衡量原有客户关系稳定性的重要因素。客户对原来的服务有哪些是满意的,有哪些是不满意的,不满意的地方是否可以改进和提高,也是律师在客户维护过程中应当了解的。

(2) 了解客户聘请律师的观念,即客户是否认同律师所提供的客户服务的价值。换言之,就是了解客户认为他花费的律师费与得到的法律服务相符或是超值还是不值;客户是愿意先支付律师费还是习惯于后支付律师费,律师获得律师费的难度有多大;客户愿意一次性支付律师费还是愿意分批逐笔支付律师费。

(3) 了解客户对法律服务的真正需求。聘请律师从事的工作是客户自己不能做的,还是不便做的,还是自己不愿意做的。客户聘请律师的目的是为真正得到工作上的帮助从而取得实效,还是侧重于"买保险"以便交差。

(4) 了解有助于建立客户关系的人和客户聘请律师的决定程序。了解有助于建立客户关系的人首先就要了解其所处的位置,根据他的位置判断他的作用——是决定性的还是影响性的,他的影响力有多大。了解具体的人聘请律师的意图以及他的工作范围、工作的需求、工作方式和个人的情趣爱好等。了解客户决定聘请律师的程序主要是了解客户聘请律师是由负责人决定还是集体决定,是针对多个律师进行考察决定还是由多个律师竞标决定。

(5) 了解客户的价值。了解客户的价值就是要了解客户的需求是一次性的单一的法律需求,还是多次的长久的多种法律需求;以及在一定期限内,能够从具体客户那里得到多少案源、获得多少收入。

了解客户的需求是从事客户维护工作时的一项基础性的工作。这些工作做得是否细致充分,直接影响下面其他工作的开展和效果。

二、客户的分类

客户的分类是维护客户关系工作的规划过程。每个律师拥有的维护客户关系的时间和精力是有限的,律师应当针对不同类别的客户花费不同的时间和精力进行维护性工作,针对不同类别的客户采取不同的维护方法。

从客户关系管理的角度看,可以按照客户忠诚程度的标准,把客户分成忠诚客户、品牌转移客户和无品牌忠诚客户三类;也可以按照客户提供利润的标准把客户分成若干类。这些分类都是建立在具有一定数量客户的基础上进行的。年轻律师刚开始进入律师行业,往往处于没有足够的客户又要急于获得一定收入的状态,所以,根据律师行业的特点,具有比较实际的意义的分类是按照获得服务机会的可能性进行的分类,年轻律师应当以此为标准来规划自己的客户维护工作。

1. 最有可能得到服务机会的客户

最有可能得到服务机会的客户是指已经具有聘请律师的需求,并且这种需求是急迫的,律师根据自己掌握的信息可以判断出通过努力极有可能向其提供法律服务的客户。

律师对这种客户应当有深入的了解,知道客户具体的法律需求是什么,了解客户对聘请律师有决定权或有影响力的人和决定聘请律师的程序,律师应当把维护客户的工作重点放在这类客户上,确定与客户拉近距离的接触点,针对客户的需求,有目的地宣传自己的执业特色和执业能力。

2. 有可能得到服务机会的客户

有可能得到服务机会的客户是指已经具有聘请律师的需求,律师根据自己掌握的信息可以判断出通过努力有一定可能为其提供法律服务的客户。律师对这种客户应当有一定的了解,知道客户具体的法律需求是什么,了解客户对聘请律师有决定权或有影响力的人和决定聘请律师的程序。如果暂时没有维持上述第一类客户关系的工作,律师就应当把维护客户关系的工作重点放在这类客户上,确定与客户拉近距离的接触点,针对客户的需求有目的地宣传自己的执业特色和执业能力。

3. 近期不太可能得到服务机会的客户

近期不太可能得到服务机会的客户指近期没有聘请律师的需求,但仍有聘请律师的可能或者愿意给律师开拓客户提供帮助的潜在客户。律师针对这种客户一般用维持客户关系的方法,保持与客户的关系和相互了解。

还有一种对客户的分类方法也比较实用,它将迫切性和重要性两个标准相互交叉,从而对客户进行分类,具体分类见下表:

1. 急迫的且重要的客户	2. 急迫的、不很重要的客户
3. 重要的、不很急迫的客户	4. 不很急迫、不很重要的客户

上述对客户的分类可以直接表现出维护客户工作安排的顺序，根据这个顺序安排工作并采用不同的维护客户关系的方法，有一定的借鉴意义。

三、维护客户关系的基本方法

律师和律师事务所维护客户关系经常使用的方法有两大类：一是从加强工作关系的角度所使用的维护客户关系的方法；二是从增进感情的角度所使用的维护客户的方法。

1. 从加强工作关系的角度所使用的维护客户关系的常用方法

（1）简报。有些律师或律师事务所定期或不定期地创办一些简报，用电子邮件或其他方式发送给客户。简报的内容可以根据收件人的需求进行定位，有时传递客户关心的法律动向，有时探讨一些法律问题，有时提供一些法律建议……客户收到这些他感兴趣或对他的工作有实际帮助的信息后，自然愿意与提供信息的律师或律师事务所保持长久的关系。律师以简报的形式维护客户关系，与律师在提供服务时保持的帮助者形象一致，往往是客户比较容易接受的方式，也是一种维持长期客户关系的有效方式。

（2）服务回访。律师提供的一些非诉服务的主要作用在于风险防范，律师的工作是否具有这种作用则往往是在律师提供完服务后的一定时期内才能够得到印证；律师提供的有些诉讼服务的作用往往也不在于纠纷彻底的解决，律师完成诉讼后，自然希望知道自己工作的效果。律师在完成一项工作后，可以自行或者以律师事务所的名义，向客户作一些回访调查，了解自己工作的效果，请客户对律师的服务提出一些意见、建议或评判，这种回访表现出的是律师负责的态度，服务回访既是进一步了解客户的过程，也是维持客户关系的一种方式。

（3）通报情况。一些新的法律法规的出台会对客户产生什么影响，律师可以及时通报客户；客户的同类企业在某个具体事务中受到了损失、法律限制或者制裁，律师也可以把相关事实通报给客户并提出一些避免发生此类情况的建议；律师如果知道客户的权利受到侵犯，更应当及时通报给客户……上述这些通报行为都可以给客户的工作提供帮助，也可以维护和促进与客户的关系。律师也可以把自己或律师事务所内部的一些工作情况通报给客户，这些情况包括律师或律师事务所获得的各种荣誉和奖励的情况、律师事务所新人加入的情况、律师事务所乔迁的情况等。律师把自己或律师事务所的情况及时通报给客户，既增进了客户对律师的了解，也有助于维护与客户的关系。

（4）组织活动。2006年12月，北京市海淀区人民法院首次对“开瓶费”的收取问题作出判决，这引起了餐饮业和广大消费者的极大关注。北京的一位律师作为餐饮协会聘请的法律顾问在律师事务所的支持下举办了一个北京餐饮业对禁止收取开瓶费的法律问题研讨会。参加会议的人员大多是这位律师在餐饮业的客户，在这个会议上，该律师可以同时和几十位客户进行直面交流，共同探讨客户关心的法律问题，这显然是一次非常成功、有效的维护客户关系的工作。

2. 从增进感情的角度所使用的维护客户关系常用的方法

（1）问候。在节假日，客户或客户的负责人生病、陷入困境时，给予真诚的问候是维护客户关系的一种常用的方法。问候可以是当面的直接问候，也可以是通过电话或手机短信方式问候。问候一般不是非常积极有效的维护客户关系的方式，问候往往更带有礼节性。

（2）请教。律师在工作上遇到困难的时候，可以就一些客户所了解的情况或所熟悉的领域内的一般性问题，向客户请教。这种请教更多的是出于对客户的信任和敬仰，在客户施教的过程也能够满足客户的某种心理期待，通过这个过程可以加深对客户的了解，也增加了和客户的接触机会，有助于客户关系的维护，增进与客户之间的感情。

（3）致贺。律师可以在客户工作取得成功、职位得到升迁、子女获得满意的升学机会、乔迁新居等事件发生时，向客户表示自己的贺意。致贺是在欢喜的时候相互接触的机会，致贺容易化解原有的矛盾和隔阂，是增进感情的有效方式，也是维护客户关系的有效方法。

（4）参加一些双方共同感兴趣的娱乐活动。律师可以与客户参加一些共同感兴趣的娱乐活动，比如一起观看表演、一起进行体育锻炼、一起旅游或者一同品尝美食等。大家一起从事共同感兴趣的娱乐活动，在相同趣味中交流是增进感情的普遍方法。

以上介绍的是从感情的角度所使用的维护客户关系的常用方法，而不是全部方法。年轻律师应当注意不能为了维护客户关系而刻意增进与客户的感情，为了物质利益不太可能培养和增进真正纯洁的感情，更不能利用别人的感情来达到自己维护客户关系的目的，否则会使别人产生被欺骗的感觉，也达不到维护客户关系的目的。

第四章　访谈（当事人的接待）

第一节　访谈的目的

本章所述访谈是指律师与当事人之间在形成服务合同关系之前，律师以了解当事人及委托事项、树立律师形象、争取与当事人建立服务合同为目的，与当事人（或其委托人）进行面谈的过程。这一过程是律师了解当事人、建立服务合同关系、提供优质服务并与当事人建立和谐关系的基础。

一位著名资深律师曾说起过他在访谈过程中发生的一件最失败的"小事"：他在会见当事人的过程中，每个步骤都进行得相当顺利，并赢得了当事人的信任，当事人当场决定把一个非常重要的案件委托给他。在高高兴兴地与当事人道别后却发现自己没有和当事人交换名片，他既不知道当事人的正式姓名也不知道当事人的联系方式。这一教训告诉我们，必须要明确律师在访谈过程中的目的，并且明确每个目的的具体内容。这三个主要目的是：(1) 了解当事人和当事人将要委托的事项；(2) 树立律师（律师事务所）的形象；(3) 与当事人建立和谐的服务合同关系。

一、了解当事人和当事人将要委托处理的事项

1. 了解当事人的个人信息

（1）当事人的姓名（名称）

在与当事人会面的过程中，律师一般会注意如何准确地使用当事人的称谓。称谓和当事人的姓名有时是不同的，可能会称呼当事人为“王老师”、“张先生”或“李经理”，但是不要忽视他们的正式姓名，这也是随后签署正式法律文件或了解案情、审查已经签署的文件时，律师必须准确了解的内容。访谈中律师接待的人往往只是当事人的代表，律师接待的是张先生、李经理，而他们代表的客户可能是IBM或DHL。IBM和DHL都是闻名遐迩的著名公司。可是，如果不注意这个问题，就难以准确说出他们所代表的客户的正式名称。

（2）代理人的授权

一个律师讲了这样一个案例：他曾接待过一位客户，这位客户是代表他20岁的女儿到律师事务所寻求法律帮助的，目的是追究女儿的男友侵犯女儿权利的责任。在他的眼中，20岁的女儿还是个孩子，父亲可以作主决定孩子的任何事情，尤其是他认为对孩子有利的事情。但是，从法律上讲女儿已经是具有完全民事行为能力的民事主体了，对于牵扯到女儿感情的事情，女儿和父亲意见不一致的情况比比皆是，所以，律师在访谈中必须明确知道父亲有没有得到女儿的有效授权。

律师接待的具体的自然人往往并不是真正的客户，他们实际上代表的客户是一个公司、单位或其他类型的法人，他处在什么位置，担任什么职务或者有多大程度的决定权及影响力，都是律师在访谈中应当了解的。

（3）国籍、民族

随着我国对外开放政策的深入实施，在中国工作和生活的外国公民的数量不断增加，与此同时，取得外国国籍的华人的数量也有所增长。当出现个人寻求律师的法律帮助的情况时，律师应当搞清当事人的国籍，稍有不慎，就有可能把一个涉外案件作为国内的普通案件来办理，涉外案件有可能适用特殊的法律规定，而且由于案件的特殊性，一般律师事务所在收费上也有特殊的规定。

我国法律对外国机构、外国公司、外国公司在中国设立的代表处或者外国公司在中国设立的三资企业在法律政策上也有特殊的规定。所以，律师在访谈过程中应当明确其所接待的当事人的国籍和所涉案件的性质。

我国法律对少数民族的公民在生育、上学和就业等方面有一些照顾性的规定，并实施相应的政策。所以，律师在上述领域为当事人提供服务时，应当确定当事人是否具有少数民族的身份。

(4) 使用的语言

律师了解当事人使用的语言,不仅仅是为了判断自己在与当事人访谈和提供法律服务过程中是否具有沟通的能力,而且还要注意到,当事人如果不是使用汉语来进行交流的,就需要聘请具有相应资质的翻译机构对具有法律效力的文件进行翻译,并支付相应的翻译费用。因为我国法律法规规定,当事人必须向法院或仲裁机构提交中文译本。

(5) 住所

当事人的住所是法院、仲裁机构及其他相应机关与客户进行联系的一个重要因素,在相应的法律文书中必须填写这项内容,这也是律师与客户取得联系的一个重要因素。更为重要的是,当事人的住所地直接与管辖权相联系,如果律师不明确当事人或对方当事人的住所,很可能在管辖权的处理方面出现问题。

一位律师在2006年曾作为某当事人的代理人,针对一家大型的中外合资快运企业就劳动纠纷在北京市劳动仲裁委员会申请仲裁,当北京市仲裁委收到被申请人的答辩状和营业执照等证据时,发现被申请人的住所已经变更为北京市亦庄经济技术开发区。根据相关规定,北京市仲裁委只好移送管辖。律师在被申请人住所地问题上的失误,造成了案件审理被延误了近两个月。

(6) 联系方式

律师应当了解当事人和对方当事人的全部、准确、随时可以使用的联系方式,包括:住址、电话(包括固定电话和手机)、传真、电子邮件地址、邮编和联系人姓名。这些联系方式不仅仅是律师与当事人联系时所需要的,也是法院、仲裁机构所需要的,在提交的法律文件中必须注明上述信息。

(7) 年龄、行为能力

了解当事人的年龄、行为能力与当事人承担法律后果直接相关。了解代理当事人参加访谈的人的年龄和行为能力,与他是否可以代表当事人决定相关事项直接相关,否则,律师在访谈过程中所做的一切努力都可能是无用功。

(8) 文化素质

律师在访谈的开始阶段应当注意观察并判断当事人的文化素质。当事人的文化素质决定了律师在与当事人的沟通过程中所采用的方式,以及当事人在案件处理过程中的包容程度和追求的目标等多种因素。

(9) 财产状况

律师在访谈中应当注意了解当事人的财产状况,当事人的财产状况往往决定了某些财产争议案件和财产纠纷对当事人的重要程度;当事人的财产状况是当事人能否实际承担民事责任或行政罚款的重要因素;当事人的财产状况是诉讼过程中能否减免受理费用的重要因素;当事人的财产状况有时也是判断当事人能否支付、如何支付相应律师费的重要因素。

（10）对律师服务的需求

律师在访谈中了解当事人对律师服务的需求是律师了解当事人个人信息的最重要内容之一。为什么了解当事人对律师的需求、了解当事人的需求的意义以及了解的内容和如何了解当事人的需求请见本书第三章第一节的相关内容。

2. 了解委托事项

律师应当向当事人了解委托事项的相关情况。一般来说，委托事项基本可以分为两种，律师应当根据不同种类的委托事项的特点，确定需要了解的情况：

（1）在争议案件解决中，律师应了解下述情况：

① 所发生纠纷的事实情况。律师应当了解纠纷发生的原因；了解发生纠纷的各方当事人的心理动机和各方当事人追求的目的；了解纠纷发生的过程，包括发生的时间、地点、场合、当事人的语言和具体行为；了解纠纷发生后产生的具体结果和影响；了解各方当事人对案情的认识和态度。

② 相应的证据和证人情况。对于诉讼案件来说，证据和证人在很大程度上决定着案件的判决结果，因此，证据和证人的重要程度是不言而喻的。律师应当了解当事人掌握的证据情况和可能收集到的证据情况；律师应当了解对方当事人掌握的证据情况和对方当事人可能收集到的证据甚至可能提供的伪证的情况；律师应当了解证人的相关情况，包括：当事人与证人的关系，证人是否有可能出庭作证，证人在什么条件下可以出庭作证，如何保护和说服证人出庭作证，谁出面请证人出庭作证等。

③ 当事人与对方当事人的关系。当事人与对方当事人发生纠纷和争执，往往是当事人关系中的一时矛盾无法缓和、突然爆发的结果。从某种角度上讲，解决这些纠纷和争执就是对当事人与对方当事人关系的一种处理。律师应当从当事人之间的关系的本质出发，把握处理纠纷的分寸，掌握符合当事人之间的关系和谐发展的方式，追求最好的结果。所以，律师必须了解当事人之间的关系，了解当事人与对方当事人的关系的性质，了解处理他们之间的关系的影响因素，等等，这都有利于纠纷的最终解决。

（2）在非诉项目中，律师应了解下述情况：

① 了解项目的背景。律师在访谈中，应当了解当事人在项目中追求的目标和具体的利益；了解项目对当事人的意义；尽可能地了解项目的来龙去脉。这对把握整个案件能够起到提纲挈领的作用。

② 了解项目的方案。律师应当了解项目的计划；了解项目的策划方案。律师只有了解上述基本情况，才能够有目的地准备相关的法律调研，梳理出各种审批备案的程序，起草和收集相应的法律文件及相关证照，预测律师的工作量和安排工作

时间。这样做就可以将一个庞大的项目分割成一个个部分来完成,逐一击破目标,从而可以取得最终的胜利。

③ 了解项目参与人。律师应当在访谈中了解项目各方的参与人,律师了解了项目的各方参与人才能避免双方代理所导致的利益冲突。律师了解项目各方参与人是律师提供法律服务的前提,所有项目参与人是律师必须了解的情况之一。

④ 了解当事人在项目参与人中的地位及与其他项目参与人的利害关系。律师只有了解当事人在所有项目参与人中所处的地位以及与其他项目参与人之间的关系,才有可能掌握好自己代表的当事人与其他参与人相处时所处的地位和姿态,进而才有可能明确自己在整个项目的协调过程中所处的地位和发挥的作用;律师必须了解当事人与其他项目参与人之间的利害关系,这样才有可能在提供法律服务中处理好当事人与其他项目参与人之间的关系。

二、树立律师(律师事务所)的形象

从便于律师与当事人沟通和交流的角度分析,律师要让当事人了解律师和律师事务所。律师应当将自己和律师事务所给当事人作一个基本的介绍,这些介绍包括自己的姓名、联系方式和执业经历等;就律师事务所来说,也可以就律师事务所的规模、提供服务的特色等情况作一个简单的说明。上述介绍可以是口头的,也可以通过交换名片、赠送律师事务所简介等方式进行。

从开拓客户、进行宣传的角度分析,律师应当给当事人一个强烈的可靠形象。律师的可靠形象是什么,请参阅本书第一章第五节的内容。

从体现律师价值的角度分析,律师要造成客户对律师的依赖感。律师应当在访谈中通过对事实的准确判断、合情入理的分析和有效的建议来体现律师提供的法律服务的价值。

三、与当事人建立和谐的服务合同关系

律师要使当事人接受将在服务合同中约定的律师提供法律服务的内容、提供法律服务的方式、提供法律服务的时间和提供法律服务的质量。简而言之,律师要让当事人接受法律服务合同,并使其同意支付律师事务所提出的合理的律师费。

如果当事人在访谈中接受了律师,对律师有了依赖感,那么这将对当事人接受合同中约定的律师提供法律服务的事项起到极大的帮助作用。

上述律师在访谈工作中的三个目的和具体目标仅仅是律师工作的目的,它们的意义仅仅是便于表述清楚访谈中包含的工作内容。上述目的并不是律师一定要

追求的目标，由于当事人的某种原因或其他因素，律师没有与当事人形成服务合同关系，但这并不一定是律师工作的失败。三个目的之间有一定的关联性，三者也相互影响，但三者不一定是一个完整过程的构成因素，也不一定按照上述介绍的顺序发生。所以，年轻律师应作为知识经验来了解这三个目的，如何运用则要因事、因人、因时而异。

第二节　访谈的阶段和技巧

律师在访谈中有五个阶段的工作，它们分别是：准备阶段、叙谈阶段（该阶段运用的主要技巧有：破冰、共情、倾听、激励、询问）、概括确认阶段、分析建议阶段、缔约阶段。每个阶段的工作都有自己的目标和工作内容，下面我们根据一个访谈的实例来逐一介绍。

一、准备阶段

访谈前的准备是指律师根据已经掌握的信息，为访谈的顺利进行所做的准备性工作。准备阶段有三个方面的工作：

（1）事实准备。律师根据掌握的相关信息和线索，尽可能多地了解与委托事项相关的事实，设想访谈中了解相关事实的方式和侧重点。

（2）法律准备。就案情有可能涉及的法律规定事先作一些回忆性的复习和有针对性的调研。

（3）访谈的安排。访谈的方式、参加访谈的人员、场地、时间、律师的着装和招待当事人的饮料、器具等都是访谈安排的内容。

下面是一段电话对话：

律师：喂，您好！我是李志平律师。

刘经理：你好，李律师。我是刘军。最近忙吗？

律师：还不错。（律师不具体回答忙不忙的问题，只当做问候回答）您最近好吗？

刘经理：还行吧。有个事情我想请您帮个忙。

律师：您说。（律师不急于表态）

刘经理：我们公司的董事长方林前几天被法院判处死刑了。这个事情闹得挺大，好多报纸都报道了。她的太太我们平时叫她华姐和我认识，平时关系不错。董事长的大儿子知道他爸爸被判处死刑后,立即就跟华姐要他爸爸的财产。华姐让我帮她找一个可靠的律师帮忙。我觉得你不错,原来咱们又合作过,你看你能帮忙办这个事吗?

律师:谢谢您的信任,刘总。您的朋友有困难,我们肯定会努力把工作做好。(律师修正刘总的观念,强调工作的概念,强调"我们"的概念,为今后律师事务所与当事人建立合同关系做准备)我们怎么联系呢?华姐在你们公司任职吗?(律师通过提出联系的困难,了解华姐的个人情况)

刘经理:华姐是全职太太,不太管公司的事情。你看这样好不好,我把你的电话给华姐,让她给你打电话,决定见面的事。

律师:可以。华姐很急吗?您会和华姐一起来吗?(律师继续了解华姐个人对法律服务的需求情况,并探寻对方访谈人员的安排情况)

刘经理:华姐在电话里和我说是很急的。我不会和她一起去。

律师:您最好让华姐下午两点钟左右和我通个电话,我现在在外面。我应当怎么称呼华姐呢?她姓华吗?(律师希望尽量多地了解华姐的情况)

刘经理:我也不知道她的姓名,我们都叫她华姐。华姐这个人挺随和的,你叫她华姐也行。我让她两点钟打你的手机。

律师:好吧。谢谢您的信任。

刘经理:好,再见。

律师在这个电话中得到信息如下:有一位大家都称呼为"华姐"的全职太太急于寻求可靠的律师来提供法律帮助。她的朋友评价她与人相处挺随和。她遇到的麻烦可能是由于一个刑事案件的判决所导致的民事财产权利方面的纠纷。律师得到上述简单的信息后,有一点是明确的:当事人急于见律师。基于这个判断,李律师马上开始访谈前的准备工作。

当事人丈夫的案件被很多报纸报道,这是一个了解相关事实的线索。他通过互联网对方林的案件进行搜索后,得到了这样一个报道:

> 在今天对具有亿万家产、雇凶杀人的方林进行开庭审判时,方林的家属有十人左右坐在旁听席上。其中一位坐在前排、衣着考究的华女士(据说是方林的第三任妻子)在听到方林的死刑判决时,表情呆滞。在庭审后华女士拒绝接受记者的采访。

这个报道给律师提供的信息有:① 纠纷的标的额可能有上千万元;② 华姐衣着考究,是一个讲究仪表的人;③ 华姐姓华;④ 华姐是方林的第三任妻子。律师得到上述信息后做出下面的准备和安排:由于争议额为上千万元,这是一个比较大的案子,应当优先安排时间与华姐会面。李律师决定与张律师(律师事务所的副主任)共同参加访谈。

下午两点钟左右,李律师与华姐有下述通话:

华姐:你好! 李律师吗?

律师:您好! 我是李志平律师。请讲。

华姐:我是刘军的朋友。我有一些事情,想请一位律师。小刘(这个称谓说明华姐很可能比刘经理年岁大)说您是一位非常能干的律师,又是小刘的朋友,所以我想请您,你看我们是否可以见个面聊聊?

律师:您看您什么时间方便? 您很急吗?(律师已经知道当事人很急,他很可能已经作出了时间的安排,在当天或第二天是有时间与当事人见面的。所以,律师首先把一个不太可能改变的事项作为对当事人的照顾首先进行讨论)

华姐:我希望能尽快见到你。你看今天下午行吗?

律师:今天下午几点?

华姐:今天下午4点好吗? 我特别着急。

律师:您要是特别着急,我们就4点钟在我们事务所见面吧。我一会儿会请秘书在十分钟内将我们事务所的地址和路线发在您的手机上,您现在用的手机是您的手机吗?(律师在时间上照顾了客户后,立即提议访谈地点在律师事务所,令当事人自然地接受。在律师事务所约见当事人是律师通常的做法,在律师事务所见面会突出工作性质。通过华姐的身份可以推断出她在律师事务所内不太可能讲话拘谨)

华姐:是我的手机。我会在4点钟准时到。

律师:好吧。我们4点见。您要是找不到,随时打我的手机。(律师一直没有使用称谓,因为华姐的称谓不一定适合他们之间的相互关系)

华姐:好,谢谢李律师,再见。

律师在与当事人确定了会面时间和地点后,做了如下工作:① 请秘书(王小姐)将事务所的地址和路线发短信给华姐;② 告诉秘书安排好会见的会议室和招待用品;③ 律师请秘书继续收集所有关于方林案件的报道;④ 请张主任一同参加访谈;⑤ 律师对《继承法》的主要规定作了一些回忆性的了解;⑥ 李律师穿上了一套熨好的西装。

二、叙谈阶段

叙谈阶段是律师与当事人会面后,以了解当事人所知道的委托事项的相关事实和当事人对委托事项的认识为主要目的的工作阶段。

为了达到叙谈的目的,律师应当在叙谈阶段首先营造出一个适宜交流的气氛和环境,其次要给当事人一个产生共鸣、找到知音的感觉,有向律师倾诉的愿望,而且律师要善于倾听当事人的倾诉、找到问题的关键。律师应当把当事人倾诉的愿望调动到极限,最大限度地说清全部事实和主观意见,并在此基础上针对性地了解重点信息和澄清相关不清楚的事项。这是叙谈阶段的完整过程,在此过程需要掌握:① 破冰;② 共情;③ 倾听;④ 激励;⑤ 询问等基本技巧。

1. 破冰

破冰是指在访谈中,律师在礼节性的介绍、问候和招待后,通过谈论一些无关紧要的话题,缓解当事人在一个新的谈话环境里产生的陌生感,帮助当事人自然地表述自己所了解的事实和相应的观点。同时,也帮助律师自己赢得时间,以便对当事人进行一个基本的观察和判断,还能帮助律师控制好与当事人之间的关系,把握好与当事人访谈中的姿态。

以下是下午4:20在某律师事务所会议室发生的情景:

前台秘书王小姐:李律师,这位就是找您的当事人。这位是李律师。

李律师:您好,您就是刘军的华姐吧?我是李志平,这是我的名片。

华姐:您好李律师。

李律师:请坐。您喝点什么?小王给准备一下。

华姐:李律师,不用麻烦了。我平时在外面一般不喝任何东西,我自己也带着水呢。有一次我在××饭店喝了一瓶法国的矿泉水,特别贵,好几百块钱呢,喝完以后好几天不舒服。可能我没那福气。从此以后,我到哪里都自己带水,这样就放心了。(自己拿出一个保温杯)

李律师:那好。小王,请把门关上。我们这里还好找吧?

华姐:好找是好找,就是堵车。我就在那个立交桥下看着你们的大楼等了半个小时都过不来。我们的司机快把奔驰车的喇叭按碎了,也没有办法。干嘛你们都在CBD办公呢?不过你们的办公室条件还挺好的,干净、整洁,多安静呀。不像我丈夫的公司,好多人都在一个大房子里,乱哄哄的。这个会议室里阳光灿烂,一眼就看到了长安街的全景,真舒服。

李律师:华女士,那我们就舒舒服服地谈谈您的事情吧。

律师破冰有很多方式，可以谈天气，也可以谈共同认识的人，还可以谈新闻。李律师谈事务所是否好找的话题，是希望通过谈论事务所的位置或周边的交通状况，给华姐提供一个迟到的借口，而且这个话题也比较自然。如果律师面对的是一些比较内向、不善言谈的当事人，可能会有比较长的破冰过程。从上述对话可以判断出华姐是一个善于表述的人，不会有很大的表述困难，所以，李律师很快就结束了破冰的过程。李律师第一次称呼华姐是"华女士"，因为称呼能够准确地体现相互关系，李律师使用这个称呼，是在提醒当事人其与律师的工作关系。从华姐对律师事务所的评论可以看出她很可能没有与律师合作的经验，她说话随便，有骄傲的表情和居高临下的做派，所以，李律师有必要摆正双方的关系，与其保持一定的距离。

2. 共情

共情不是同情也不是怜悯，而是律师在访谈中用当事人的眼睛看待发生的事情，站在当事人的位置体会当事人的感受，用当事人的语言说出当事人的感受和观点的技巧。共情的作用在于让当事人感受到他的感情和感受能够被律师尊重和理解，让当事人认为律师就是知音，就是他的倾诉对象。

以下是下午4:30左右在某律师事务所会议室发生的情景：

> 华姐：李律师，再没有比我更倒霉的人了。我丈夫是方林，也许你听说过，是个做股票的高手，在这个行业里没有几个能和他相比的。他在北京、东北和国外都有买卖。前几天给判了死刑了。真是冤呀。要不是那个坏蛋赖着讹他钱，他也不会找人打死他。你知道我这些天是怎么活过来的吗？我每天只睡2个小时觉，总想着他被抓走时的情景。我想去看看，公安也不让见。我每天都特别难受，血压一阵阵地高。可是我们家那个孩子不仅不体谅我，更不体谅他爸爸，反而在前几天找我跟我要他爸爸的财产，你说让我伤心不伤心？这不是往伤口上撒盐吗？我可怎么办呢？
>
> 李律师：我办过一些刑事案件，我觉得嫌疑人出事以后最难受的就是嫌疑人的妻子。她们在外边比嫌疑人受的罪更多。她们不仅牵挂嫌疑人，怕他们受委屈，想方设法地为他们提供帮助，而且还要承受外界的舆论压力，她们还得照顾一家老小，在这种最难的时候，如果自己家里的亲人再刁难她，那可真是往她的伤口上撒盐了。
>
> 华姐：你说得真对，李律师。我真是最难的。我要是早点找你就好了，哪怕是聊聊天呢，我也心里痛快呀。

在华姐唠唠叨叨不厌其烦地表述自己痛苦、郁闷的心情的时候，李律师没有打断华姐的表述。他在听，在思考，在努力地理解，李律师说嫌疑人的妻子是最难受的人,无非是把华姐要表述而没有表述清楚的内容作了一个更高的概括,并且,他还说出了华姐感受到却没有表述出的其他内容(她们不仅牵挂嫌疑人,怕他们受委屈,想方设法地为他们提供帮助,而且还要承受外界的舆论压力,他们还得照顾一家老小……),更全面地表述了华姐的感受。最出色的是,李律师用"往伤口上撒盐"这个当事人自己的语言收尾,非常巧妙地起到了共情的作用。

任何人的真实感情都应当受到他人的尊重,律师也必须尊重当事人的感情。律师首先尊重理解当事人的感情是进行一切沟通交流的基础,这只会增加和促进律师与当事人相互之间的交流,拉近双方的距离,一般不会有不良的影响。当事人同律师交谈时,律师应当明白当事人的话语一部分表述的是意思,另一部分表示的是情感,当事人如果是女人或者是注重感情的人,他(她)的话语中大部分表示的可能都是情感。在特定情况下,人们表述的意思和感情还可能是不一致的,比如当一个女人说一个男人讨厌时,未必是表述讨厌这个男人的意思。

在刚开始与当事人接触的阶段,律师更应当侧重从情感方面领会当事人的话语,不必在意他的意思或观点是否正确,无论当事人的想法或要求是否合理、是否合法,最好不要贸然地评价或修正他们的观点,重要的是与当事人促成感情的共鸣。如果李律师在听到华姐的上述话语后马上贸然地从法律的角度去评判华姐的一些观点,很可能造成的是双方的隔阂或不信任,访谈会变得生涩不畅甚至因此而终止。

3. 倾听

在访谈中,当促成律师与当事人的感情共鸣后,在当事人把律师当做知音、当成倾诉对象时,律师以关注、关心的态度,鼓励当事人积极地叙说委托事项的事实和自己的认识,并引导当事人按照一定的线索表述清楚的技巧就是倾听。

让我们看看李律师是怎么做的:

> 李律师:您先喝点水,咱们慢慢说。(向当事人表示一个有兴趣的态度)就从您与方林认识时说起吧。(给当事人一个陈述的时间点和叙述的线索)
>
> 华姐:我和方林是在6年前的一个朋友的生日聚会上认识的。吃饭的时候他坐在我的对面,我当时发现这个男人总看我,看得我都不好意思了。我就问旁边坐着的一个大姐他是谁,干嘛老看我,真讨厌。大姐告诉我他就是方林,特有钱。我以前没听说过这个人。吃过饭后,他就非请我和他跳舞,他哪儿会跳舞呀。我是学舞蹈的,一上场就把他比下去了。跳完舞他死乞白赖地请我吃宵夜,这样我们就认识了。后来死皮赖脸地成天缠着我,自己老婆都不要了,非要我嫁给他……(华姐有些羞涩)

李律师:您这么漂亮,他肯定会拼命地追您。(**肯定是鼓励当事人陈述的常用方式**)

华姐:那个时候追我的人可多了,我根本就没有看上他。我那个时候年轻,在学院当老师,又是学舞蹈的,身材也好。我人缘特别好,有很多朋友,接触的人也多,我接触的人有银行的行长、大企业家……(**华姐又恢复了积极倾诉的情绪**)

李律师:他当时离婚了吗?有孩子吗。(**提问是表示关注的一个方式,提问也是调整当事人叙述的一个办法**)

华姐:他当时是和他第二个妻子高燕过。高燕过去是他们公司的一个秘书,图他的钱,就跟他好上了。那个女人就认钱,跟他没什么感情。为了她,方林和大秋(第一个妻子)离婚了。方林离婚后挺后悔的,他们经常为钱打架。我们好了半年左右,方林就和高燕离婚了,还给了高燕一千万。他跟高燕没有孩子,他们在一起总共两年,给高燕一千万,对得起她。

李律师:嗯。(**表示关注**)

华姐:我和大秋挺好的,大秋还经常和我一起玩。

李律师:是吗?(**表示关注**)

华姐:大秋和方林有一个孩子,今年有22岁了,改了姓叫魏赫,在北京没考上大学去英国读书了。大秋现在的男人是环保局的一个小科长,没有什么钱,孩子一直都是我们给钱抚养。我们现在有一个小孩叫毛毛,特别好,3岁了,长得可好看了……(**提到自己的孩子,华姐有些兴奋**)

李律师:本来是挺幸福的一家人,可就摊上这么个倒霉事。(**以当事人兴奋的情绪为基础,谈论她不愿多谈的事情**)

华姐:这个事真的不怨方林。十多年前,方林的哥哥认识了彪子,和彪子在东北一起合伙做生意。后来,有个姓胡的人欺负方林,他哥哥知道了就让彪子把那个人打了一顿,方林也不知道把他打得怎么样。前两年,彪子说把那个人打死了,跟方林要钱。方林怕事,就给了彪子100万。彪子后来总是向方林要钱,还威胁他不给钱就把打人的事说出去,方林就又跟他哥哥说了,他哥哥就找人把彪子打死了。公安局把他和他哥哥都抓起来了,前几天给判了死刑。

法院判完第二天,大秋的孩子就到我家,跟我说要他爸爸的遗产。你说这孩子还有点人情吗?

在上述对话中,李律师一直用同情、肯定、提问等方式,表现出关注、关心的态度,尽量不打断华姐的叙述,鼓励华姐积极地表述;另一方面,李律师用提问等方式,调整华姐的话题,让他按照华姐与方林之间的关系这条主线索陈述相关事实。通过华姐的倾诉,李律师已经了解方林的主要家庭关系和死刑案件的基本事实。

律师倾听当事人的陈述的过程是一个互动的过程。律师表现出关注、关心的态度,是在维持或增加当事人的倾诉欲望。在当事人倾诉的过程中,律师尽量不要打断当事人的陈述,律师的眼睛要始终看着当事人,律师要不断地表现出感兴趣的各种表情,包括:肯定、疑惑、思考……在当事人表述一些令人羞涩或私密、保密性强或其他难以启口的内容时,律师必须要适当地给予当事人鼓励、同情、肯定等正面评价,以增强其倾诉的欲望,或者在其倾诉欲望正强的时候谈论这些话题。

4. 激励

激励是指律师在访谈中,为了使当事人更加积极地倾诉相关事实和自己的认识,从当事人以外的角度调动当事人的某种感情,增加当事人的倾诉欲望,以便了解更多信息的一种技巧。

下面我们看看李律师是如何运用激励的技巧的:

> 李律师:您和她妈妈一直关系很好,您和他爸爸还一直供他在英国读书和生活,每年至少要好几十万。这个时候他爸爸还没死呢,他不去想想怎么帮助安慰他爸爸反而要他爸爸的遗产,真不应该,一般人接受不了。(用一般人的尺度去评判孩子行为的无情)
>
> 华姐:真是的,他当时说那些话时,我要是一般人都得气疯了。也不叫我华姨了,上来就跟我说,我爸爸被判了死刑了,他死了以后我有继承权,还让我把所有的财产都列出单子给他,说我如果隐瞒就触犯了法律,就会坐牢。他现在就准备请律师上法院处理这些事。
>
> 你想,现在记者一直注意着我们家的一举一动,如果这个时候他要是弄出这种事,那不丢死人了吗?而且,他爸爸还没死呢,这孩子这么办事,不是逼他爸爸死吗?
>
> 我昨天想了一整天,都是钱惹的祸。实在不行,我就把钱都捐了,做点公益事业,能保住孩子爸爸的命就行,我们的孩子不能没有爸爸呀。(华姐哭了)

李律师在这里用了一个虚拟的"一般人接受不了"的道德标准,评价那个儿子行为的过分,增加了华姐委屈、怨愤的情绪,令华姐非常主动地说出了本案的核心事实、她的担心和对财产的一些想法。

律师应在使用共情、倾听的技巧后,当事人仍然没有叙述清楚相关的信息时才使用激励的技巧。因为激励是从别人的角度来调动当事人的情绪的,可能会与当事人本身的情况存在偏差,所以激励的技巧运用不当或不自然会影响律师与当事人的关系,有可能产生隔阂。律师在使用激励的技巧时必须十分谨慎,最好不用律师自己的观点、自己的价值或道德尺度。

5. 询问

询问是律师在访谈过程中,请当事人就某个特定问题进行回答的技巧。

询问有很多种,下面看看李律师是怎样使用的:

李律师:您和大秋一直关系很好,对她儿子魏赫也不错,他为什么在这个时候提出分割遗产的要求呢?(引导式询问。问题本身是开放式的,引导当事人深入阐述相关的信息)

华姐:我想可能是大秋现在的老公使的坏。老魏这个人没什么本事,也没钱,但他特会算计人,他和我们也没有什么来往,更没有感情。很可能是他鼓动的。

李律师:这么说不是魏赫的本意了?(推测式询问。律师在当事人陈述的基础上进行适当推测,使当事人就以前没有意识到的问题作出回答)

华姐:魏赫这个孩子对他爸爸也是有一些感情的,出事后给他爸爸买过东西。应该不是他的本意。

李律师:您在与大秋一起的时候,大秋和您议论方林时别扭吗?您感觉离婚后她对方林还有感情吗?(感情反思式询问。通过当事人对回忆的感受,帮助当事人说清事实或认识)

华姐:我几次和大秋谈起过方林,她并不恨方林,就是恨高燕。她认为高燕是个骗子,为了方林的钱骗方林跟大秋离婚。在方林和高燕闹离婚的时候,大秋和方林还一起骂过高燕呢。

李律师:这么说魏赫和大秋都对方林有感情,可能只是老魏鼓动魏赫做这件事?(概括式询问。在当事人陈述一些信息后,律师概括已经讲述的内容,为了核对一些不清楚的内容而进行发问,从而达到准确掌握信息的目的)

华姐:应该是这样。魏赫和大秋都不太可能干出这样的事。老魏这个人挺有手腕的,会算计人。

李律师:大秋听不听老魏的?(选择式询问。律师的控制力最强,律师可以通过简洁的提问使得当事人的回答最简单、最明确)

华姐:大秋不怕老魏。大秋比老魏有钱。

李律师:魏赫听老魏的还是听大秋的?(选择式询问)

华姐:魏赫当然听大秋的。儿子跟自己的亲妈好。

李律师:魏赫要钱的这个事情如果您没有补充了,我想知道您为什么总说方林的案子判得冤呢?(转移式提问。律师通过提问帮助当事人引出一个新话题)

华姐:就是冤。方林根本没有买凶杀人。打姓胡的和打彪子都是方林他哥哥办的事。方林给彪子的100万元是彪子敲诈的钱,哪里是买凶呀,都是媒体瞎说的。

李律师:您记不记得刚才对我说过“要不是那个坏蛋赖着讹他钱,他也不会找人打死他”,您有什么依据吗?(回忆式提问。律师有意提及已经说过的事实令客户进行回忆,从而使客户回答出更多的事实)

华姐:我是说过那些话,可我真的不清楚。

李律师:您真的不清楚吗?律师应该向您说清楚案情和证据的情况。(澄清式询问。就同一个问题,反复提问,以便使当事人澄清、确认相关事实)

华姐:我真的不清楚。出庭的律师是方林的姐姐请的,我出的钱。那个律师说话还没我利落呢。除了在庭上,我从来就没有见过他。方林他嫂子正跟我要钱说要上诉。你看这样好不好,方林的案子和魏赫要遗产的事情你都帮我办了,我付两份钱。

李律师在上述对话中用了八种询问方式,分别是:① 引导式;② 推测式;③ 感情反思式;④ 概括式;⑤ 选择式;⑥ 转移式;⑦ 回忆式;⑧ 澄清式。这八种询问方式是律师常用的,年轻律师应当准确掌握,并争取在不同情况下可以灵活运用。

在律师使用询问的技巧时,有时当事人的回答会不充分。不充分的表现有下面几种:① 片面回答,当事人的回答虽然表述了部分信息,但不全面;② 拒绝回答或保持沉默;③ 模糊的回答;④ 答非所问。

在访谈中出现上述情况时,律师应当从下述的几个方面去考察发生这种情况的原因,然后采用相应的办法去解决。当事人的回答出现问题的原因可能是:

(1) 律师没有说清提出的问题,使当事人不明白律师想要知道的信息是什么;

(2) 律师没有使当事人明白自己回答问题的范围;

(3) 当事人不能回忆起当时的确切情况,需要律师提醒;

(4) 当事人的表达能力不足,需要律师帮助他表达;

(5) 当事人受心理因素的影响,不愿意或不能够表述相关内容;

(6) 当事人受到利益或利害关系的影响,故意隐瞒、歪曲和编造事实。

律师应当能够从利益、利害关系的角度去分辨真假。此外,从上述实例中我们看到李律师在叙谈阶段通过使用五种访谈中的技巧,基本掌握、核实了当事人所了解的案情和当事人对案情的认识。

三、概括确认阶段

经过当事人的陈述和律师的询问，律师往往会获得大量信息，但是这些信息多是杂乱无章的。律师必须根据自己的经验和事先准备好的条理清楚的访谈目标，首先对得到的信息进行取舍，剔除那些客套礼貌的内容、纯粹表达感情的信息、与本案没有任何关系的闲聊……对余下的有用信息，根据其反映的事实和访谈时了解的线索，把所有有用的信息联系起来，并进行梳理。在此基础上，律师还要根据访谈目标的需要，甄别上述信息的轻重缓急。律师通过取舍、梳理和甄别的过程，再用精练的语言表述相关的信息，这就是概括。

经过当事人的陈述和律师的询问，律师获得的信息仅仅是当事人单方的、关于自己的信息。这些信息未必是客观的、全面的。但由于工作性质的限制，律师只能根据这些信息去工作。所以，律师必须反复提醒当事人以使其注意到这一点，提醒他注意其单方表述的信息是否准确，并告知他律师根据这些信息进行工作所产生的后果应当由他负责。故此，律师必须使当事人确认律师概括的信息是他表述的信息。

我们看一看李律师是如何做的：

> 李律师：华女士，我们刚才谈了这么多内容，实际上您只告诉我了两件事：一是在2月21日，也就是方林案子判决的第二天(李律师是从报道中知道的时间)，您丈夫方林和前妻大秋生的孩子魏赫找到您，要您向他公布方林的财产状况，并且通知您他要请律师索要方林的遗产。您认为魏赫的这个行为是他的继父老魏鼓动的，魏赫、大秋和您与方林还是有一定的感情，他们不会无情无义地自己决定做这样的事情。您不希望这种事情发生，尤其是不愿意在这个时候发生，让记者知道，产生不好的影响。是吗，华女士？
>
> 华姐：是的，是这样。
>
> 李律师：另一件事情就是方林的刑事案件。您认为方林是冤枉的，彪子打姓胡的人和方林的哥哥打彪子这两件事情都是方林的哥哥具体策划和实施的，方林并不知情。方林给彪子的100万元是彪子勒索的钱财，方林给钱的行为不是雇凶而是被勒索。是这样吗？
>
> 华姐：是，就是这样。
>
> 李律师：但是，关于刑事案件定案的证据和相关情况您不清楚，法院

是否查明了案情、量刑是否准确您也不清楚,方林嫂子原来聘请的律师也没有向您汇报。所以,您希望聘请我作为方林的辩护人,提起上诉。

华姐:是的,我希望马上就和您签合同。

李律师:我刚才说的您告诉我的两件事是不是概括了您的意思,您还有补充的吗?

华姐:是我的意思。没有什么要补充的了。

李律师:您说的这些事情只是您自己知道的事实和您自己的看法。尤其是关于方林的案子,您对案件审判的情况知道得太少了。我们为了掌握更多事实,会到法院阅卷,会去找方林了解情况,也可能会找相关的证人,这样,我们才有可能对案子的结果有一个全面的判断。现在,我们只能根据您反映的情况和要求开始进行工作,但不能保证工作的结果,关于这一点我事先要和您说清楚。我们开始工作后,可能还会向您进一步了解和核实相关的情况。

华姐:没问题,我愿意和你聊,你随时可以找我或打我的手机。你去法院、去见方林我都可以让司机送你。

李律师在上述对话中很好地完成了概括确定阶段应达到的目标,他对当事人比较生活化的口语内容进行了概括,明确了其中包括的法律问题。李律师也重点提出了当事人单方陈述的情况,并告知当事人针对这一问题,律师可能会采取进一步的做法,这样做,既可以明确律师与当事人双方的权利义务关系,又可以比较好地保护律师自身的权益。

四、分析建议阶段

分析是指律师在访谈过程中根据当事人反映的情况和要求,明确当事人的处境和位置,区分当事人所反映的情况中的有利因素和不利因素,预测事态发展的可能趋向,帮助当事人作出决定的过程。

建议是指律师在访谈过程中根据分析的结果,提供自己的意见,帮助当事人作出决定、确定实施方案的过程。

下面看看李律师是如何分析和提出建议的:

李律师:根据您刚才反映的情况,我想老魏鼓动魏赫提出索要遗产的目的可能主要是为了得到财产,他们为什么会担心魏赫得不到财产呢?他们还有其他目的吗?

华姐:我想他们担心一旦方林死了,我会去国外,他们找不到我,就拿不到任何钱。因为他们知道我已经办了新加坡的移民手续,随时可以出国。如果方林死了,他们确实没有能力供魏赫在英国读书。我想这是他们最担心的。

李律师:我们得想个办法打消他们的担心。

华姐:其实我和方林原来就协商过,准备给他们一笔钱,足够魏赫上学的就行了。但是,我们不愿意把这笔钱都给他们,一是给大秋后,怕被老魏骗走,大秋这个人实在,没有老魏心眼多;二是魏赫还小,一下子把钱给他也不放心。所以我们一直是每两三个月给一些,都是我直接给大秋。

李律师:如果现在把他们担心的事情告诉方林,他会怎么办?

华姐:他可能还会同意给他们一笔钱完事。

李律师:您会同意这个办法吗?

华姐:我也会同意。但是,看那天魏赫的态度,我一分钱都不会给。

李律师:从法律规定上讲,现在没有任何遗产的问题,魏赫根本没有主张遗产的权利。但是,这个事情闹起来,可能会有新闻效应。您看我们是否可以找大秋和魏赫谈一下,首先我可以作为律师阐明他们没有任何主张遗产的权利的法律原因;第二,您也可以批评魏赫,可以向他说明他的这种行为是一个伤害他爸爸感情的行为;第三,您可以表示理解他们的困难和担心,把原来商定给他们的钱提存在一家财务管理公司,他们将根据约定,把魏赫上学的钱每三个月一次支付给大秋。您还可以附加一些条件,如果他们做出损害他爸爸利益或感情的行为,您可以随时停止支付。

华姐:我看这样很好。

李律师:您是否要和方林商量一下?如果我们得到您的委托,办理方林的二审案子,有会见嫌疑人的机会。

华姐:这个事情我可以决定,不要再烦他了。

在上述对话中,李律师和当事人一起分析了魏赫行为的目的和动机(担心的事情),分析了方林对魏赫行为的态度和华姐自己的态度,分析了魏赫主张遗产的可能性和产生的后果,在分析了这些因素后,提出了一个可以基本满足各方要求的方案,这个过程就是访谈中的分析建议阶段。

五、缔约阶段

缔约是在访谈中,律师就建立服务合同与当事人协商和处理相关事务的过程。

缔约阶段,律师有三个主要的工作内容:一是介绍律师提供服务的具体内容;二是与当事人协商律师费;三是处理缔约中的相关事务,为缔约做好准备。

李律师在缔约阶段是这样做的:

李律师:如果您愿意聘我处理这两件事情,我可能会给您提供这些服务:就方林的二审案件,我首先需要了解相关案情,包括去法院阅卷、去探访嫌疑人,有可能也会找知情人搜集证据;准备上诉状;在得到您和方林的确认后,我们会提交上诉状并办理上诉手续;如果二审开庭我会出庭辩护;即使维持原判,我也会在死刑复审过程中提供相应的法律服务。

就魏赫提出的遗产主张,我会做一些法律准备,在与他们会面时,作一些专业的法律解释;如果他们接受您的主张,我会给您准备提存合同,并代表您和魏赫协商处理相应事情;如果他们不接受您的主张,想要到法院解决,我也会给您提供全程的服务。

您看还有什么需要我给您做的?

华姐:这可真是太麻烦您了。我要付多少钱呢?

李律师:关于付费的问题,我会请张律师和您谈。他是我们所的主任,按照司法局和所里的规定,为了防止律师乱收费和私下收费,我们事务所所有律师的收费问题都由张主任负责。他会给您一个根据司法部规定、我所制定的统一收费标准,按照这个标准和您协商收费问题,您看好吗?

华姐:行。

李律师:王小姐,请进来一下。王小姐,一会儿请张主任过来和华女士谈一下收费的问题。你准备一份《客户登记表》(反映委托人、当事人、对方当事人情况的表格),一会儿帮助华女士填好。

华女士,您带护照了吗?我们也请王小姐帮助复印一份留在所里,在办理上诉申请的时候,法院会要求我们提交的。

华女士,您和张主任谈完后,我们会根据协商的结果准备好《律师聘请协议》和《授权委托书》,尽快用电子邮件或传真给您,如果您没有意见,双方签署后,我就可以马上为您开始工作了。

您看这样安排好吗?

华姐:好,谢谢你李律师。这是我的护照。

李律师在缔约阶段用大量的时间详细地介绍了律师的工作内容,很有条理地安排好签约中的事务性工作,把收费问题交给张主任去谈,在当事人面前一直保持着一个帮助者的形象和姿态,这是一个值得年轻律师学习和借鉴的做法。

第三节　访谈的控制

对律师而言,访谈是一项目的性非常强的工作。律师要根据其目的安排访谈的内容,分配访谈的时间。律师要在访谈中控制和影响当事人的情绪,让当事人以适当的情绪为基础表达出律师想要的信息;律师要在访谈中控制访谈的线索和话题;律师要安排好访谈各个阶段的时间。故此,律师必须要了解在访谈中控制访谈的重要性和控制的方法。

一、情绪控制

情绪是当事人表述的一种动力。人受了委屈或者陷于某种困境,就愿意向和他亲近、理解他、能够给他支持和帮助的人诉说,这是一个普遍的心理现象。所以律师在希望当事人向他诉说某个事实或感受时,就应当拉近与当事人之间的距离,理解当事人的感情和心理,让当事人认为律师就是能够给他提供帮助的强者。这样,当事人才可能会把律师当做倾诉的对象,积极主动地说出事实和感受。在叙谈阶段,律师应当使用共情、激励的技巧,做出赞美、肯定、关注的表情,这些都可以影响当事人的情绪,给他表述的动力,鼓励他积极地表述。

当事人的情绪如果过于高昂、激动或兴奋,也会影响他的表述。这就会使他的表述喋喋不休、语无伦次或词不达意等。所以,在当事人由于情绪过度兴奋而影响表述时,律师可以用暂时停顿(请他喝水或出去接个电话等方式)或转换话题等方式,用冷淡的表情和平静的语调使他的情绪平缓。

在叙谈阶段律师要控制好当事人的情绪,让他积极主动地、恰当地表述。在综合确认阶段、分析建议阶段和缔约阶段,律师也应当控制当事人的情绪,要在当事人的情绪相对平稳、比较理智的情况下,确认相关事实和作出自己的分析和判断及相应的决定。

二、线索和话题控制

无论是当事人表述还是律师询问,为了达到得到清楚信息的目的,律师都需要按照一个清楚的线索进行访谈。为了让当事人表述一个具体的事实,律师可以给他提供一个时间的线索,让他按照发生的时间顺序进行陈述;律师为了了解某些情节,也可以利用人物关系的线索进行访谈。如果律师想询问一个具体细节,则可以先从当事人的广泛陈述开始,逐渐缩小到焦点,这个方法就是“漏斗顺序”;律师通过对一个具体问题的发问,逐步了解相关的事实,引导当事人进行全面表述,这个方法就是“倒漏斗顺序”。

线索和顺序在访谈中有时像大树的树枝,每个具体话题就是树叶,由此可见,线索和顺序是访谈的基础架构。律师应当根据一定的线索和顺序,确定一个个具体话题。律师在访谈中必须具有掌握选择访谈话题的权利和能力,只有这样,律师才有可能控制访谈。

律师在访谈中要掌握一些转换话题的方式。律师可以用提问的方式转换话题。在当事人的表述告一段落时,律师提出一个其他方面的问题,从而引出了一个新的话题。比如在第二节引用的实例中,在华姐正兴高采烈地谈论自己接触的人员时,李律师提出了方林与她相处时是否离婚了的问题,从而把话题引到她和方林的关系的线索上。

律师也可以用接转式的方法转换话题。在第二节引用的实例中,华姐正在议论会议室舒服,李律师借用“舒服”这个词,提出了“让我们舒舒服服地谈谈您的事情吧”这个正题。律师也可以直接结束正在进行的话题,转入新的话题。在第二节引用的实例中,李律师曾这样说:“如果关于魏赫要钱的事情您没有补充了,我想知道您为什么说方林的案子判得冤?”这个就是运用结束式引入新话题的范例。无论运用什么方式引入新的话题,都要求律师使话题围绕着相应的线索,符合设定的顺序,并且话题要转换得自然,便于当事人的陈述。

三、时间控制

时间是宝贵的,访谈中如何在规定的时间内分配各个阶段的内容以及在各个阶段中如何分配律师和当事人各自占用的时间,年轻律师应当对此有一个大致的概念。

在整个访谈的过程中,了解当事人的情况和委托事项的情况是主要的工作目标,也是律师比重最大的工作。根据经验,一般情况下,叙谈阶段、分析建议阶段应当占据大部分时间,所占比例一般在70%左右。这是一般情况下这两部分占用的时间比重,对于不同的当事人和不同的具体情况,律师要灵活掌握。概括确认阶段和缔约阶段占用的时间比较短,尤其是在缔约阶段,律师更不应当花费更多的时间在讨价还价上,否则,一般不是一个好的律师。

在叙谈阶段中,律师在“破冰”时,与当事人相比,应当占用比较多的时间。一旦当事人开始进行表述,律师尽量不要打断当事人,应当把大量的时间给当事人,律师只是在当事人的情绪需要被控制和影响时,或者需要调整话题时,占用一些时间。

在询问的时候,律师也应当把大量的时间留给当事人。在概括确认阶段,律师要占用大部分的时间。在分析建议阶段和缔约阶段,律师占用的时间和当事人占用时间大体相当。由于叙谈阶段和分析建议阶段所占时间比例较大,所以,一般情况下,在访谈中,当事人所占时间要超过律师占用的时间。

律师在访谈阶段追求完美的时间控制就像画家在一张白纸上追求完美的绘画布局一样,是一门永无止境的艺术。

第五章　谈　判

第一节　谈判知识概述

谈判是律师从事非诉讼业务的基本技能，诉讼中的调解也有谈判的性质。年轻律师应当了解一些谈判的知识，这些知识非常重要。如果你的客户是一些具有谈判知识和技巧的高手，这些知识是你和他在共同工作过程中交流的基础；如果你的客户对谈判没有相应的知识和技巧，你可以凭借自己掌握的这些知识和下一节介绍的操作知识给予客户一些指导性建议或者根据这些知识按部就班地工作，从而可以避免重大的纰漏和过失。这是年轻律师掌握谈判知识和技能的入门基础。

一、谈判的目标

谈判的目标是律师在谈判前和谈判过程中，根据其所了解的影响谈判的各种因素和当事人的要求，经过分析评估后所追求的谈判结果。谈判目标是律师谈判工作的追求，也是谈判工作的主旨。律师在谈判工作中所有的工作安排和所采取的谈判方式、技巧等都要围绕谈判目标来确定。

1．谈判目标与当事人的要求不同

谈判目标和当事人的要求不同是因为两者是不同的概念。当事人对谈判结果的要求，侧重于当事人自己的主观愿望和他的需求；而谈判目标是律师根据当事人的要求和影响谈判的因素而确定的目标。当事人的要求一般是当事人自己的愿望和需求的直接表现，而谈判目标是律师经过分析评估后制定的追求目标。因为构成元素和形成过程的不同，一般地说谈判目标比当事人的要求更客观一些，所以，谈判目标才是谈判工作的主旨，才是律师安排谈判工作、确定谈判方式和采用谈判技巧的依据。

仅从内容上看，谈判目标与当事人的要求有时是一致的，律师应当认为这是一种巧合，尤其在当事人素质比较高、具有谈判知识和经验的情况下，发生这种巧合的几率更大。但是，律师必须清楚谈判目标与当事人的要求是两个不同的概念，并且一定要促使当事人理解和接受谈判目标这个概念，只有这样，谈判工作才可能有一个客观的主旨，律师才能安排好谈判工作。从律师与当事人的关系上讲，只有在当事人理解并接受谈判目标的概念后，他才有可能对谈判结果有一个切合实际的期望值，理解律师在谈判中的做法，肯定律师的工作价值，进而维护好与律师之间的关系。

当律师所分析的谈判目标与当事人的要求不同时，律师应当注意调整自己在谈判中的角色。律师的工作是尽最大努力使谈判对方接受对自己当事人有利的条款，不宜喧宾夺主，也不宜卖弄辞藻。

2．谈判目标的确定

在确定谈判目标前，律师和当事人应当首先了解最佳替代方案。“最佳替代方案”是经典教科书《达成一致》（Getting to Yes）的作者费舍尔、尤里和巴顿首先提出的一个在谈判理论中使用的概念。最佳替代方案（BATNA—Best Alternative To a Negotiated Agreement）是指在谈判未达成协议前，当事人必须在接受对方的谈判条件和追求更有吸引力的可能结果之间作出的最后选择。在《律师执业基本技能》一书中，作者给最佳替代方案下了一个定义，即“它是在无需取得他人同意的情况下，你可以作出并采取的符合自身利益的最佳方案”。[①] 有这样一个例子可以说明最佳替代方案的概念：刘先生是一名电脑销售人员，在与B公司就劳动合同关系进行谈判前，A公司已经向其发出了一个要约：每月付给刘先生5 000元的固定工资和占销售额20%的奖金，只要刘先生承诺则可以与其签署为期两年的劳动合同。刘先生在与B公司进行谈判的过程中，他的最佳替代方案就是与A公司签约。最

① H. Kriegrr & R. Neumann：《律师执业基本技能》，中伦金通律师事务所译，法律出版社2006年版，第339页。

佳替代方案并不是谈判底线，并不是说B公司只要给刘先生高于A公司支付的工资，刘先生就一定要和B公司签约；刘先生还会考虑工作位置、工作环境、晋升机会等其他问题。但是，最佳替代方案可以表明当事人谈判时所处的状况、提出的基本要求和条件等内容。律师应当帮助当事人首先明确最佳替代方案，在此基础上确定谈判的底线，制定谈判的目标。

在当事人了解了最佳替代方案的概念以及最佳替代方案的内容后，律师应当帮助当事人对谈判各方的利益、障碍和影响力作出充分的分析和评估，这样才能确定谈判的底线和谈判的目标。关于分析和评估利益、障碍和影响力的内容，将在第二节中介绍。依这些内容构成谈判方案，确立谈判的目标。

律师在谈判中应当随时注意，需要达到的谈判目标是让对方尽可能地接受对己方当事人有利的条款，维护或者实现己方当事人的利益。不要受谈判过程中某些因素的影响，把宣泄自己或客户的情绪当做谈判目标，更不能把显示自己的能力当做谈判的目的，谈判应当是双方的对话和交流，能够使对方自然地接受你的条件，达成令双方都满意的结果才是律师在谈判中追求的目标。

二、谈判的类型和谈判的方式

1. 谈判类型

从客户委托的事务性质进行划分，律师参与的谈判主要分为两种类型：一种是争议解决型谈判；另一种是交易型谈判。争议解决型谈判指各方当事人已经就某事项或行为发生了争议，当事人之间存在冲突，试图通过谈判解决冲突，例如诉讼调解过程中的谈判。交易型谈判指当事人为了形成某种法律关系，就约束他们行为的条件和资源达成共识的谈判，例如当事人就共同投资一家公司进行的谈判。将谈判划分为上述两种类型，是为了帮助律师根据委托事项的不同，对当事人在谈判过程中的关系有一个总体的了解，为律师把握在谈判过程中采用的方式和确定谈判策略提供一个基本的依据。实际操作中，有些谈判兼具争议解决和交易两方面的内容。

在争议解决型谈判中，从整体上讲，当事人之间的关系是零和的利益关系。零和关系是指当事人在利益总量不变的前提下进行利益划分的关系。比如受害人提出行为人赔偿1万元的主张，受害人得到1万元的赔偿就意味着行为人的财产会有1万元的减少，受害人与行为人之间的这种关系就是零和关系。但是，在争议解决型谈判中有一些具体问题也许并不是零和关系。在交易型谈判中，当事人之间的关系从整体上讲是非零和关系。非零和关系是指当事人在他们之间既存的利益或追求的利益总量不是固定的情况下，确定相互之间合作配合的关系。比如当事人甲和当事人乙共同投资设立一个公司，当事人通过投资获取利润是他们的共同目的，获取利润的多少是不固定的，为了获取利润，当事人之间讨论如何投资、如何设立公司董事会的问题，此时，当事人之间的关系就是非零和关系。但在交易型谈判中，有些具体问题也是零和的关系。

2. 谈判方式

在谈判过程中，律师采取的谈判方式主要有对抗式和合作式。律师采用对抗式进行谈判时，使用的标准是严格的，采取的态度是强硬的，律师追求控制谈判事务的效果，整个谈判是在紧张的气氛中进行的。律师采用合作式进行谈判时，使用的标准并不十分严格，采取的谈判态度是温和的，律师不一定追求控制谈判的效果，整个谈判是在信任和谐的气氛中进行的。对抗式一般是律师针对当事人之间的零和关系而采用的谈判方式；合作式一般是律师针对当事人之间的非零和关系而采用的谈判方式。在一个谈判过程中，律师一般不仅仅采用一种方式，他们通常会根据具体谈判内容和性质的不断变换而采用不同的谈判方式。

3. 谈判类型和谈判方式的对应关系

下表表述的是谈判类型与谈判方式最一般的对应关系：

谈判类型	当事人之间的利益关系	谈判方式
争议解决型	零和	对抗式
交易型	非零和	合作式

明确这种一般对应关系的意义在于给年轻律师一个基本的概念，但是这种对应关系不是绝对的，在有些情况下，这种对应关系是不成立的。年轻律师应根据实际情况，具体确定谈判类型和采用的谈判方式。

三、律师在谈判中的地位和角色

1. 律师在谈判中的地位

律师在谈判中的地位是指律师在本方谈判团队中的地位。律师在谈判前一定要和当事人一起确定自己谈判时的地位，在谈判中一定要时刻注意和坚守自己的地位。律师只有确定、注意和坚守自己的地位，才能够恰当地发挥自己的作用，才有可能按照预定方案处理好与本方团队中其他人员的配合关系。

律师的地位是根据律师在谈判中负责的工作内容和发挥的具体作用决定的。在谈判进行过程中，谈判工作可以分为这样几个内容：① 对谈判结果和对对方提出的条件代表本方最后表态；② 控制谈判的进程；③ 指挥协调本方人员进行谈判工作;④ 代表本方提出条件说服对方的谈判人员;⑤ 为本方其他成员的谈判工作提供支持。上述五项工作内容基本上是按照作用的重要程度进行排序的。律师负责的某项工作内容决定了其在谈判中的地位。

从律师与当事人之间的关系上讲,如果当事人亲自参与谈判,资深律师没有特别授权,年轻律师一般不从事第①项工作(见第二章第一节)。这一点与国外当事人的观念不同,国外的客户一般会授权律师作为本方最后表态的人。在争议解决型谈判中,影响谈判结果的主要因素很可能是法律规定,所以,律师在这种谈判中所进行的工作相对重要,其所处的位置也可能相对高一些;在交易型谈判中,双方当事人之间有一定的信任基础和追求的共同目标,律师在谈判中负责的工作内容与在争议解决型谈判中相比,一般重要性低,其在谈判中的地位也可能相对较低。

2. 律师在谈判中的角色

律师在谈判中扮演什么角色是决定谈判策略的一个重要因素。律师在谈判前应当和当事人协商,大体确定自己扮演什么角色,在谈判中应当根据谈判的需要和事先的约定,恰当地扮演和适当地转换自己的角色。

(1) 从工作内容上讲,律师在谈判过程中常常扮演四种角色:

① 谈判者。律师得到本方当事人的授权后,在谈判过程中代表本方当事人进行意思表示,接受对方当事人的意思表示,提出本方条件、进行说服工作……律师作为谈判者,与本方当事人之间是工作配合关系。

② 顾问。律师应当根据自己的知识和经验,应当事人的请求,给予当事人就法律知识和谈判知识上的支持,分析和确定各方当事人的权利义务。

③ 评判者。律师往往充当法律的化身,根据谈判的内容,对法律进行解释和适用,为双方当事人提供解决问题的标准。这时,其所表现出的不是当事人任何一方的立场,而是中立、公正的立场。

④ 文件起草人。当事人通过谈判达成合议的内容,需要律师用备忘录或其他方式记载下来;当事人之间的合议不仅仅需要被记录下来,往往还要成为具有执行力的法律文件,故此,合议还可能以合同、调解协议书等其他方式反映。所以,律师应当扮演文件起草人的角色,为当事人起草相应的法律文件。

(2) 从工作态度和给对方的感受上讲,律师常常会扮演两种角色:

① 据理力争的角色,也就是通常我们所说的"红脸"。有经验的当事人往往会在谈判中请律师扮演这个角色。律师要想扮演好这个角色,就尽量不要从态度、语气或情绪上扮演,而应当从内容上入手扮演好这个角色,做到有理(法律规定)、有据(事实根据)、有节(适度)。不得直接和对方产生任何交流上的冲突,不得损害其自身的帮助者形象。

② 维护关系的角色,也就是通常我们所说的"白脸"。在当事人之间发生争

议、谈判陷入僵局的时候，律师应当站在第三方角度，客观地分析双方利益的共同点和建立相互关系的感情基础，说明合作的必要性和可能性，促成谈判的继续和顺利进行，这也是律师时常扮演的角色。律师一定不要为了维护双方的关系，站在对方的立场上批评或评价本方当事人，这是一种非常危险的行为。

第二节　谈判操作和技巧

一般认为谈判的操作有以下四个方面的内容：① 准备；② 说服；③ 交换；④ 让步。虽然谈判可以分为四个方面的工作，但在实际操作中，它们之间的界限有时并不是非常清晰，甚至是互相交叉的，所以，在实际操作中律师应根据需要不时地调整相应的具体工作内容。

一、准备和准备的技巧

（一）信息的收集和管理

1. 信息的收集

古人云："知己知彼，百战不殆。"在开始正式谈判之前，尽可能多地掌握与谈判有关的信息，不仅仅是对手的情况，也包括自己当事人的详尽状况，对律师在谈判中实现自己的谈判目标有着非常重要的意义，尤其是在对抗式的谈判中更是如此。但是在精心准备、努力掌握对方情况的同时，与对方进行及时有效的沟通也是非常重要的。因为通过有效地交流信息和想法，谈判双方可以彼此了解对方的目的和情况，更容易达成共识，从而促成交易或解决问题。

收集信息和与对方进行及时有效的沟通，构成了本阶段的主要内容。这个阶段的工作，至少有如下意义：① 可以更好地了解对方，促进双方达成共识；② 增进双方的相互信任；③ 利于双方找出问题的关键和双方真正看重的东西，从而便于解决问题。

律师收集信息一般有如下途经：① 直接向当事人了解；② 查询该事项在相应机关的备案资料；③ 向知情的第三方了解情况；④ 了解媒体的相关报道和评论……收集信息的工作主要在谈判前进行，但这项工作并不是在谈判前一定能够完成。在谈判中，律师也应当注意发现并收集新的信息。

2. 信息的管理

谈判前律师收集到的信息量往往很大，而且这些信息通常是杂乱无章的。律师为了更好地利用这些信息，需要利用一定的手段对信息进行有效的管理，也就是对信息进行整理，分类归档。一般认为，可以把信息分为三类：① 我们需要的信息；② 我们必须保护的信息；③ 我们提供给别人的信息。在我们搜集到信息后，应该将其分类整理之后归入三个档案，并做出信息的总目录。

对于我们需要的信息，我们要设计好如何恰当利用这些信息的方案。如果我们认为我们需要的信息量不足、内容不确定、不准确，则必须制订一个在谈判中继续收集这类信息的方案，确定如何从对方处得到相应的信息或印证已经得到的信息。

我们必须保护的信息，是指对方得知后会对我方在谈判过程中和谈判结果上产生不利影响的信息。对于这类信息，律师应当制订如何对其进行保护的方案，尤其是在谈判过程中进行保护的具体方法。如果对方问到我们必须保护的信息，律师既不能直接回答也不能采取欺骗的方法，唯一能够采取的方式就是回避，律师回避的具体方式有下述五种：

（1）反问法。这是一种很有效的方式，在回答时先反问对方一个与之相关的问题，要求对方进行回答。采用这种方式要求本方在提问时想好对方回答后下一步应该怎样进行，以免对方回到原来的问题上。

（2）部分或过度地回答。也就是概括地回答对方的具体问题或具体地回答对方的概括性问题。这样我方就可以就对方提出的问题作出局部的回答，或回答的东西很概括抽象，使对方无法得到满意的答案，从而达到避开对方尖锐问题的目的。

（3）回答别的问题。我方对对方尖锐、敏感的问题进行作答时，可以回答其他与之相关的问题，也可以回答之前对方提出的问题，或者设法歪曲对方的问题再作出回答。但这种方法对头脑清醒、思维敏捷的对方来说作用不大。

（4）婉拒回答。上述三个策略，均是回避作答，同时设法给对方已经回答的错觉。而本策略则是直接面对对方的提问，告诉对方自己由于合理的理由而不能回答其问题。例如，告诉对方这是我方的商业秘密，因此不能相告，等等。

（5）顾左右而言他。在面对对方的问题时，设法引入新的问题从而改变当前的话题，让对方沉浸在对新问题的讨论和对新问题带出的有关信息的思考中，从而忘记其原来提出的问题。这种策略，是建立在知道对方对其他什么话题感兴趣的基础上，并且适当地对话题进行过渡，使对方真正地进入新的话题。

在做好相应的信息保护方案后，律师还应当设计出对方一旦得到这些信息，我方应当如何应对的后备方案。

我们提供给别人的信息，是指为使谈判顺利进行或取得好的谈判结果，我们应当提供给别人的信息。在谈判的准备阶段，我方应当将下列两种信息提供给对方：① 为了使谈判顺利进行，应当给他人提供的信息。比如我方的营业执照、我方谈判参加人的个人联系信息。② 为了取得谈判优势和好的谈判结果应给他人提供的信息。比如我方具有的而且对方希望得到的资金优势、技术优势或销售能力等信息。对于我们提供给别人的信息,可以在谈判前用书面文字、图像等形式提供,也可以通过开场白的形式口头提供;我方既可以直接传达给对方,也可以通过中间人提供。无论采用何种形式、何种渠道传递我们提供给别人的信息,律师必须做到传递给别人的信息是真实、客观的。只有这样,才能增进和加强双方的信任和了解,便于当事人之间的沟通和促进谈判事项达成一致。

(二) 利益分析和评估

利益是谈判内容的核心,往往也是谈判中各种冲突的焦点所在。正确地分析与评估各方当事人的利益和他们相互之间的利益关系,是谈判准备工作的重中之重。利益在谈判中往往表现为当事人的需求、要求或要价。

1. 交易型谈判中的利益分析与评估

在交易型谈判中,双方的利益在本质上是共同的。当事人在追求共同利益的基础上,一般会尽量满足各方的具体利益。满足各方具体利益的前提和基础是不能损害双方共同追求的利益。

在这种谈判中,律师对当事人的利益分析和评估工作一般分为下列四个步骤:

(1) 制定各方利益和需要的详细目录。在这个阶段,应该要求各方认真地思考自己究竟需要些什么,自己的利益究竟在哪里。谈判各方首先应该就本方的需要和利益分别作出系统、全面地分析和总结;然后再将各方的清单汇总到一起,进行比较和研究,共同合作制作出各方要求和利益的总清单;最后用简短但切中要害的语句总结出各方核心、本质的需求和利益所在。

(2) 对各方的利益进行分类。律师一般将各方单独的利益分为三类:

① 核心利益。也就是一方的谈判底线,在谈判中该方必须实现的需求和利益。如果不能实现一方的核心利益,则谈判就会破裂。

② 重要利益。这种利益对谈判中的一方有重要意义,但是即使它们不能在谈判中实现,该方也能勉强接受谈判结果。

③ 一般利益。这种利益对一方而言是可有可无的利益。如果其能在谈判中实现,则会有利于该方;但是如果其不能实现,该方也不会遭受难以承受的损失。

(3) 对比和研究各方的利益。进行本步骤之前,首先要分析各方的哪些利益是可以相互协调的,也就是可以用相同或类似的其他替代方法解决。必须先确定各种利益的本质特征,并按本质特征将各方共同的、相互独立的和处于冲突状态的三种利益进行分类。

各方共同的利益,是谈判各方走到一起,坐下来谈判的基础,它有助于谈判的成功。

对于各方相互独立的利益，应该考虑让各方尽量得到对自己而言价值更大的东西；另外，律师最好能够在谈判前发现并在谈判中妥善运用对方的一些独立利益，这样会使对方感到更加满意，从而增加谈判成功的可能性。

各方相互冲突的利益，是谈判中要解决的重点和难点问题，在就各方相互冲突的利益进行磋商之前，各方应该认真考虑，其所谓的"冲突的利益"是不是真正处于冲突状态，该利益是不是各方独立的利益。

在我们将各方的利益进行分类之后，接下来要做的就是将各方的利益综合在一起考虑，填写下面的表格：

	共同利益	独立利益		冲突利益	
		本方	对方	本方	对方
核心利益					
重要利益					
一般利益					

上表一方面全面地表明了各方利益和要求的性质，同时，也反映了基本的谈判内容和谈判顺序。如果谈判者采用的是合作式谈判方式，那么谈判内容的顺序应从左上角的利益开始，然后到右下方的利益，渐次进行磋商。也就是先就各方核心或重要的共同利益、独立利益达成共识；然后再解决核心、重要但冲突的利益；最后解决各方一般但是处于冲突状态的利益。依照这样的顺序进行谈判，有利于在开始阶段形成良好的会谈气氛，并帮助各方在以后的谈判中做到求同存异，在友好的气氛中发挥各方的创造性和积极性，从而达成建设性的共识，最终取得谈判成功。

2. 纠纷解决型谈判中利益的分析和评估

当事人之间发生纠纷，多数情况下是由于双方的利益是冲突的，各方都尽量扩大自己的利益，压缩对方的利益。这决定了在谈判之前，我方应该就自己的各个利益点进行明确的总结和计算，并在此基础上与对方展开磋商。总的来讲，在磋商之前，我方应该就各个交易条件作出如下四种准备：

(1) 本方的要价。这是我方向对方开出的原始交易条件，供双方参考和给出对价，一般可以在自己理想交易条件的基础上适当提高。

(2) 本方的目标。即本方认为交易最终能够达成，并且使自己满意的结果。

(3) 本方的底线。就是本方事先确定的必须予以满足的条件，如果对方可以接受的条件低于底线的条件，则谈判就此破裂。

(4) 本方的让步条件。在本方的要价和底线之间的一些本方认为可以视情况做出让步和妥协的点，这些点可以作为与对方讨价还价的关键点。

在开始磋商之前，律师应该就这些问题作出明确细致的计划，这样才能在谈判的时候时刻清醒地知道本方的利益得失情况，从而有利于本方控制谈判、维护自己的利益。

在准备本方上述四种计划的时候，应该注意以下两点：① 在具体的谈判中，可能会有多个需要磋商的利益。律师应该就每个利益做出一套包括上述四种准备的方案。这样可以使本方在谈判中对自己的利益有更加清晰的认识，也利于本方在谈判中视具体情况就各个利益进行灵活的讨价还价。② 一定要牢记，对抗式谈判的关键在于猜测对手的底线。在谈判中一定要努力让对手误认为我方的某一让步条件就是底线，从而达成有利于我方的目的。

3. 利益分析和评估的结论

经过利益的分析和评估，律师自己可以并应当帮助当事人就下述问题得出明确的结论：

① 当事人通过谈判真正想要得到的是什么？

② 各方当事人都有哪些利益？

③ 哪些利益是必须坚持的？

④ 哪些利益是可以用来做交易的？

⑤ 哪些利益是可以放弃的？

⑥ 哪些是共同的利益？哪些是独立的利益？哪些是冲突的利益？

⑦ 初步明确本方的开价、底线、目标和让步条件是什么？

⑧ 预测对方的底线是什么？

（三）障碍的分析和预测

当事人在谈判中经常会遇到一些障碍，从而使谈判陷入僵局。律师在谈判的准备阶段，应当了解这些障碍并且大体掌握消除这些障碍的方法。谈判过程中的障碍主要有三种：思维障碍、心理障碍和利益障碍。

思维障碍往往产生于当事人之间的文化、教育、年龄等方面的差别。尤其在一些涉外谈判的过程中，思维障碍是非常常见的，比如中外双方投资人在一个设立合资企业的谈判中，对于外方着重于磋商合营公司清算和解散内容的情况，中方往往会不解，认为外方的做法就好像是在谈论结婚的事情时讨论如何离婚，进而怀疑外方的合作诚意。其实外方采用这种做法的初衷与中方的理解不同，我们为客户统计一下公司倒闭的比例，我们向客户解释清楚外方在做生意时不重感情的原则，往往就会使当事人之间相互理解、相互信任。对于思维的障碍，律师所做的大量工作是沟通。当事人双方的律师应当利用好律师的共同点，在有了充分的沟通和信任后，共同帮助当事人进行沟通。

心理学的研究成果告诉我们，每个成年人都会存在一定程度的心理障碍。在谈判中，讨论一些敏感、刺激的内容可能会诱发当事人的心理障碍。心理障碍可能会使当事人尤其是亲身经历某个事件的当事人情绪不稳定，思维在一定程度上出现波动。对于这种情况，律师应当对当事人理解、包容，但是，一定要坚持用正常的心态和健康的心理影响有心理障碍的当事人，不要被不好的情绪和思维所影响，更不能利用当事人的心理障碍达到本方的谈判目的。

利益障碍是指当事人之间的利益冲突。解决利益冲突首先需要分析具体利益的性质，从各自的角度分析并确认具体的利益是必须坚持的还是可以交易的或者是可以放弃的，如果利益是双方都必须坚持的，那么要从利益点的度和量上考虑，确定本方的底线、目标、开价和让步条件，并揣摩对方的底线。如果利益是可以交换或放弃的，律师要进一步确定解决利益冲突的因素。

影响和解决利益冲突的因素有如下四个方面：① 经济因素。比如在一个民工向房地产建筑商索要工资的谈判中，民工显然在经济上处于劣势，民工为了尽快地拿到钱回家过年，很可能会做出一些让步。② 社会因素。曾经有一家大型的国际企业要收购中国某省的一家大型饲料公司。在谈判之前，该省政府的外经贸管理部门已经向省政府作了汇报并将此项收购作为一项招商引资的业绩去争取，要求该省的主管领导接见外商谈判人员。这样的行为，给中方造成了很大的工作压力。③ 心理因素。谈判前，谈判各方对达成协议都有一定程度的期望值，往往期望值高的一方，更容易在具体问题上让步。谈判过程中情绪不稳定的一方，也更容易草率地作出决定。心理因素包括感情，如果当事人谈判所涉及的利益是感情方面的利益或者是基于感情发生或依据感情可以解决的利益，当事人的心理因素往往起着非常大的甚至是决定性的作用。④ 专业知识的因素。一个刚拿到驾驶执照的年轻人去购买一辆汽车，往往注重汽车的外观和舒适性，对汽车的核心价值——动力性能、操作性能、制动性能、油耗往往没有亲身的感受，也不会特别注重。此时在购买汽车的谈判中，买方必然处于知识上的劣势，购买的第一辆车很可能并不是他真正需要的。

在分析和评估利益冲突时，下表可以帮助律师理清思路：

利　益	处理方式	考虑因素	评估结果
双方必须坚持的利益	双方妥协	经济因素 社会因素 心理因素 专业知识因素	出价、底线、让步条件和目标； 对方底线
我方必须坚持、 对方可以交换或可以放弃的	我方坚持 对方妥协		对方让步的理由和条件
对方必须坚持、 我方可以交换或放弃	对方坚持 我方妥协		我方让步的理由和条件

（四）确定谈判团队和团队成员之间的分工和针对的对方谈判对象

确定本方的谈判团队有三个标准：一是本方所有的当事人（即与谈判结果有直接利害关系的人）都应当参加或派代表参加。比如律师代表客户参加购买房屋的谈判，房屋所有权证书表明该房屋是一方的家庭共有财产，那么参加这个谈判的必须有其他共有人或者他们的代理人。共同共有的财产不是一方可以处分的。二是为了使谈判顺利进行和在谈判中取得优势地位，必须邀请相关专业人员参加谈判给予支持。比如一个并购项目谈判，收购方不仅要邀请律师、财务顾问、税务专家参加谈判，如果收购目的是为了得到销售渠道或市场份额，有时还要邀请市场营销专家参加。三是为了谈判结果的顺利实施，还要邀请在谈判结果执行过程中能够给予支持的相关主体参加。在 2004 年，一家欧洲的私募基金公司收购一家美国金属业公司的精细化工部，几家可能为买方提供贷款的国际银行均参加了收购谈判的全过程。因为他们提供贷款是双方进行股权交割的保证。银行代表可以当场就买方是否可以得到贷款或是否为买方提供担保给出明确的答复。

谈判中本方的不同成员必须有明确的分工，关于谈判中工作内容和地位的分析见上节内容。

正如在谈判过程中本方当事人根据需要组成了一个强大的谈判团队和联盟一样，对方当事人也会根据需要组成一个相应的团队。所以，在有些情况下，认清真正的谈判对象非常重要而且不容易。在 2005 年，一家大型的广电公司收购某省的有线电视网络公司，被收购方非常重视这个项目并希望通过此项目推进本省的数字电视改造。参加谈判的有该省副省长，文体厅的负责人，国资委的负责人，投资公司的董事长，目标公司的经理、律师、财务人员等，在这样一个庞大的谈判团队中，买方必须明确具体问题的谈判对象。谈判对象是指对谈判的条件有决定权或有重大影响力的人。由于谈判对象的身份、知识结构、谈判风格、个人性格、侧重的利益等不同，本方应当根据确定的谈判对象选择自己的最佳谈判人选和谈判方式。

下表可以帮助律师准备谈判中的分工和确定谈判对象：

谈判内容	本　方	对　方
某一利益	最后表态人员 控制节奏人员 协调指挥人员 主要谈判人员 支持人员	谈判对象 具体谈判人员 支持人员

（五）确定谈判具体事务

1. 谈判时间的确定

当事人确定谈判时间时需要考虑两个因素：一是谈判各方当事人是否方便，这一点是容易理解的，只要各方沟通流畅，一般可以协调确定；二是要考虑谈判时间对谈判过程和结果的影响。关于这一点，律师要了解谈判时在时间确定这个问题上经常使用的如下几种技巧：

（1）施压。谈判时间越靠前，谈判越从容，给迫切得到谈判结果的一方压力越小。对方为了加大他的压力，往往会采用把时间一拖再拖的方式。

（2）试探。通过讨论时间确定问题，了解对方对达成谈判结果的迫切程度。

（3）措手不及。谈判时间要根据自己准备工作的情况而定，任何一方都希望在充分准备后进行谈判。一方做好了准备而对方还没有完成准备工作，显然对准备好的一方有利。

谈判时间的确定是双方（或多方）共同确定的事情，如果对方首先说出了他们可以谈判的时间，则本方在确定谈判时间问题上就掌握了主动权。

2. 谈判地点的确定

在确定谈判地点的问题上，律师应当注意如下几个因素：

（1）成本。本方去对方所在地谈判，本方将要支付相应的交通、食宿费用。

（2）态度。如果本方去对方所在地谈判，一般会给对方一个本方有诚意、急于谈判的印象。

（3）方便。当事人一般会根据各方的需要，从方便的角度确定谈判地点。如果是一个简单的谈判，也许仅仅通过电话会议的形式就可以了结，不需要确立共同的谈判地点。如果在本方场地进行，本方在熟悉的场地便于利用相应的资源，这就为本方提供了方便。

（4）适宜。谈判场地与营造适宜的谈判气氛相关。不仅可以在办公室谈判，当事人的家里、酒店会议厅、餐厅都可以作为谈判地点的选择。

在得到当事人的授权后，律师在考虑了上述因素后经过平衡斟酌，才可以确定谈判地点。

3. 谈判内容顺序的确定

在交易型谈判中，为了加强当事人之间的相互信任和营造轻松友好的谈判气氛，律师往往采用合作式谈判的方式，通常是首先确认共同利益，而后确认独立的利益，在有了一定的信任基础和和谐气氛的情况下，磋商冲突的利益。

在纠纷解决型谈判中，律师一般选择对抗式谈判，首先通过一些看似无关紧要的谈话摸清对方的底线，在通过一系列施压说服手段后，达到谈判的目标。

上述介绍的是一般谈判顺序。律师可以根据谈判的需要进行变化和调整。

（六）制订谈判方案

律师在上述准备工作基本完成后，通过填写下面的表格，综合整理准备工作的成果，形成一个初步的谈判方案：

谈判方案汇总表 1

<table>
<tr><td colspan="3">谈判时间</td><td colspan="7"></td></tr>
<tr><td colspan="3">谈判地点</td><td colspan="7"></td></tr>
<tr><td colspan="3">谈判目标</td><td colspan="7"></td></tr>
<tr><td colspan="3">最佳替代方案</td><td colspan="7"></td></tr>
<tr><td rowspan="2">信息</td><td colspan="2">我们需要的信息</td><td colspan="3">需要保护的信息</td><td colspan="4">需要提供给他人的信息</td></tr>
<tr><td colspan="2"></td><td colspan="3"></td><td colspan="4"></td></tr>
<tr><td rowspan="2">本方谈判团队</td><td colspan="2">人员姓名、职务和联系方式</td><td colspan="5">分　工</td><td colspan="2">地　位</td></tr>
<tr><td colspan="2"></td><td colspan="5"></td><td colspan="2"></td></tr>
<tr><td rowspan="9">谈判内容</td><td colspan="2">共同利益</td><td colspan="3">本方表述人</td><td colspan="4">表述方式和时机</td></tr>
<tr><td colspan="2">1.
2.
……</td><td colspan="3"></td><td colspan="4"></td></tr>
<tr><td colspan="2">独立利益</td><td colspan="3">本方表述人</td><td colspan="4">表述方式和时机</td></tr>
<tr><td colspan="2">1. 本方：
2. 对方：</td><td colspan="3"></td><td colspan="4"></td></tr>
<tr><td rowspan="4">冲突利益</td><td>本方坚持、对方交换或放弃的利益</td><td>本方谈判人</td><td>令对方妥协的因素（经济、社会、心理、知识）</td><td>谈判具体方式</td><td>令对方妥协的方案（说服、交换、让步）</td><td>对方谈判对象</td><td colspan="2">对方不妥协本方的策略</td></tr>
<tr><td>1.
2.
……。</td><td></td><td></td><td></td><td></td><td></td><td colspan="2"></td></tr>
<tr><td>对方坚持、我方交换或放弃的利益</td><td>本方谈判人</td><td>本方妥协的条件</td><td>本方妥协的方案</td><td>谈判具体方式</td><td>对方谈判对象</td><td colspan="2">对方不接受本方妥协方案的策略</td></tr>
<tr><td>1.
2.
……</td><td></td><td></td><td></td><td></td><td></td><td colspan="2"></td></tr>
<tr><td colspan="10">备注：</td></tr>
</table>

谈判方案汇总表 2

<table>
<tr><td colspan="2">谈判时间</td><td colspan="7"></td></tr>
<tr><td colspan="2">谈判地点</td><td colspan="7"></td></tr>
<tr><td colspan="2">谈判目标</td><td colspan="7"></td></tr>
<tr><td colspan="2">最佳替代方案</td><td colspan="7"></td></tr>
<tr><td colspan="2" rowspan="2">信　息</td><td colspan="2">我们需要的信息</td><td colspan="3">需要保护的信息</td><td colspan="2">需要提供给他人的信息</td></tr>
<tr><td colspan="2"></td><td colspan="3"></td><td colspan="2"></td></tr>
<tr><td rowspan="2">本方谈判团队</td><td>人员姓名、职务和联系方式</td><td colspan="5">分　工</td><td colspan="2">地　位</td></tr>
<tr><td></td><td colspan="5"></td><td colspan="2"></td></tr>
<tr><td colspan="2">本方底线</td><td colspan="7"></td></tr>
<tr><td rowspan="8">谈判内容</td><td>共同利益</td><td colspan="4">本方表述人</td><td colspan="3">表述方式和时机</td></tr>
<tr><td>1.
2.
……</td><td colspan="4"></td><td colspan="3"></td></tr>
<tr><td>独立利益</td><td colspan="4">本方表述人</td><td colspan="3">表述方式和时机</td></tr>
<tr><td>1. 本方：
2. 对方：</td><td colspan="4"></td><td colspan="3"></td></tr>
<tr><td rowspan="4">冲突利益</td><td>开价及开价的根据</td><td>本方谈判人</td><td>坚持开价的因素</td><td>坚持开价和让步的条件的方案</td><td>发现对方底线的方案</td><td>对方谈判对象</td><td>达不成协议的策略</td></tr>
<tr><td></td><td></td><td></td><td></td><td></td><td></td><td></td></tr>
<tr><td>对方开价及开价的依据</td><td>本方谈判人</td><td>令对方让步的因素</td><td>令对方让步的方案</td><td>发现对方底线的方案</td><td>对方谈判对象</td><td>达不成协议的策略</td></tr>
<tr><td>……</td><td></td><td></td><td></td><td></td><td></td><td></td></tr>
<tr><td colspan="9">备注：</td></tr>
</table>

上述表格的填写过程是准备工作的汇总，可以为律师在谈判过程中总体把握提供一定的依据。但其内容会有很多不确定性，需要在谈判中进一步确认、调整，从而有效地实施。

二、说服和说服技巧

（一）说服的概述

说服是指在谈判中将谈判对方与本方不一致的观点转变为一致或接近一致的观点，进而影响对方使其接受本方谈判要求的过程。说服是谈判中最为重要的环节之一。在上述准备工作汇总表中，某一个争议利益的具体谈判方案的主要内容就是利用影响因素说服对方。令对方放弃一般利益、坚持本方开价或压低对方开价，是律师在说服过程中需要达到的主要目标。所以，在谈判中掌握说服的技能，是年轻律师一项非常重要的基本功。

在不同方式的谈判中，说服的目标是不同的。采用对抗式的谈判者进行说服的基本目标就是操纵对方的谈判底线，使对方错误估计我方底线从而对自己的底线进行重新估计。采用合作式的谈判者进行说服的目标是要求对方从本方立场出发考虑本方利益的必要性，从本方利益的真实性、合法性、可行性等方面说服对方。

（二）说服的形式

为了达到说服的目标，律师在谈判中使用的说服形式主要有四种：论证、乞求、威胁和许诺。

1. 论证

论证就是说理。论证是指谈判者首先提出某个标准（该标准可以以现行法律、习惯、定理或技术规范为基础），而后确定上述标准的适用性，最后得出谈判中相关问题需适用该标准的结论的说服手段。

论证是最常用的说服形式。要做到有效的论证必须要有明确的标准，并且有坚实的基础为该标准做支持，同时，将该标准适用到谈判中的具体问题并得出相应的结论，在这个过程中，需要保持逻辑的一致和严谨。

由于在谈判中采用的一般都是比较短的论证，所以，根据所需要满足的要求不同，论证也形成了不同的具体方式：

（1）详实的论证

详实的论证有两个标准：一是阐述的标准、基础、事实等方面的内容必须详细，目的是给对方一个明确的信息，我方掌握的情况是详细的，我方是有备而来的；另一个标准就是整个陈述的组织是严密的，推导过程具有严密的逻辑性。论证完成后应当给对方一个强烈的毋庸置疑的感觉，使其认识到没有任何讨论或解释的余地。

在一名员工就公司提前解除劳动合同进行的争议谈判中,公司的律师甲和律师乙分别就公司提前解约的原因组织了论证,将二者相比较,我们会发现律师乙的论证显然更符合详实论证的要求:

> 律师甲的论证:这名员工平时工作作风散漫,不能严格遵守公司的规章制度并且无故旷工 30 天,所以,公司有权根据相关法律规定提前解约。
>
> 律师乙的论证:公司提前解约的根据是:《劳动法》第 25 条第 4 款;《劳动合同》第 18 条第 2 款和《员工手册》第 32 条的规定。上述规定和约定的内容明确表明:公司员工严重违反劳动纪律的,公司有权提前解除劳动合同并不给予任何补偿或赔偿。该名员工在履行劳动合同期间,曾多次违反公司的考勤制度,人事部门提供的纪录显示:(1) 在去年 12 月 3 日无故迟到 32 分钟;(2) 在今年 3 月 19 日无故早退 2 小时;(3) 在今年 5 月 6 日长假过后旷工 1 天;尤为严重的是,在今年 6 月 1 日提交了一个虚假的病假条,旷工 30 天。这样严重违反劳动纪律的行为是任何一个公司都不能接受的。故此,公司人事部门、法律部门会同相关领导集体作出了提前解除劳动合同的决定,并书面通知了员工本人。公司的行为是严格按照法律规定、本着对公司和员工双方负责的态度实施的行为。

(2) 多维的论证

多维的论证是指谈判者利用多个不同的标准、事实或推理进行论证的方式。在谈判中运用这种论证方式,是因为利用多个标准进行论证,会造成对方很难驳倒本方观点的结果,因为对方即使驳倒了我方的一个立论,还有其他立论支持我方的观点。如果说详实的论证使本方的观点有深度,那么多维的论证就令本方的观点有了宽度。

在一个公司并购的谈判中,卖方律师就股权价格作出的论证,体现了多维的论证的要求。

> 卖方提出的 1 200 万股权交易价格是一个非常公平的价格。从公司财务记录上看,公司目前尽管没有足够的现金,但是,公司的净资产数额是接近这个交易价格的;评估机构按照成本核算法进行评估,公司的净资产也接近这个数额;一个月前,在本区的资产交易市场进行股权交易的一个公司,其性质与目标公司相同,财务状况也与目标公司大致相同,最后也是以与我们开出的价格一样的价格成交的。所以,关于股权价格我们很难做出很大的让步。

(3) 平衡的论证

平衡的论证是指谈判者以平衡谈判双方的关系为标准或条件说服对方的一种方式。谈判者的基本逻辑是我方同意了对方的看法、考虑了对方的利益或者接受了对方的要求,那么,作为平衡谈判关系的对价,对方就应当同意我方提出的看法、考虑我方的利益或者接受我方的要求。但在实际操作过程中,谈判者往往是以同意了对方一个不太重要的看法、考虑了对方一个不太重大的利益或接受了对方一个不太重要的要求为基础,换取对方同意我方重要的看法、考虑我方重要的利益或接受我方重要的要求。

下面是一个在并购谈判过程中卖方律师就股权价格问题进行平衡的论证的示例:

> 我们同意您刚才提到的目标公司没有足够现金的事实,尽管这个事实不一定影响股权的价格。但是,我希望买方能够注意一下目标公司的人员情况,目标公司的主要高管人员都是这个行业的精英,大家都知道人才的宝贵,目标公司具有的这些价值远远超过现金不足给目标公司股权价格带来的影响。

(4) 有重点的论证

有重点的论证是指谈判者抓住双方利益冲突中重要的或者起决定性作用的关键问题,着重论述自己的观点。这样的论证一经提出,就可以使对方的注意力全部都集中在这一点上,而不再顾及其他方面。谈判者在其他论证没有被对方接受或被对方驳倒后使用这种论证往往会收到奇效。

下面是在一个并购谈判过程中,卖方律师就股权价格问题作出的一个有重点的论证:

> 关于股权转让的价格问题,我们已经讨论得很多了。但是,有一点,我想也是非常重要的一点,希望你们能够注意,那就是买方的收购目的。确实,买方花同样的钱可以设立一个同样规模甚至更大规模的公司,但是,这个公司的产品能有目标公司的产品现在占有的市场份额吗?新设公司要用多长时间、要花费多大的代价才有可能使自己产品的市场份额达到目标公司现在的水平?

(5) 有感情的论证

好的论证除了要求律师具有很强的逻辑性,表现出非常理智的分析判断和语言组织能力外,还要富有真实、诚挚的感情。感情的交流是谈判中人与人交流的一个重要内容,它是当事人相互理解、相互信任进而接受对方观点、达成一致的催化剂。

下面是在一个并购谈判过程中卖方律师就股权价格问题进行有感情的论证的示例：

> 卖方之所以提出这样一个价格，不仅仅缘于上述原因，卖方还考虑到了买方负责人多次不远万里来到中国目标公司所在地进行商谈和考察所表现出的诚意，卖方也认为能够和买方这样著名的国际企业合作是一个很好的机会，为了回报买方的诚意和表示我们合作的诚意，卖方才提出了这样一个我们认为买方会乐意接受的价格。

律师在论证过程中除了尽量满足上述要求外，还应当注重自己在论证过程中运用的论据和假设的适宜情况，这就需要律师在谈判前要准备充足的证据和事实，而且要在平时注重培养自己的预见能力。

2. 乞求

乞求是律师在谈判过程中，利用对方心理、感情等因素，达到对方同意自己的观点、接受本方提出的条件的目的的一种说服形式。如果我们认为论证是讲道理，那么乞求就是讲感情、影响对方的心理，通过利用对方的荣誉感和受尊重的心理状态，达到使对方同意本方观点、接受本方条件的效果的说服方式。直白地说，乞求就是通过给对方面子为本方取得实际利益的说服方式。

利用这种方式进行说服，要求律师必须对双方当事人有足够的了解。对方谈判对象是否容易受到感情因素或心理因素的影响？本方当事人是否是自尊心非常强的人？谈判律师应当将上述因素了解准确透彻之后，再决定是否采用这种形式进行说服，绝对不可以既赔了面子又没有得到利益，或者得到了利益但让本方当事人感觉伤了自己的面子。

下面是在一个并购谈判过程中，卖方律师就股权价格问题采用乞求进行说服的示例：

> 我们与史密斯先生（对方谈判对象）在接触的过程中，不仅仅建立了很好的信任关系，而且史密斯先生做事的爽快也给我们留下了非常好的印象。买方是一个非常大的国际性公司，年收入高达几十亿，1 200 万这样的一个小数目，应当不会是买方过于计较的因素。

有些理论认为，在谈判中当对方谈判对象陷入窘迫、难堪、羞愧等难受的心理状况时，其为了逃避这样的谈判处境也可能会同意本方意见、接受本方条件，从而使本方达到谈判目标。但是我们认为这些做法并不值得提倡，因为双方当事人的谈判或合作往往是一个很长的过程，这样做会为双方真诚的合作与交流留下隐患。

3. “威胁”

“威胁”是律师在谈判过程中提出对方最不希望看到的后果，以警告的形式迫使对方同意自己的观点、接受本方提出的条件的一种说服方式。“威胁”不是胁迫，“威胁”也不是恐吓，“威胁”不是用一种非法的主动性行为来要挟对方做出他不情愿做的事情、作出不真实的意思表示或获得非法利益。“威胁”是表明一种后果，这种后果不是因为本方恶意导致而产生的，而是本方合法自由的选择所产生的后果。好的“威胁”要使对方认为其作出了一个避害趋利的高明选择，采用“威胁”方式进行说服的律师只是在对方决定作出选择时，及时地起到了提醒的作用。

律师在采用“威胁”的说服方式时，提出的后果必须是令对方担心或对方不希望发生的后果；提出的后果必须明确，使对方确信是可能发生的后果；必须评论这个后果给对方造成的影响，进而增强对手担心恐惧的心理；并且一定要使对方明白只有接受律师提出的条件才能够避免这种后果。

下面是在一个并购谈判过程中，卖方律师就股权价格问题采用“威胁”方式进行说服的示例：

> 你们也知道你们的竞争对手A公司也在积极地行动，希望和卖方接触，如果A公司以接受卖方报出的价格为条件购买相应的股权，他们不仅仅抢得中国市场的先机，而且他们的产品一下就会占有这样大的市场份额，那么，其他人恐怕就很难在几年之内赶上他们的发展了，不是吗？而且他们在中国进行投资导致的股票市场的效应也是马上能够体现的。

采用“威胁”进行说服是一种比较冒险的方式。如果运用不好，会损害双方的谈判关系。所以，这种方式往往是律师最后采用的一种方式，不是在迫不得已的情况下，律师最好让当事人自己采用这种方式。

4. 许诺

许诺是律师在谈判过程中提出对方最希望得到的后果，以诱导的形式鼓励对方同意自己的观点、接受本方提出的条件的一种说服方式。

在谈判准备阶段，律师应当了解和预测对方通过谈判最希望得到的和最不希望得到的后果。如果律师同时采用“威胁”和许诺两种说服方式，则会形成非常有趣的对比：“威胁”是利用对方最不希望得到的后果，许诺是利用对方最希望得到的后果；“威胁”的方式是警告，许诺的方式是诱导；“威胁”的作用是迫使对方同意自己的观点，接受自己的条件，而许诺的作用是鼓励对方同意自己的观点、接受自己的条件。如果说通过“威胁”迫使对方作出的选择是避害趋利的选择，那么通过许诺鼓励对方作出的选择则是趋利避害的选择。在一个谈判中，两者往往交互采用。

采用许诺的方式说服对方是一种非常保险的说服方式,一般不会对双方的谈判关系产生不良的影响。尤其是在谈判没有完全展开,双方信任程度不够时,律师应当尽量采用这种方式。

下面是在一个并购谈判过程中,卖方律师就股权价格问题采用许诺方式进行说服的示例:

> 史密斯先生,如果买方接受了这个价格,那么买方不仅仅抢得中国市场的先机,而且可以使贵公司的产品一下就占有这样大的市场份额,这样,你们的竞争对手恐怕很难在几年之内赶上你们的发展。并且贵公司在中国进行投资导致的股票市场的效应也是马上能够体现的。这样的效应所产生的价值肯定会远远超过贵公司支付的股价。所以,接受卖方开出的股价还有什么值得考虑的吗?

卖方律师的上述发言是在谈判开始时,在使用威胁进行说服前做出的。

论证、乞求、“威胁”和许诺是说服的四种基本方式和手段。这四种方式都是主动进攻型的说服方式,律师要根据对手情况和谈判内容分别选用,有时也会并用,最漂亮的并用方式是能够打出一套泰森式的组合拳,致使对手倒地、比赛立即结束。但是这样的情况并不常见,同级别的较量才是比较常见的,所以我们还要学会在僵持中互有攻守的技巧,那就是交换。

三、交换和交换技巧

交换是指在谈判中,律师通过利益交换而使本方达到谈判目标的行为方式。

在谈判中采用交换的方式是因为就某个具体的利益双方都不肯作出让步。如果任何一方主动让步,则一般不会发生交换。双方之所以不肯让步,从冲突利益上讲有这样两个原因:① 该具体利益是双方的核心利益,即不能进行交换和放弃的利益。② 该具体利益虽然不是核心利益,但是没有交换的对价或放弃的理由。所以,在进行谈判的准备工作时,首先要对冲突利益的性质有足够清楚的了解,然后才能从冲突利益性质的角度判断是否有采用交换的可能。

交换的模式是在具有两个以上冲突利益的情况下,双方分别就不同的冲突利益共同进行让步,从而共同获取不同的利益。在交易型谈判中,如果双方的利益冲突关系是非零和关系,本方满足对方一个利益要求,同时要求对方满足本方另一个利益要求,此时交换的结果很可能达到双赢的局面。在争议解决型谈判中,如果谈判双方的具体利益冲突关系是零和关系,那么只有在发现具体冲突利益以外的另一个冲突利益后,交换才能进行,才可能有双赢的局面。比如在一个民事赔偿案件中，原告提出的赔偿数额是1 000元，被告不同意这个数额，在赔偿数额方面的具体冲突是不能解决的，如果原告提出被告可以在两年后支付，放弃了支付时间上的冲突利益，则被告有可能接受这个数额。所以，交换必须是在两个以上的利益冲突关系中进行的具体利益的交换。

交换的原则是形成当事人之间的一种平衡。即不同的当事人都得到了各自满意的结果。平衡不一定公平，两个冲突的利益的性质很可能是不同的，很难用公平的尺度去衡量，只要当事人自愿地选择交换，他们自己满意交换结果，这就是平衡的标准。

交换过程的基本模式是要约、反要约、承诺的过程。要约是本方提出进行利益交换的意愿和条件，对方承诺即达成合议的行为。要约实际是提议方就两个冲突利益的处理方案。要约的主要内容包括三个方面：① 陈述与保证：陈述两个冲突利益的状况，并保证陈述内容的客观性；② 交换方案：约定交换条件；③ 救济：维护约定的行为及违反约定需要承担的后果。制作要约的要求是要清楚、准确和完整地反映要约内容，重点内容突出并力求简洁。反要约是指对方在本方要约的基础上发出新的要约。承诺是指接受要约、达成进行交换的合议的行为。

在谈判中选择提议交换的时机非常重要。换言之，律师应当在什么情况下发出第一个要约关系到谈判的成败。在争议解决型谈判中，尤其是律师采用对抗式的谈判方式进行谈判时，双方律师就冲突利益都是采用说服的方式，甚至利用了威胁，在这种情况下，提出第一个要约的一方很容易给对方造成一个准备让步的印象，没有提出要约的一方很可能会得寸进尺。另外提出第一个要约也会暴露本方的底线。为了避免这种情况的发生，提出要约前必须满足如下条件：① 明确表明本方就第一个冲突利益不让步的态度；② 提醒对方就第一个冲突利益不让步的后果；③ 提醒对方存在第二个冲突利益，影响对方就两个冲突利益进行通盘考虑。在双方都不愿意接受不让步的后果或希望将两个冲突利益通盘考虑的时候，本方律师应当引导对方提出第一个要约或自己提出第一个要约。

在争议解决型谈判中，如果当事人的冲突利益是零和关系时，那么当事人提出的第一个要约就是开价。开价首先要确定一个范围，即预测对方的底线，在对方底线和本方底线之间确定具体开价。

超出了开价范围，很可能会导致谈判终止。其次，应当根据谈判时的状况和对影响因素的评估，确定具体的开价数目或条件。开价内容必须是明确具体的，比如在一个民事赔偿案件中,被告损害了原告的房屋,原告律师的开价必须涵盖每一个赔偿项目,包括门、窗、地板、玻璃等具体项目,并要说明每个项目的具体赔偿数额和总赔偿额;开价时必须说明充足的理由,令对方确信本方作出开价后是不能让步的;开价时必须要阐述对方拒绝开价的后果,迫使对方接受开价。

在实际谈判中,很少有不能让步的开价。在作出开价后,律师一方面要考虑的是争取不让步,另一方面要考虑的是让步的理由、让步的时机和方式,这就是下面要介绍的问题。

四、让步和让步技巧

让步是律师在谈判过程中,为了维护自己的核心利益(包括底线),达到谈判目标,接受对方的条件,放弃其他利益的谈判方式。

"谈判是让步的艺术。"这句话点明了让步在谈判中的重要性,也表明了谈判者在谈判中对让步应持有的态度。让步仅仅是一种谈判方式,律师在谈判过程中,应当以艺术家在从事艺术创作时所具有的心态来采用让步的方式,年轻律师千万不要认为让步就是失败,就是服输,进而导致在谈判中心态的失衡。让步不是律师在谈判处于被动的情况下不得已而采取的方式,在相当数量的情况下,高明的律师会主动地让步,他们在作出主动让步的同时扮演了一个被动放弃的角色。

让步作为一种谈判方式,与其他谈判方式相比,是控制谈判进程、掌握谈判节奏最有效的一种方式。所以,如果律师在谈判中负责控制谈判进程的工作,那么就一定要把让步这个谈判方式掌握得炉火纯青。

律师在谈判中作出让步的理由只有一个——以维护核心利益为前提达到谈判目标。让步是手段,是为了达到谈判目标,解决谈判中具体问题的手段。是否要维护谈判关系、如何控制谈判中的进程……这些都是谈判中的具体问题。律师在作出每一个让步的时候,都要考察一下是否有充足的理由,作出让步是否一定能够为达到目标提供帮助,如果不是,就绝不让步。律师不能因为自己的感情、心理因素轻易地作出让步。

让步有可能破坏你建立起来的信用,因为一旦你改变最初的要约中所含的条件,你就必须拿出更多的证据表明你的新立场是稳固的,以防止对方认为你提出的条件不稳定。因此在作出让步时,必须提供给对方足够的信息和理由,让对方信服并作出配合。作出有效的让步需注意如下几点:确定你让步的次数不要过多,所作出的让步也不能过大。如果在一个适当的水平上,要稳固立场,至多只作出一点点让步。最后,还要尝试精确地计算你的对手能够接受的最小额,以使你的让步刚好大于该额度,使让步最经济。

说服、交换和让步这三种谈判形式是并列的，但它们在谈判过程中具有紧密的联系。让步有时是说服的一种结果；为了交换有时也需要说服；有时交换的内容就是双方的让步。

律师在利用、使用上述介绍的三种谈判形式达到谈判目标后，千万不要在对方或对方律师面前表现出沾沾自喜的神色。一定要适当地赞美对方当事人或对方律师，赞美他们在谈判中表现出的能力、品德、经验……这也是在谈判的最后常用的一项技巧——抚慰。

第六章 法律调研

第一节 法律调研概述

一、法律调研的概念及其对年轻律师的意义

法律调研是指律师根据已发生的事实所涉及的法律问题和当事人的请求，查询、检索相关的法律信息，并根据相关的法律规定，提供问题的处理方案的工作过程。

法律调研是律师的一项基础性工作。在一些国际性律师事务所中，年轻律师的工作一般都从法律调研开始。无论是起草合同、法律意见书、诉讼文件或者是提供给当事人的各种诉讼报告，资深律师在遇到一些一时不清楚的法律问题时，一般都会请年轻的律师助理作一个法律调研，写一个调研报告，法律调研可以为律师的工作提供支持。从律师自身能力发展的角度看，法律调研是律师的一项基本功，律师只有掌握这个基本功，才有可能作出漂亮的法律文书。为资深律师提供法律调研本身也是年轻律师一个重要的学习过程，是年轻律师学习和掌握律师思维和律师执业技能的过程。年轻律师的法律调研是否被采用、在多大程度上被采用，可以

体现年轻律师与资深律师在法律思维和执业技能上的差别和差距。

二、法律调研的要求

1. 确定的调研问题要准确

进行法律调研的目的是根据法律规定,回答问题和提出问题的解决方案。准确地确定要回答和要解决的法律问题,如同人们射击要瞄准靶心一样重要。律师要准确地确定问题,除了要准确地理解客户提问时表述的内容外,还需要尽可能地接触原始的资料和背景信息,了解已发生的事实和当事人真正的要求。

曾经有一家美国公司,在我国江苏省和一家中国企业于 2001 年共同投资设立了一家中外合资企业,总投资额是 2 000 万元人民币,美方占有 60% 的股份,中方占有 40% 的股份,合营企业自创建以来一直没有赢利。这家美国公司向一个中国律师提出的问题是:美国公司是否可以收回其在中国的投资,把在中外合资企业的投资比例降低到 17% 以下。乍看这是一个减资的问题,但从操作上看,可能是一个转股的问题。当律师和客户进行深入的沟通后,律师明确了客户实际上担心的问题是:如何使中国合资企业不影响美国公司的业绩。根据美国公司所在地的法律规定,凡是上市公司的对外投资占该合营企业股份的 17% 以上,该上市公司必须合并制作资产负债表,向股民公开。律师如果没有详细了解客户的动机而直接回答客户提出的问题,明确的答案则是:收回投资非常困难。律师掌握了客户的背景信息,并准确确定了客户的问题后,就可以从减资、转股、清算等多个角度提供咨询意见,进行准确回答的可能性也大大增强,律师因此在后来承揽了这一收益可观的业务。

由此可见,确定调研的问题是一项“磨刀不误砍柴工”的工作。除了认真听取客户的诉求之外,律师应当更加主动地与客户沟通,以便对整个背景信息有比较全面和专业的掌握。

2. 选定适宜的调研途径

律师进行法律调研工作时,有很多调研途径可以选择:可以联系并咨询有关专家或工作人员,可以查看相关资料,也可以检索相关法律规定和案例……确定适宜的调研途径的标准是:能够使律师得到最全面的相关法律信息;能够使律师得到最准确的信息;能够使律师花费最少的时间获得最全面和最准确的信息。

3. 结论和观点要明确

对法律问题的答案有如下几种类型:法律有禁止性规定的,律师应当明确地回答不可以,并说明违反禁止性规定的后果;法律有肯定性规定的,律师应当回答可以,并且说明如何操作;法律没有规定的,律师应当明确回答法律没有规定,但要说明实际执法的情况和这样行为可能会产生的后果。需要注意的是,“法律没有规定”也是一种确切的回答方式,律师千万不要认为“法律没有规定”是一个模棱两可的概念。

4. 提出的方案可行、有效

对于法律问题的回答如何在实践中运用,律师应当向当事人提出具体方案,是在合同相关条款中体现这一问题还是实施某种行为以实现这一问题,律师应该从维护当事人利益的角度,提出有效可行的建议性方案。

5. 清楚地反映法律信息的来源和调研过程

任何一个法律调研都很难说是完美的,律师很难保证其所得到的法律信息就是关于这一问题的全部法律信息。好的调研报告要清楚反映调研的过程和所查询的法律信息的来源,他人可以在已经完成的工作基础之上,进一步补充、完善(关于这个要求,参见法律调研报告一节)。

上述对法律调研的五点要求,既是法律调研的评判标准,也是律师从事法律调研工作所追求的目标。这五个要求是对法律调研工作过程或工作成果的总体要求,律师要做好法律调研工作,还应当知道每个步骤中的具体内容和具体要求。

三、法律调研的步骤

法律调研可以分为三个步骤,即分析、确认问题,获取相关信息和表述解决方案。每个步骤中都有其具体的工作内容和要求。

1. 分析和确定问题

(1) 事实分析

当事人提出的问题,有些是法律问题,有些是事实问题或称实际情况。律师应当首先确认当事人提出的问题是不是一个法律问题,并从当事人的叙述中甄别出法律问题。如果不是法律问题,则没有进行法律调研的必要。

法律问题一般来源于事实,当事人提出一个法律问题,很多情况下是因为其遇到了一些需要法律解决的实际情况。所以,律师了解事实,指的是了解当事人提出问题的原因和基础。有些当事人是不具备法律知识的,即使提出了一个法律问题,这个问题未必就是其所遇到的实际情况中需要了解和解决的问题,未必与其遇到的实际情况直接联系。所以,律师必须尽可能了解相关的事实,以专业人员的能力来确定、核实当事人真正想了解和应该了解的问题。一般当事人提出法律问题的目的不是做法律研究、增加法律知识,而是要通过了解法律问题来解决实际问题,了解法律调研的结论不是当事人的最终目标,当事人最需要知道的是如何将调研结果在实践中运用。律师提供法律调研服务是要帮助当事人实现他的最终目标,故此，律师只有了解并分析当事人的最终目标后，才有可能提供有针对性、有实际效果的法律调研结果。

事实分析是在了解一定相关事实的基础上，分析当事人提出问题的基础（原因）、关联因素和目的，确定调研的法律问题或者核心问题。

（2）法律分析

法律问题分为法律规定问题和法律执行问题。法律规定问题主要通过法律信息检索寻求答案；对于法律执行问题，最好通过相关的工作人员来了解第一手资料，也可以通过检索相关的文章或登录管理部门的网站等形式获得信息。因为各地对法律的执行会存在差别，而且法律在实际执行中受到客观影响较大，因此对于法律执行问题需要逐个调研予以确认，在进行调研的过程中，套用原有的调研成果并不容易。

法律规定是一个庞大的体系，当事人提出一个具体的法律问题，往往会牵扯到其他相关的问题。所以，律师进行法律调研时，要用联系的观点进行法律分析，注意发现潜在的法律问题，这样才能保证得出的调研结论全面、准确。

（3）确定法律问题

回答客户的某个问题，有时会牵扯到多个法律问题，律师在经过法律分析后，首先应当把所涉及的全部问题都明确地标列出来，并且在这些问题中区分出主要问题和相关问题。

确定调查渠道。在进行法律分析后，如果要解决的是法律执行的问题，律师考虑的主要是如何和相关专家、工作人员直接联系，获得法律信息。如果要解决的是法律规定的问题，律师应当确定法律问题的关键词、关键词的反义词、关键词的同义词、关键词的近义词和相关概念（相关概念指在使用百度、谷歌等搜索软件时，输入关键词搜索后，界面下面出现的一些提示性相关概念。比如我们检索“公司减资”，输入该词进行搜索后，界面下面出现的是：减资公告 减资弥补亏损 减资审计……），为略检做好准备。

2. 获取相关信息

获取信息的途径有很多，其中主要有两类：一类是通过和相关人员联系获得信息；另一类是通过检索获得相关信息。下述主要介绍通过互联网检索获得信息的步骤，因为这个途径是律师在法律调研中获得信息的最主要的途径。

（1）略检确定检索的法律信息来源

当我们通过一些常用的搜索网站（比如：百度、谷歌等）对问题的关键词、关键词的反义词、关键词的近义词或相关概念进行搜索后，会得到很多法律信息来源。法律信息的来源主要有：法律规定、法学文章、网站、杂志等，信息来源并不是信息本身，律师首先要确定能够获得法律信息的来源，并且记录下这些法律信息来源。

因为,在表述法律调研或撰写调研报告时必须明确地说明法律信息来源,这样做可以使得调研报告的可信度增高,方便当事人对结论进行核查,也便于律师完善和再次使用调研报告。尽量多地检索出相关的法律信息来源,是获得充足、准确的法律信息的前提。

(2)使用法律信息来源检索法律信息

利用法律信息来源是为了获得充足、准确的信息。获得充足的信息,需要从众多法律问题相互联系的切入点入手,确定关键词。要想获得准确的法律信息,就需要律师寻找第一手信息。通常在略检的过程中,获得的信息不是第一手信息,但二手信息或相关信息是发现法律信息来源和寻找第一手信息的基础,法律调研也是在一次次地反复中得到完善的。

(3)根据法律信息对法律问题重新评估

法律信息是律师为了回答、解决法律问题而搜集的信息。获得一定的法律信息后,根据这些信息的内容评估法律问题,是确认、核实法律信息和法律问题两者之间的对应关系的过程,也是对两者进行调整的过程。

3. 表述解决方案

(1)表述调研结论

调研结论是对法律问题的回答。调研结论应当紧紧围绕客户提出的问题,回答应该简单、明确,易于客户理解和接受。

(2)概述调研过程

概述调研过程包括两个部分:一是表述清楚律师了解的事实、法律问题、法律信息、法律信息来源和法律调查途径;二是表述清楚对法律信息进行概括、综合、推论,进而得出调研结论的过程。

(3)表述建议

律师应当根据掌握的事实情况和调研结果,适当地表述自己的建议。律师的建议一般不是指导当事人实施某个具体行为的意见,而是如何理解和使用法律调研结论的建议。即使年轻律师得出的建议是有针对性的、具体的和确定的,在表述时也尽量把它作为一般适用的、概括性的、选择性的建议表述,这样做可以较好地维护自身利益。

做好法律调研工作,要经过长期训练和积累。年轻律师只有在经过一段时间的磨炼,掌握了律师专业的思维和一定的执业技巧,尤其是平时坚持阅读、掌握大量的法律信息来源和熟悉掌握常用检索工具后,才有可能使这项工作达到专业水准。

第二节 法律检索

在法律调研所需的三个阶段中,分析和确认问题是前提,获取法律信息是准备,表述结论和方案是结果。其中获取法律信息(法律检索)是关键性的阶段,资料的齐备、准确、有效与否,在一定程度上决定着案件的成败,关系当事人的利益。律师能否胜诉的关键往往取决于是否能从相关的法律中检索到最有利于当事人的有效法律,该法律的有效性表现出它的最佳适用性和权威性。因此,法律检索是法律调研过程中律师应当掌握的一项重要技能,应予以重视。

律师作为法律专业人员,应具备的综合执业能力包括:法律知识能力、职业思维能力和驾驭法律信息资源的能力,驾驭法律信息资源的能力即指法律信息获取和检索能力。实习律师是进入律师行业的第一步,是其律师生涯开始的关键时期,如何快速地适应工作、如何完成从实习律师到执业律师的转变,以及实现成为名律师的理想,法律信息获取和检索能力的提高是非常重要的,养成良好的检索技能和习惯,会对执业产生很大的影响,相信这也是困扰很多实习律师的问题。

一、法律检索能力

法律检索能力,强调的就是"法律检索"技能。法律知识是基础,扎实牢固的法律功底、深厚的法律底蕴对执业律师而言,其重要性是无可比拟的。但法律的实践能力在律师工作中显得格外重要,学历与法律知识并没有绝对的因果关系,高学历并不意味着拥有法律技能,空有知识而缺乏法律技能的律师,很难成为优秀的执业律师。法律知识是技能的基础,是前提,实现从法律知识到法律技能的飞越,是通往成功律师的途径。法律检索能力是在知识与实践的相互作用中获得的,是律师技能的展现,以法律技能彰显法律知识,才能真正实现法律知识的价值。

一般而言,"获取法律信息"的能力表现为认识法律经验的手段和方法,后者是人的潜在认知能力,这种能力的特点,表现为人对社会实践活动所具有的预测性、应变性和创新性。① 法律检索是律师的核心工作之一,美国律师协会(ABA)把它明确规定在律师的工作规范和职业道德中。因为在工作中,律师都是要先从法律检索入手,迅速准确查找到解决有关问题的法律依据,是律师执业的基本技能,

① 参见邹育理:《从美国的法律教育谈"判例教学法"》,载《现代法学》2000 年第 2 期,第 139 页。

这种基本技能关系到适用法律的准确性、严肃性以及被代理人利益等，因此也作为律师的职业道德标准，要求律师在检索中做到恪守职责。

随着社会的高速发展，法律的内容、法律的形式甚至它的操作方式都在发生着深刻的变化，职业律师需要不断更新知识，提高应变能力和创新能力，才能适应复杂多变的法律社会的需要。

（一）我国实习律师执业能力现状

据不完全统计，截至2012年，我国的执业律师超过了23万人，律师事务所近2万家。每年法律专业的毕业生，也在不断地充实着法律人群体，其中一部分毕业生将进入律师行业，并且每年呈上升趋势。

从学校毕业，进入律师行业的实习律师，具有的两个显著特点是：

（1）具有基本法律知识能力

4年的法学本科教育，学生系统学习了法律专业知识，对我国法律体系有较为深入的了解。在学习期间，根据个人爱好，选择毕业论文方向，使得毕业生在某个法学领域有较深入的理论基础。同时，实习律师通过国家司法考试的筛选，获得《法律职业资格证书》，可以说，基本具备了从事律师行业的法律知识的储备。

（2）缺乏法律检索能力

律师行业对刚入行的实习律师来讲是全新的，法律思维能力的形成以及法律检索能力的培养是需要专门学习，并通过法律实践验证的。对实习律师而言，这方面的能力较弱，当面对接手的案件时，会不知从何入手。究其原因，主要有三点：

① 我国高校法学教育方法的缺陷

法学教育以书本教育为主，重视法律知识的培养，但教学方式僵化，与实践脱节，不能使学生形成法律思维模式；未开设法律检索课程，没有专门的师资配备，学生没有掌握法律检索技能的途径；教育内容重本学科传授，轻与其他学科的横向联系，造成学生知识面较窄。

② 法律图书馆作用未充分发挥

很多法律图书馆规模小，硬件和软件设备不达标，不能为学生提供现代化的检索工具，专业的法律检索软件等的配备也不完善。图书馆员专业知识技能不强，不能提供专业的服务。

③ 毕业实习流于形式

学生在毕业前，都会有两个月的实习期。由于对实习的不重视，大多数实习单位也没有对实习生培训的计划，多以干点杂活，最后交个实习报告作为结束。真正能从实习过程中有所收获的很少，这也影响到学生对法律实践的认识和认知。

（二）美国律师检索能力的形成

美国是判例法国家，法律渊源复杂，数量繁多，其原始资料来源于联邦和50个州的司法机构、立法机构和行政机构，内容广泛、数据庞大是世界上任何国家所不可比拟的。如此浩大的原始法律资源体系无疑奠定了美国法制社会的基础，为维护社会公平和秩序的法律活动提供了丰富的依据，但如此庞杂的数量，使法律适用的难度日益加大，即使是最优秀的职业律师对法律规定的了解也是有限的。因此美国的法学院将法律知识能力培养作为基础，实际的执业能力，也就是“获取法律能力”，在美国的法律实践中显得格外重要。

法律博士 J. D. 是美国绝大多数州职业律师必须具备的基本学历，是美国律师人才资源的主体，J. D. 教育是律师职业教育，重视培养学生的综合执业能力，致力于启发学生应用法律知识和解决实际问题的能力。从总体来讲，着力培养学生掌握基本的律师技巧，如鉴别和判断问题的性质、法律分析和推理、法律研究、实际调查、联络当事人、答询客户、谈判、法律工作的安排组织、认识和解决道德难题等。可以说学生在法学院学习过程中，就基本具备了从事法律职业的三大能力，毕业后进入律师事务所工作，会很快适应，容易入行。

J. D. 教育非常注重“获取法律”能力的培养，法学院在教学活动中从课程的设置、教学方法以及学习环境，都紧紧围绕这个主题来开展，包括判例教学法、法律图书馆、计算机检索等，保证法律实用技术知识的掌握和运用。

1. 在课程设置方面，有专门的实践和法律检索课程

如“法律审判”、“法律辩护”等，直接聘请有经验的法官和律师担任主讲教师；“法律援助”课程规定学生每个星期必须在当地的法律援助事务所实习 8—12 个小时。开设法律实用技能的课程，如“法律检索”、“法律写作”、“国际法检索方法”、“历史法律文献检索”等。

2. 教学方法方面，采用“判例教学法”

通过研究法官的判决，掌握法律的基本原则和法律推理。通过重点性的判例教学，把律师执业中必须具备的知识能力、思维能力和获取信息能力有机地融合在整个的教学过程中，加强了能力的训练，最大限度地使知识本身转化为一种认识法律的能力，使知识本身不断增值，以保持律师职业生涯对知识创新连续性的需要。

3. 发挥法学院图书馆作用

法学院图书馆的馆藏资源丰富，软件和硬件设施都比较好，资源体系完整有序，信息设备先进。法学院图书馆成为学生法律实习活动的中心，图书馆法律咨询人员具有专业知识和丰富的经验，能够帮助和引导学生学习和提高获取法律信息及法律检索的能力。

4. 商业性法律信息公司为法学院学生提供免费培训

美国的 WESTLAW 和 LEXIS 公司长期在法学院免费提供法律全文数据库检索服务和检索技术的培训，旨在帮助学生掌握该公司法律信息系统的检索技术。作

为计算机法律检索的代表，这两个公司的法律检索技术已经被广泛运用在法律的检索中，早已成为律师法律实践中不可缺少的工具。

美国的法律教育的方式，在以判例教学的基础上，通过对学生“获取法律”能力的培养，为学生提供了系统的法律实践能力培训，帮助学生尽快适应和融入律师行业。在这些方面，我国的部分高校虽然也开展了“法律诊所”、“法律援助”等实践课程，但对法律检索能力的培养还是缺失的，导致学生毕业后从事律师工作无所适从。基于这样的现状，如何培养自己的法律检索能力，是摆在每个实习律师面前的难题，在本节的第五部分将着重说明该问题。

二、法律信息资源概述

法律信息资源，通常也称为法律信息、法律资源、法学文献信息、法律文献信息等，由于我国现今的法律信息体系还处于初创期，未完全建立起一套成熟完备的法律信息系统，以至于对法律信息资源的定义还没有形成统一的科学定义和分类。在法学界，学者们从不同角度的分析，存在不同的见解。例如从法律文献的角度来看，法律信息资源可定义为是指所有的法规、条例、法令和司法判例，还包括不同的工具书，如引文、摘要、文摘、百科全书和教科书；从情报概念的角度推论，法律信息资源是指在传递过程中被利用了的有关立法、司法和法学研究的知识信息；从法律信息资源的角度来分析，法律信息资源是关于法律领域一切活动的信息、情报、知识、科学的总和。

总体而言，法律资源是所有与法律有关的活动信息，依据不同的标准，可将法律资源做不同的分类。

（一）法律信息资源类型①

按照一般社会科学文献的分类方法，法律信息资源可分为以下三种类型：

1. 一次法律信息资源

一次法律信息资源也称原始法律信息资源，根据我国的立法体系和司法实践，主要是指国家立法机关颁布的具有普适性的规范，具体包括宪法、全国人大制定的法律、国务院制定的行政法规、国务院各行政部门制定的规章、我国加入和签订的国际公约和条约、法律解释（含立法解释及司法解释和行政解释）、地方法规等。另外还有几种法律资源，由于适用地域、方式和对象的不同，虽不具有普适性，但也属于一次法律资源的范畴。例如地方性法规的效力范围由于只针对本地区，并不

① 此部分内容参考于丽英、罗伟编著：《法律文献检索教程》，清华大学出版社2008年版。

对其他地区适用;最高人民法院公布的案例只是为下级法院裁判提供参考;行业规定,只针对本行业会员有法律约束力等。

2. 二次法律信息资源

二次法律信息资源,是指对一次法律资源信息进行整理、加工,分析与汇总。例如法学论文、法学专著、法律教材、法律和判例解释或释义等。二次法律信息资源是没有法律效力的,属于"非强制性法律规范",它的重要性在于提供一次法律信息资源的线索,形成一定的知识体系,可以节省查找知识信息的时间。

3. 法律资源检索工具

法律资源检索工具,是系统汇集法律资源,按照一定体系和方法编排,提供快捷、有效的检索途径。法律资源检索工具既不属于原始法律资源,又不属于二次法律信息资源,但原始法律资源和二次法律信息资源都需要借助法律检索工具查找所需信息,所以将其也作为法律信息资源的一种类型。依据检索使用的工具,可分为手工检索和计算机检索;按照信息的覆盖范围,分为大型、中性和小型检索工具。

根据我国法律体系的组成、《立法法》的规定、律师工作业务需要以及与律师工作相关度,法律信息资源又可分为以下四种类型:

1. 法律法规信息

法律法规信息,涵盖的方面是非常广的,不仅包括中国的法律法规信息,还包括外国法律法规信息以及国际组织的法律法规信息。也就是说,我国宪法、法律、行政法规、司法解释、部门规章、地方性法规、自治条例和单行条例、地方政府规章、军事法规和军事规章、我国立法背景资料及其他规范性文件、我国签署的条约、香港和澳门特别行政区的法律文件、台湾地区的法律文件、中国法律英文译本、外国法律制度、国际公约、WTO 规则等,都属于法律法规类信息。

2. 司法案例信息

由于我国是大陆法国家,判例并不作为司法机关判案的依据,只是作为参考因素。但近几年来,随着我国司法指导案例制度的建立和推进,司法案例信息作为一种必要和重要的法律信息资源,发挥着越来越大的作用。具体包括我国各级人民法院裁判文书(最高人民法院、各地高级、中级、基层人民法院、专门法院审理的案件判决书、调解书、裁定书等)、案例评析、指导案例、仲裁案例等。

3. 实用法律资料

根据我国建设法治国家的目标,随着我国经济的快速发展,我国立法体系在不断健全和完善。大量新型法律法规出台,旧法律法规修改、修订也在持续进行,各种新型案例不断涌现。这注定了律师的执业生涯是一个不断学习和提高的过程,律师实务凸显重要性。实用法律资料,能有效地帮助律师理解法律、行政法规、司法解释等法律文件的具体含义,了解办案过程,熟知各种诉讼和非诉业务的流程,掌握经验。具体包括法律法规释义、司法解释解读、法律实务指南、法律文书、合同范本,等等。

4. 法律参考资料

作为职业律师,要想保持职业的敏感度,需要积极关注和时刻了解法律时讯、法学学术前沿、法律知识的更新等。具体包括法律新闻、立法动态、司法审判、学术争鸣、法学论文、法学教材、法律词典,等等。

(二)法律资源载体

法律资源的载体的演变,是随着印刷、出版以及现代科学技术的发展而不断变化的。现代文献信息研究中,一般将信息载体主要归纳为印刷型载体和电子型载体形式。印刷型载体,即传统的纸介形式,如法律图书、期刊、报纸等出版物;电子型载体,是指通过计算机和其他技术手段存储或以互联网为载体的文献形式,如法律网络数据库、光盘、多媒体资料等。电子资源是印刷资源的重要补充,两种资源形式没有可替代性,将长期并存。

法律资料以载体的不同展现出不同的形式,根据法律载体使用的便捷性排序,其顺序应为:网络资源、光盘数据库、法律出版物。根据律师所涉猎业务范围需要,法律资料的应有地域、国界之区分,一般而言,可分为中国法律资源、国外法律资源和国际法律资源。其中,中国法律资源又可分为法律数据库和法律出版物类,主要包括中国(含港澳台地区)的专业法律数据库网站、政府网站、学术网站、媒体网站、律师宣传网站等。主要出版物包括公报类、法律法规汇编、案例丛书、法律期刊及法学理论书籍等;国外法律资源,则包括具有代表性国家的在线资源及出版物情况;国际组织法律资源,包括联合国、欧盟、WTO 等国际组织的在线法律资源情况。

三、法律资源组成

《论语·魏灵公》中云:“工欲善其事,必先利其器。”此寓意为,在做事情之前,准备工作是非常重要的,可以事半功倍。如今,随着互联网技术的发展,世界已进入信息化时代,信息无国界,信息进入极大丰富时期,获取信息的方法和途径也比以往任何时候都广泛和快捷。从信息的传播方式来看,可通过互联网、新闻媒体、报纸、期刊、杂志、法律书籍、法律光盘制品、广播等途径来获取。根据中国互联网络信息中心(CNNIC)发布的《第23次中国互联网络发展状况统计报告》(2009 年1月)显示,截至 2008 年 12 月,我国有网民人数 2.98 亿,国家域名数有 1357.2 万个,均居世界首位,互联网大国规模初显。在网民获取信息最主要的途径中,网络独占鳌头,紧随其后的是电视和报纸,由此可见,互联网是获取信息最常用的一种来源和途径,律师更应将互联网作为重要的法律工具,以获取法律信息。

为了更清晰地了解法律资源的组成，本文将法律资源分为中国法律资源（含港澳台地区）、外国法律资源和国际法律资源三种大的类型，以下作详细介绍和说明。

（一）中国法律资源（含港澳台地区）

1. 主要网络资源

（1）法律数据库或在线法律服务（Legal Online Services）

法律数据库是律师必备的、有效、最方便的法律工具之一，全面权威的法律数据库能为律师提供可靠的法律信息检索服务，提高工作效率。

① 北大法宝（www.chinalawinfo.com，英文版：www.lawinfochina.com）

“北大法宝”数据库系列产品是由北大法制信息中心与北大英华公司共同研制推出的，经过20多年的发展，目前该数据库总量已达到58万余篇，是国内拥有法律信息类型最丰富的数据库产品。“北大法宝——中国法律信息总库”，拥有四大检索系统，即中国法律检索系统（vip.chinalawinfo.com）、中国司法案例检索系统（vip.chinalawinfo.com/Case）、中国法学期刊检索系统（journal.chinalawinfo.com）、中国法律英文检索系统（www.lawinfochina.com）。涵盖了中国法律信息的各个方面，是中国法律信息的集大成者。内容方面，“北大法宝”从传统的只提供法律、法规、案例、合同、文书、法学文章、国际条约等以规范性文件为主要服务内容的模式中拓展出来，积极实现建立版权化法学知识体系的目标，构建法律条文释义、法律实务指南、法学教程、法学期刊、英文译本、立法背景资料等重要内容体系，其中法律条文释义、法律实务指南、法学期刊、法学教程在业内都是独家拥有的内容。

“北大法宝”数据库功能的最大特点是其首创的法条联想功能、法宝之窗功能，不仅能直接印证链接所查文件中引用的法律法规和司法解释及其条款，同时提供与重要法条相关的法律法规、司法解释、案例、裁判文书、法学论文、修订沿革、条文释义、实务指南等全方位的法律信息，为律师全面深入驾驭法律信息提供了平台。

“北大法宝”另一特色是及时详尽地标注了法律修订沿革信息，通过对我国法律、法规的历次修订及相关法条异动情况的梳理，用户可回溯某条款的历史变动及相关法规、案例、论文等资料。

“北大法宝”提供网络版、光盘版、局域网版等多种不同版本供用户使用。

② 国信中国法律网（www.ceilaw.com.cn）

国信中国法律网是由国家信息中心信息开发部法规信息处创办，主要包括新法规联机查询、国家法规数据库、法律理论特刊、国家强制标准、人民法院报特辑、律师事务所名录6个栏目。其中，新法规联机查询，内含每月收录的法律法规的名称、简介和法规全文；国家法规数据库收录了自1949年新中国成立以来全国人大法律、国务院行政法规、最高人民法院和最高人民检察院司法解释、国务院各部委规章、各地人大法规和政府规章、我国签订的国际条约和公约等,12 万篇法规;法律理论特刊包括法律界专家和专业工作者对公众关心的法律进行的解释和评论,以及对法律的介绍和说明;国家强制标准,提供国家颁布的强制性标准目录,用户可以下载正文。

目前,该库有 Windows 版、Web 浏览器版和 TRS 版等多种不同版本供用户任选使用。国家法规数据库的特点是法律法规比较全面和权威。

(2) 政府及律师协会网站

政府网站也是律师需要经常浏览的一类信息来源,随着我国《政府信息公开条例》的实施,政府机构网、检察机构网、法院机构网、司法机构网等成为落实国家电子政务发展战略中的重点,法律网络资源建设进入高速发展时期。律师工作通常需要与各种主管机关打交道,为了更好地提高向机关人员咨询的有效性,事先获得充实的相关材料是很有必要的。与全国人大、中央政府、业务相关的部委网站,以及部分地方政府、机关网站,是获取相关办事指南的有效途径。通常,办事流程及其相关文件要求,都会在官方网站上的"办事指南"栏目中写明。律师在了解基本的信息后,再针对所做项目的特殊性向机关人员咨询,所获得的信息会更为准确。

① 中国人大网(www. npc. gov. cn)

中国人大网是由全国人大常委会办公厅主办的全国人大常委会门户网站,是全国人大常委会的重要舆论媒介。网站内容丰富,更新速度快,发布最新立法的动态、人大常委会开会期间的法律议案情况等。

② 中国政府网(www. gov. cn)

中华人民共和国中央人民政府门户网站(简称"中国政府网")是国务院和国务院各部门,以及各省、自治区、直辖市人民政府在国际互联网上发布政府信息和提供在线服务的综合平台。

③ 最高人民法院网(www. court. gov. cn)

最高人民法院网设有本院新闻、机构设置、大法官、历史沿革、对外交流、法律法规、裁判文书、典型案例、视频在线、工作报告等栏目,其中法律法规、裁判文书、典型案例栏目的内容较为丰富,有一定的参考价值。

④ 最高人民检察院网(www. spp. gov. cn)

最高人民检察院网设有反贪污贿赂、反渎职侵权、侦查监督、审查起诉、控告申诉、监所检察、民行检察、职务犯罪等栏目。网站设有"法规规章"栏目,包括最高人民检察院发布的司法解释、检察业务规范性文件、检察机关行业规章与规定等内容。

其他重要司法机构网站、部委网站、地方政府网站,例如:司法部网(www. moj. gov. cn)、商务部网(www. mofcom. gov. cn)、国家知识产权局网(www. sipo. gov. cn)、国家工商行政管理总局网(www. saic. gov. cn)、国家税务总局网(www. chinatax. gov.

cn)、海关总署网(www. customs. gov. cn)、国家外汇管理局网(www. safe. gov. cn)、北京市政府网(www. beijing. gov. cn)、上海市政府网(www. shanghai. gov. cn),等等。

这些官方网站地址可以通过在百度(www. baidu. com)和谷歌(www. google. com)中键入所需要查找的各级政府或有关部委的名称搜索出来。

⑤ 中国律师网(www. acla. org. cn)

中国律师网由中华全国律师协会主办,是律师行业最权威、最全面的新闻门户平台,是全国律协信息发布平台、地方律协信息联动平台和全国律协专门专业委员会管理平台。中国律师网包括新闻中心、文件公告、政策前沿、律师文化、律师风采、理论研究、律师公益等栏目,发布律师行业权威信息和重要活动,在司法部、全国律协、地方律协、律师事务所和律师之间建立了畅通的信息渠道,宣传和引导律师行业贯彻落实中央关于律师工作的决策和指导精神,贯彻落实司法部关于律师工作的整体部署,成为社会各界了解律师工作的窗口和交流提高律师业务的专业桥梁。

(3) 法律学术网站

律师需要关注和洞察法律学术界的最新成果,以不断更新法律知识,业内比较有影响的学术网站包括北大法律信息网、中国民商法律网、中国诉讼法律网。

① 北大法律信息网(www. chinalawinfo. com)

北大法律信息网是北大英华公司和北大法制信息中心共同创办的大型法律综合网站,创立于 1995 年,是互联网上第一个中文法律网站,涵盖了中、英文法律法规检索、司法案例、法学期刊、法学文献、天问咨询、远程教育、法学论坛、司法考试、法律导航等内容,并不断在法律信息内容、功能、服务等方面实现自主创新。

北大法律信息网设立的法学在线栏目,收录了国内 200 余位法学专家文集,并拥有权威法律学术论文 3 万余篇,自主投稿作者 3 000 余名。分为热点文章、时评与随笔、论著与书评、域外法学、外文专区等子栏目,内容丰富,学术性强。法律专题栏目,紧跟立法、司法、学术界动态,集合精品文献,编辑成高水平的专题,具有很强的学术价值。论文和专题均可全文检索,并提供免费下载、打印服务。

② 中国民商法律网(www. civillaw. com. cn)

该网站是中国人民大学民商事法律科学研究中心创办的,以中国人民大学民商法教授所著的法学论文为主,理论价值很高。其栏目设置和内容紧密联系民商法领域的前沿理论与实践,设立学术动态、司法实践、判解研究、判例要览等频道,并定期举办学术沙龙和讲座,推荐该领域内著名学者和理论书籍。该网站致力于学术交流,偏重重点法学学科的深入研究,充分利用了互联网的各项功能。

③ 中国诉讼法律网(www. procedurallaw, cn)

该网是由中国政法大学诉讼法研究院创办的专业性学术网站,及时迅速地传递诉讼法学、证据法学研究的最新信息。主要包括新闻中心、学术论坛、诉讼法学界最新研究成果、学术动态、科研项目、科研成果、学术档案、图书资料、法律学人、法律法规、外国法、港澳台法、刑事诉讼法学研究会专栏、新书介绍等十余个栏目。

（4）法律媒体网站

律师需要了解和跟进法律、司法界的动态，及时把握国家的立法、司法方面的新政策、新举措，这就需要对法律新闻网站经常浏览。在我国新闻门户网站都有法律相关栏目，如新华网、人民网、新浪网法治新闻频道，等等。同时，许多传统法制媒体都在网上建立了平台，如中国法院网（www. chinacourt. org）、《检察日报》主办的正义网（www. jcrb. com）、《法制日报》主办的法制网（www. legaldaily. com. cn）、《人民法院报》网（www. rmfyb. chinacourt. org）等，可以很方便地查询报纸内容。

① 中国法院网（www. chinacourt. org）

中国法院网是经最高人民法院批准成立，经国务院新闻办公室批准从事登载新闻业务的法律综合性新闻网站。致力于为社会提供最丰富的法律资讯、最权威的法院信息、最快捷的案件报道。中国法院网在对传播审判信息、增强审判工作的透明度、向社会提供完善法律服务方面都发挥了重要作用。

② 正义网（www. jcrb. com）

正义网是最高人民检察院主管，《检察日报》主办的综合性法律网站，从一开始单纯地作为《检察日报》的网络版，到现在原创网络新闻、影像、司考、博客、人才等频道的建立。正义网已打破原有的报纸电子版，逐步成为一个信息多样化的规范性网站，并常居法律网站排名前列。

（5）律师宣传网站

律师宣传网站是为律师提供展示自我的平台，实习律师需要有意识地扩大自身宣传，在这类网站登记注册，为当事人提供咨询服务，会增强当事人对律师的了解，增加案源。例如律师天下（www. lawfirm. com. cn）等，这类网站主要是提供法律咨询和服务的专门网站。定位于普通公众与律师的在线互动，打造案件委托代理的平台。主要栏目包括在线咨询、案件委托、律所、律师库、法规案例库、法律专题、法律人才等。

2. 主要法律出版物

（1）公报类

根据《中华人民共和国立法法》（以下简称《立法法》）的规定，法律、行政法规、部门规章签署公布后，分别在《中华人民共和国全国人民代表大会常务委员会公报》、《中华人民共和国国务院公报》、各部门公报以及在全国范围内发行的报纸上刊登，在公报上刊登的法律、法规、规章文本为标准文本。地方性法规、自治区自治条例和单行条例、地方政府规章签署公布后，在本级人民代表大会常务委员会公报、本级人民政府公报和在本行政区域范围内发行的报纸上刊登，在公报上刊登的法规、条例、规章文本为标准文本。

对律师而言，公报类文本可作为日常工作之补充，根据执业业务范围需要，一般来讲，常用的公报包括：

①《中华人民共和国全国人民代表大会常务委员会公报》

该公报由全国人大常委会办公厅负责编辑出版，采用不定期的形式通过邮政征订方式向社会公开发行。公报主要刊登全国人大及其常委会通过的法律、决定、决议、缔结的国际条约、协定以及最高人民法院、最高人民检察院、国务院的工作报告。《立法法》规定，在《中华人民共和国全国人民代表大会常务委员会公报》上刊登的法律文件，是国家法律文件的标准文本。

②《中华人民共和国国务院公报》

该公报由国务院办公厅主办，主要通过国家邮政系统面向国内、外公众公开征订发行，它是我国《立法法》和《行政法规制定程序条例》所规定的刊登国务院通过的行政法规、行政规章的标准文本，在该公报上刊登的行政公文与正式文件具有同等法律效力。为推行政府政务信息的公开制度，从2004年以后，《中华人民共和国国务院公报》开始试行向县级以上的党政机构免费赠阅制度。

③ 部门公报、公告、文告

此类出版物均为中央国家机关所属办公厅、室主办的，是有官方权威性的。根据律师执业范围的不同，可借鉴不同部门的公报，下面只简单列举主要的公报名称：

《中华人民共和国最高人民法院公报》、《中华人民共和国最高人民检察院公报》、《中国国家税务总局公报》、《中华人民共和国公安部公报》、《中华人民共和国财政部文告》、《中国人民银行文告》、《中华人民共和国建设部文告》、《中华人民共和国人事部公报》、《中华人民共和国卫生部公报》、《中华人民共和国教育部公报》、《中华人民共和国农业部公报》、《国家环境保护总局公报》、《国家质量监督检验检疫总局公报》、《国家版权局公报》、《中华人民共和国物价公报》、《中国银行业监督管理委员会公报》、《中国证券监督管理委员会公告》，等等。由于按照新闻出版署新的规定，2003年以后上述出版物被改为免费赠阅或不得向社会征订，获取这类文本有一定的难度。目前，有部分出版物取消纸质文本，改为电子版本在本部门所办的政府网上发布。

④ 地方人大常委会公报、政府公报

我国31个省、自治区、直辖市的人大常委会公报、政府公报数量也是很多的，律师可根据需要选择性地阅览，在这里不一一列举。目前这类公报也基本不采用订阅邮寄的方式发行。

（2）法律工具书

法律工具书的形式也是多种多样的，主要类型有法律词典、法律年鉴、法律百科全书、法律汇编、行政法规汇编以及各国家部委、各地方人大、政府出版的规章、地方法规、规章汇编等。其中法律词典可分为综合法律词典和专题性法律词典，一般专题性的法律词典是以部门法为内容的，如经济法词典、民商法词典等。法律年鉴、法律百科全书是内容非常丰富的资料汇总，对法律工作者有一定的参考价值。汇编类工具书，一般由专门的法律出版社出版，以年度为发行周期。

（3）案例参考及学习资料

虽然我国不是遵循先例的判例法国家，但从 2005 年 10 月开始，最高人民法院发布了《人民法院第二个五年改革纲要（2004—2008）》，明确提出了“建立和完善案例指导制度，重视指导性案例在统一法律适用标准、指导下级法院审判工作、丰富和发展法学理论等方面的作用”。至此，中国的指导性案例制度构建已经进入实施和运作阶段。2007 年 11 月，在全国法院司法改革工作会议上，又进一步肯定了建立和完善案例指导制度的做法。伴随案例指导制度在我国的逐步确立和发展，在司法实践中案例文献对律师办案过程有一定的借鉴意义。

因此，案例类公报和书籍也是律师比较常用的法律书，主要的书籍包括：《最高人民法院公报》、《最高人民检察院公报》、《人民法院案例选》、《人民法院裁判文书选》、《中华人民共和国人民法院判案大系》、《中国审判案例要览》、《审判业务指导丛书》，等等。

对律师而言，要了解和熟知法律学术界、审判政策的进展和变化，就需要关注学术新成果和专业的理论书籍，例如法学类期刊、对新颁布法律的评论、法律释义、理论探讨等，所选书籍根据执业需要进行选择，在此不再列举。

3. 港澳台地区法律资源①

港澳台地区的法律检索资源的获取，对于从事涉港澳台法律业务的律师事务所和律师是必须和必备的。

（1）我国香港特别行政区法律信息资源

香港特别行政区的法律资源主要分为网络和出版物两部分，其中主要的官方法律网站包括香港特别行政区政府律政司网站（www. doj. gov. hk）、律政司双语法例资料系统（www. legislation. gov. hk）、香港司法机构网（www. judiciary. gov. hk）、香港特别行政区立法会（www. legco. gov. hk）等，提供香港法律制度介绍，香港法例、公约及国际协定、判决书查询。主要法律出版物种类繁多，主要包括《香港特别行

① 参见渠涛主编、中国社会科学院研究所图书馆编写：《中文法律文献资源及其利用》，法律出版社 2006 年版，第 231 页。

政区政府宪报》(中英文对照)、《香港法例》、香港特区的条例、香港特区的规例、《香港判例集》、《香港区域法院判例集》等。

(2) 我国澳门特别行政区法律信息资源

澳门特别行政区的主要网络资源包括澳门特别行政区政府网(www. macau. gov. mo)、澳门印务局网(www. io. gov. mo)、澳门特别行政区法院网(www. court. gov. mo)、澳门法律网(www. macaolaw. gov. mo)、澳门法例资料查询系统(legismac. safp. gov. mo)等,提供法律法规检索,国际公约、政府机关通告和公告查询、法院判决书全文等内容。主要出版物包括《澳门特区公报》、《澳门特区法例》、《澳门特别行政区司法制度法例汇编》等。

(3) 我国台湾地区法律信息资源

台湾地区的主要网络资源包括政府出版品资讯网(open. nat. gov. tw)、台湾法律网(www. lawtw. com)、月旦法学知识库(www. lawdata. com. tw)等,提供法律法规、政府公报、统计资料、裁判文书全文等内容。

(二) 国外法律资源[①]

英美法系和大陆法系国家的代表性国家法律资源是非常丰富的,鉴于篇幅有限,在此不能一一列举,仅以美国、英国为例介绍,其他国家,如加拿大、澳大利亚、德国、法国、日本等的法律信息资源的了解和获取,可以通过搜索引擎谷歌、雅虎、百度等进行检索。

1. 美国法律资源

美国的主要网络资源包括美国国会法律图书馆(Law library of congress, www. loc. gov/law)、FindLaw(www. findlaw. com)、美国政府网(www. usa. gov)、康奈尔大学法律信息学会(Legal Information Institute of Cornell University; www. law. cornell. edu)、LexisNexis(www. lexisnexis. com)、Westlaw(www. westlaw. com)等,提供法律、法规、最高法院判例及所有美国法院的在线判例、官方公报、法律期刊和评论内容。

主要法律出版物包括《美国法典》(U. S. C.)、《美国法典注释》(U. S. C. A.)、《联邦规章典集》(C. F. R.)、《最高法院判例汇编》(S. C. R.)、《联邦判例汇编》(F. R.)等。

2. 英国法律资源

英国的主要网络资源包括英国及爱尔兰法律信息学会网(BAILII, www. bailii. org)、英国法律在线(www. justis. com)、英国皇家出版局(HMSO, www. legislation. gov. uk)、律师信息网(Infolaw, www. infolaw. co. uk/)等,提供英文法律立法文本、

---

① 该部分资源参见林燕平主编:《法律文献检索方法、技巧和策略》,上海人民出版社 2004 年版;刘丽娟、于丽英主编:《漫游虚拟法律图书馆——在线法律资源研究指南》,法律出版社 2004 年版。

法律资料、判例内容，资料丰富、内容范围广泛。

英国主要法律出版物包括《一般法案和一般会议措施》(Public General Acts and General Synod Measures)、《当前法律令》(Current Law Statutes)、《立法引注》(Legislation Citators)、《法律报告》(The Law Report)。

(三) 国际组织法律资源

律师根据业务需要，可初步了解联合国、世界贸易组织和欧盟的主要网络资源情况。其中联合国(www. un. org)、世界贸易组织(www. wto. org)、欧盟委员会(europa. eu)、欧盟法院(curia. europa. eu)等重要的官方网站可收藏。如需检索其他国际组织网站，可登录谷歌、雅虎、百度等搜索引擎，搜狐、新浪等分类导航或者北大法律信息网网站导航栏目查询。

四、法律检索策略

在了解网络法律检索工具和法律资源后，接下来需要掌握的是检索方法和常用技巧，下面简单介绍常用检索工具比较、法律数据库检索技巧和常见检索误区。

(一) 常用法律检索工具比较

1. 搜索引擎检索

搜索引擎是搜集网络信息资源方便的入手工具，也是检索法律信息经常使用的工具之一，目前被广泛使用的搜索引擎包括百度和谷歌。通常来讲，搜索引擎有两种检索方式：最常用的是输入检索词或字串进行匹配检索，通过对一个或多个关键词的查询，找到相关法律信息，包括简单检索和高级检索。另一种是分类目录导航，根据检索主题所属类别，展开分类目录，查找分类匹配信息。百度就设立了多项分类垂直搜索分频道，其中包括法律搜索，分类和检索词的结合检索，能更有针对性地找到所需资源。

虽然搜索引擎的便捷性无可比拟，但对其局限性也要有清晰的认识。

从搜索内容方面看，搜索引擎的蜘蛛程序并不能抓取到互联网上的所有内容，对于需要登录的数据库、动态数据库和拒绝蜘蛛程序的网站中的内容搜索引擎是无能为力的。微软研究院一名技术专家说："75%的内容通用搜索引擎搜索不出来。"①

从搜索数量方面看，虽然链接的地址很多，数量很大，但由于搜索链接的地址存在无效、内容不完整，或者根本没有链接所需要的内容等情况，同时由于链接的

① 张晓宁：《走进垂直搜索》，载《电子商务世界》2006年第3期。

地址不能保证是官方权威网站或是数据质量可靠的网站，检索结果的准确性很难判断。

从搜索方式方面看，检索方式单一，一般是使用内容关键词检索途径，命中结果过于繁杂和重复，搜索结果的相关性不高。

利用搜索引擎获取法律信息，在得到便利的同时也被其大量重复结果和无用信息所累，使用者必须耗费大量时间和精力在海量搜索结果中筛选真正有用的信息。同时，检索获取信息的权威性、时效性、相关性和准确性等都无法保证，有关资料无法构成紧密的知识观念体系。对于经常查询法规类文件的人们，尤其是法律专业人士，不能把搜索引擎作为主要的检索工具。

2. 政府网站检索

2006 年以来，在国家大力提倡电子政务的形势下，政府网站获得了蓬勃发展。据统计，2006 年 1 月 1 日，中央政府门户网（www. gov. cn）正式开通，2006 年 6 月，使用“gov. cn”域名的政府网站就有近 1.2 万个，截至 2008 年 12 月，达到 4.5 万余个。① 2008 年 5 月 1 日，我国《政府信息公开条例》正式实施，也标志着公众对法律信息的获取渠道更加畅通。虽然政府在信息化方面投入很大，各地政府信息化程度也有所提高，但地方政府对本部门和行业的法规文件并不能全部收录到网上，对继承历史部门文件和时效注释不及时，文件分类，法规及规范性文件的修订、废止、重新颁布的注释工作跟不上。同时，更新速度缓慢的问题在地方政府网站比较常见，尤其是经济不够发达的地区以及地级市等。

3. 专业法律数据库检索

数据库作为新型的计算机检索系统，是检索系统的信息源和信息存储仓库。由于法律数据库具有容量大、更新及时、使用便捷等特点，使其在提供法律信息方面显示出明显优势，随着互联网和现代信息技术的普及推广，法律数据库作为新型的检索工具越来越受到关注。

法律数据库的最大特点便是对法律信息进行编辑、整理加工，以方便使用者查询。一般来讲，数据库的内容加工是在获得原始数据后，根据数据库的结构和用户查询需要，进行编辑整理。对于法律文件而言，数据库要对法律文件内容格式、分类、检索字段、文件时效性（即是否有效）等做二次加工，及时跟进法律文件的修改、修订、废止等变化情况，保证使用者使用文件的准确性。以“北大法宝”——中国法律信息总库为例，其下辖的四个主要数据库：法律法规库、司法案例库、中国法律英文译本库、法学期刊库，在对法规的分类、时效性的区分、案由体系、审理法院、

① 参见中国互联网络信息中心（CNNIC）《第 23 次中国互联网络发展状况统计报告》，2009 年 1 月发布，第 23 页。

相关案例的链接、中英文对照、期刊文章、作者检索等检索项的设置上，都是为使用者检索需要，利用技术和人工手段对数据库内容做的二次加工。

因此，对于法律人来讲，搜索引擎和政府网站都不是最理想的法律检索工具，它们只能作为法律检索的辅助渠道，法律专业人士，必备的法律网络检索工具应是专业法律信息公司出版的法律数据库。

（二）法律数据库常用检索方法（以“北大法宝”vip. chinalawinfo. com 为例）

法律数据库应遵循检索常用的方法，包含逻辑运算符、二次检索等功能，该功能将在下文介绍。由于其专注于法律专业文件的检索，在检索字段设置、检索技巧上都有其独特之处，在本文第五部分将结合具体实例作详细说明。“北大法宝”常用检索方法包括：

1. 跨库检索

该数据库支持跨库检索，可同时在 16 个主题数据库中通过输入标题或全文关键词进行快速检索，同时可选择“显示命中条款”功能，可在检索结果中将含有关键词的条款内容标红提示。

2. 标题关键词检索

标题关键词检索是最常用、最直接的检索方法。当查询者知道所要查询的标题中的关键词时，最适合使用此查询方式，能快速找到检索结果。

3. 全文关键词检索

需要查询正文内容中包括某词汇的全部文件时，这种查询是最快捷有效的方法，全文查询中尽量不要单独使用助动词如“的、地、得”、简单的数词如“1、2”等，检索关键词在“北大法宝”数据库中会在正文中用红颜色标出。

4. 发文字号检索

发文字号检索能保证检索文件的精确性，如知道法规的发文字号，在“发文字号”文本框中输入要查询法规的发文字号，括号可以忽略，只输入数字和文字部分，即可查询到所有相同发文字号的法规信息。

5. 分类检索

“北大法宝”数据库中有着详尽的分类体系，其中中央法律法规库分为 99 个大类，近千个小类，可通过查找键找到具体分类，了解某一分类下的所有相关文件。如结合标题和全文关键词检索，结果会更准确、有效。

6. 日期检索

需要查询某日期范围内的法规信息时，适合使用此查询方法，在相应的日期字段有前后两个输入框用于输入日期范围。“北大法宝”数据库中根据不同的子库，具有日期类型的字段有：发布日期、实施日期、批准日期、签字日期、生效日期、终审日期、调解日期和裁决日期。

同时，在“北大法宝”各数据库中，根据子库的不同特点，设置了不同的检索字段，具体包括：发布部门、批准部门、法规分类、时效性、效力级别、案由分类、审理法院、审理法官、罪行情节、当事人、期刊分类、作者和作者单位、范本分类、相对国、条约分类、文书分类、相关组织以及裁决机构，等等。

（三）搜索引擎和法律数据库的通用检索方法

对于搜索引擎和法律数据库而言，检索方法有其共性，具有一些通用的检索方法。

首先，恰当地运用符号检索，会提高检索结果的精确度。添加符号检索，一般对于多字、多词或限定范围的需要，这就需要熟练使用布尔逻辑运算符，具体的运算符含义见下表：

符号	* 或空格	+	-	（ ）
英文逻辑含义	and	or	not	
中文逻辑含义	与	或	非	优先级

搜索引擎百度、谷歌以及专业的法律数据库等网站，采用的就是布尔逻辑运算符进行检索，能够方便用户完成精确查找。

其次，可以使用双引号、书名号进行词组检索。如果查找的是一个词组、多个汉字或者书名时，最好的办法就是将它们用双引号或书名号括起来，这样得到的结果最少、最精确。如输入一个书名时，最好是全部名称，并加双引号或书名号，这样便会被认为是对一个词组进行检索，可以提高准确性。

再次，使用高级检索。搜索引擎和专业法律数据库，一般都设有简单检索（快速检索）和高级检索。与简单检索相比，高级检索有很多有效检索项，能使检索结果更加准确，避免检索结果过于泛泛的情况发生。

（四）检索误区

1. 过于依赖搜索引擎

搜索引擎在资源的广泛性和使用的便捷性方面，是非常有优势的，但与专业数据库来比，内容的权威性、准确性方面都有很大的差距。检索专业法律信息，如法规、文章等，目前来说最主要的来源还应是专业数据库，仅用搜索引擎查询信息是非常不可取的。

用户要学会正确地使用搜索引擎，比如如果要查询信息的标题不全或者不准确，可先到搜索引擎去查询，确定完整且准确的标题后，再利用专业数据库进行检索，就会提高检索结果的精准率。

2. 不善于做检索前的准备工作

在做法律信息检索前，需要明确检索的目的，厘清所要检索的课题、关键词、关键信息等，对所查询的网络资源、检索工具的类型、使用方法也要有一定的了解。没有目的的检索，只会被没用的信息所吸引，遗漏有价值的信息，造成漏检或误检。

3. 对逻辑运算符不熟悉

在法律信息检索中，最常用的运算符就是布尔逻辑运算符，要熟练使用“与”、“或”、“非”及优先级符号，尤其在利用多个关键词查询时，要尽量使用逻辑运算符，而不是文字。例如查询法律中“代理”问题，与其有关的法律名词包括“有权代理”、“委托代理”、“表见代理”、“代理人”、“代理关系”等非常之多，如果只输入“代理”二字，就会出现很多查询结果，且不一定是用户真正需要的。正确的方法是，根据检索需要，将“代理”和其他检索词用布尔逻辑运算符 * 或空格(and)进行组配。

4. 不能正确选择和使用关键词

关键词要求表述准确、简练，尽量使用精确的词汇，用最少的词表达清楚所查信息的主题，尽可能删去一些同义词或近义词。使用关键词查询时，尽量使用词或词组，用布尔逻辑运算符(+ 、- 、*)将其连接起来，切忌将整个标题输入到检索框中去。如果需要查询的关键词中含有通用字，如“账”与“帐”，要用空格代替。避免使用“的、地、得、了”等无意义的虚词，如果是一些固定的词组，可以用双引号将之引起来。在用标题关键词检索时，如查询不到有效信息，可利用全文关键词查询，因为有的关键信息不在标题中出现，只在正文内容中出现。

5. 忽略检索细节

在网络上进行查询时如果能注意一些细节问题，常常能增加搜索结果的准确性。例如许多搜索引擎都区分字母的大小写，搜索国外的人名或地名等关键词，应该正确使用它们的大小写字母形式。要学会在搜索结果中搜索，也称为二次检索，百度、谷歌等许多搜索引擎和专业法律数据库都提供在搜索结果中再搜索的功能，这样进一步细化，更有助于搜索准确的结果，有时比使用关键词更有效。

五、法律检索能力培养

（一）养成制订检索计划的习惯

检索不是一蹴而就的工作，好的法律检索工作不仅仅是要有一个好的结果，更要有一个好的过程。如果一个律师助理法律检索过程好，得到的结果是可靠的，直接就可以为律师的工作提供帮助；如果检索的过程不够好，即使有一个结果也未必可靠。所以，在进行法律检索前制订检索计划或方案非常必要，将所需要检索的法律问题列出清单,并要思考需查找和核实的每个法律要点对整个案件的重要性,确定检索顺序,必须在诉讼前查找和核实清楚要点,如管辖权问题、诉讼主体问题等,则需要立即核实,有的问题可以随着案件信息的展开逐渐获取。检索计划应清晰明了,要根据检索进度进行调整,检索计划制订完毕后,应按照计划逐项开展检索核实工作,并在检索结束后,核对是否有遗漏的要点。

具体的检索步骤可以分为:

1. 检索所有相关的法律法规

这是检索的第一步和基本要求,根据检索计划中的法律要点和问题调研和查找所有相关现行有效的法律法规,这里要强调的是检索法律法规资料的全面性,以免遗漏。占有丰富、全面的法律法规资料是律师作出专业分析的必要前提和基本条件,如缺乏相关法律法规基础,律师以后的法律调研就如同无源之水,而且很可能得出不正确的结论,不仅不能为客户提供有价值的建议,甚至还可能被客户认为是律师工作中的严重失误。

2. 确定相关法律、法规之间的关系

法律、法规的应用过程并不是生搬硬套的过程,因此,在较为全面地搜索出相关法律、法规的基础上,律师需要对此进行分析,确定具体的法律、规定之间的关系,方能准确地运用所检索出的法律、法规分析和解决所面临的问题。关于法律、法规之间的关系包括以下几个方面:

(1) 法律、法规的适用性

即分析该法律、法规是否适用于所需解决的法律问题,这种对法律、法规适用性的分析不仅包括法律条文本身是否有效,还包括其与所要解决的法律问题是否匹配,条文本身能否适用于该问题。一般有以下几种情形需要注意:

① 法律、法规本身已失效,不具有适用性

这种情形往往比较容易分辨,许多法律检索工具对法律、法规的时效性都已作出了明确注释。但不排除有些法律检索工具更新不及时的情况,在此提醒律师,对于已经被认定为“无效”的法律法规,在调研过程中就不要再适用了;而对于尽管没有被认定为“无效”,但其有效性存在疑问的条文,则要进一步检索,才能得出确定的答案。事实上,对于已失效而不再适用的法律,律师在检索法律、法规的阶段就应将其剔除。无论如何,在分析阶段,律师仍需要对这一问题加以注意。

② 法律、法规本身未失效,但其部分条文已被新法的规定所取代,事实上不再适用

我们常常可以在一些法律、法规的最后看到如下表述:“……本法之前制定的法律、法规的规定,与本法相冲突的不再适用。”在这种情况下,前法的时效性仍为现时有效,但是其中部分条文却因被后法的新规定所取代而不再适用;这并不意味

着前法中与后法规定的事项相关的所有条文均不再适用，而只是与后法规定相冲突的条文不再适用。律师需要对这些法规的规定进行认真细致的分析，方能作出准确判断。

③ 法律、法规本身所调整和规定的事项并非是律师所需检索内容，但其部分条文，甚至是全部规定，却因为其他法律、法规的准用而对律师所处理的问题适用

一个较为典型的例子是1986年颁布的《中华人民共和国企业破产法（试行）》（以下简称"旧破产法"）中关于破产还债制度的相关规定。旧破产法的第一部分即指出该法规定仅适用于全民所有制企业，然而《最高人民法院关于适用〈中华人民共和国民事诉讼法〉若干问题的意见》第253条规定："人民法院审理破产还债案件，除适用民事诉讼法第十九章的规定外，并可参照《中华人民共和国企业破产法（试行）》的有关规定。"从而，旧破产法中的破产还债规定对非全民所有制企业的破产还债案件也可适用。做好这一点，需要对法律、法规有深刻理解，并且注意相关法规之间的联系。

综上所述，律师在法律检索的基础上，对法律的适用性进行缜密细致的分析从而作出全面正确的判断，才能保证在解决问题时不会错误地适用过时的法律规定，也不会漏掉应该适用的法律规定。

（2）法律、法规的优先性

不同的法律、法规由于位阶和立法机关的不同，对于同一事项的规定在适用的优先性上会存在很大的差别。在这种前提下，在所有具有适用性的法规之中判断出哪些法规在现实生活中能够获得优先适用，是律师在法律调研阶段的一项重要任务。需要强调的是，这里所提及的优先性判断，并不是单纯地基于法理而作出的效力优先性判断，而是更加切合当事人在现实中的实际需要而进行的适用优先性判断。

在中国，由于某些历史和现实原因，现行法律体系较为混乱芜杂，不同的法律、法规对于同一事项的规定时常会出现不一致和矛盾的现象。在这种情况下，如果只是基于"上位法优于下位法"等基本法理原则作出判断，所得出的结论往往在现实中是行不通的，而且对当事人的利益保护不力。上级立法机关所制定的基本法律往往是原则性和框架性的，可执行性低；而实施细则、暂行规定、适用意见等地方性法规、规章、立法解释、司法解释是下位法，但它们可操作性却较强。如果因为基本法律位阶高而认定其应当优先适用，则可能会导致在实际办事过程中无从操作的情况发生。由于位阶较低的法律往往可执行性较强，相关法律事项的执行机关往往是依据位阶较低而不是较高的法律规定办事。在这种情况下，假如律师不是从承认这一点的立场出发进行处理法律问题的准备工作，而是期望用书本上的法理观念改变办事机关的做法，结果只能是给当事人造成较高的办事成本和导致较

高的办事风险。

（3）对被代理人是否有利

这一标准的判断较为简单，在此不再多作分析。律师只有将对己方当事人有利的条款和不利的条款进行全面分析，并在此基础上作出准确的判断和机智的决策，才有可能最大限度地维护被代理人的利益。

总之，就实质而言，任何法律、法规都是人们的行动指南。因此，为了能准确地运用法律、法规指导当事人的行动，律师必须在全面检索法律、法规的基础上，分析法律、法规之间的关系。通过这些分析，律师方能正确地对当事人行为的后果和风险进行初步预测，并进一步调研，得出正确的结论。

3. 调研相关法律、法规在实践中的执行情况

有权机关制定的法律、法规在实际中的执行情况，是律师判断实施某种行为的实际后果的重要依据，也是增强法律调研结论准确性的一个依据。律师应当了解相关法律是否被司法机关或执法机关作为直接依据去执行，执行的情况和效果如何，这些都是律师在法律调研中需要了解和掌握的重要信息。例如，在1994年，某案双方当事人在一份房屋租赁合同的条款中约定，以出租方办理租赁证为合同生效的条件。但是律师根据法律调研确认：当时的房管机关还没有设立相应的房屋租赁办证机构。如果律师不了解法律在实践中的执行情况，就不会察觉到本合同的约定显然没有可行性，也无法向当事人提出良好的解决方案。

对法律、法规执行情况的调研主要途径有两种：

（1）政府主管部门的官方网站

许多政府主管部门为了方便民众办事，都在官方网站上开设了“办事指南”一类的专栏，对相关事项的办理流程、所需文件、法律依据等问题进行了讲解。这些资料能成为律师熟悉和判断相关法律、法规在实践中的执行情况的重要参考。

（2）与相关部门的工作人员咨询和沟通

法律、法规和办事指南的规定毕竟针对的是抽象性的法律事件，而现实生活中的情况多种多样，实际执行情况受客观因素的影响也存在着偏差。律师通过打电话或现场咨询等方法与直接办事人员进行沟通，可以最为直接、准确和全面地了解到相关法律、法规在现实中的执行情况。但是咨询应以法律、法规调研为基础，咨询与调研的成果互相印证，方能作出正确的判断。

4. 参考相关案例

我国是大陆法系国家，法院或仲裁机关的裁判在法律上对于今后的审判、裁决并不具有拘束力，在司法审判中，不同地区的法院在具体法律问题的处理上确实存在着差异。目前，正在推行最高人民法院案例指导制度，最高人民法院所作的判决对于下级法院的影响力正在日益增强，许多地区的法院均组织学习最高人民法院

的指导性案例,以提高审判业务水平。

另外,虽然中国上下级法院之间不是领导与被领导的关系,上级法院的裁判对于下级法院没有约束力,但是长期以来形成的错案追究制度,导致下级法院对于上级法院裁判的“服从”成为一种“常态”。因此,在律师处理诉讼业务过程中,如果能够找出最高人民法院或上级人民法院作出的相似裁判,对于目前案件的处理就更能够成竹在胸。

关于仲裁,我国的各个仲裁机构均为民间组织,彼此之间相互独立,不同仲裁机构的裁决之间相互影响的可能性较小,但这种相互影响也不能完全排除。引用其他仲裁机构作出的生效裁决,仍然可以作为律师有效的选择或策略之一。同一个仲裁机构作出的仲裁裁决,由于仲裁员之间的独立性,其对今后仲裁裁决的影响力也是有限的,但如能够找到同一个仲裁员曾作出的相似的裁决作为佐证,可以帮助律师在仲裁中树立信心,更好地把握仲裁进展的过程。

对于非诉案件而言,虽然办案过程并不直接涉及法院或仲裁的裁判,但是律师在非诉案件中经常需要与各种主管机关打交道,例如商务部及地方对外经贸委、工商总局及地方各工商局、税务机关以及海关等。审批和登记的过程看似有明确的法条或指南可以依据,但由于各个案件均有其特殊之处,审批和登记以及其他需要主管机关作出决定的过程常常是充满变数的。因此,了解有关主管部门对于客户需要办理的某个问题的具体处理方法、程序及其决定,对于顺利地推进非诉项目很有帮助。另外,非诉业务的最终目的不仅是帮助客户促成某个项目的顺利完成,而且要有效地在事前防范今后可能发生的各种法律风险。有效防范法律风险,就需要律师能够预测出哪些地方存在潜在的法律风险。而要做到准确的预测,仅仅了解法条是什么有时是远远不够的,而通过对法院或仲裁机构的裁决的把握,往往能够比较准确地了解哪些环节和法律问题容易在今后项目的进展中发生法律纠纷。

最后,律师要注意平时的积累,养成关注新闻和新颁布的法律、法规(尤其是与业务密切相关的法律、法规)的习惯,可使律师在处理具体法律问题时更容易着手,并且关心法律动态能使知识储备得到更新,在检索过程中更容易对检索结果有合理的判断。

(二)掌握使用检索工具的技能

执业律师要拥有一套完备的法律检索工具,古语云:巧妇难为无米之炊。法律资料的占有数量和准确性是非常重要的。要做到法官和对方律师所了解的资料尽在掌握之中,最好比他们再多了解一些,有时,律师辩护的成败,就在于这多知道的一点。律师最常用的检索工具,就是专业法律数据库和网络,专业的法律数据库能保证数据的权威、全面、准确性,更新速度快,对于法律、法规的变动(如修订、修正、废止等)情况一目了然,而且除关键词和全文检索外,还有详尽的分类、发布部门、时效性、效力级别、专题、地域等复合检索方式,能够快速锁定所需资料的范围。

拥有完备的检索软件或者网络资源,并不一定就能够检索出全面准确的相关法律、法规,因此在检索中良好的技巧是非常重要的。

首先,在制订检索计划后,再有针对性地检索法律、法规便有了指导。这时律师不妨从基本、自己熟悉的法条入手,把握好基本法律对相关问题的原则性规定或者规定的方向。然后,可以基本法条为线索,检索对基本法条起到具体细化作用的较低级别的法规和司法解释。不同的法律、法规之间要互相印证,已检索到的相关法律、法规中提及的其他法律、法规,也很可能与问题相关,必须仔细留意。

其次,养成检索时访问相关主管部门官方网站的习惯,是使信息获取更全面的一个便捷方法。我国各政府部门(尤其是国家和省区市这一级别的政府部门)基本上均设有官方网站,用于政务公开,并经常设有相关的"办事指南"栏目,通常会载明有关事项的办理依据、所需文件和办事流程,而此"依据",常常就是我们所要检索的相关法律、法规。

再次,律师要确定自己擅长的服务领域,并要把该领域的法律资源尽收囊中。随着法律服务的专业细化,做全能律师是不可能的,律师要在专业的服务领域有所建树,就需要建立自己的资料库,将常用资料分类建库,并日常更新,要对法律变动情况,如新颁、废止、修订、修改、修正等作出注释,司法解释以及类似案例、新闻报道、专家评论等及时添补入库,作成摘要形式,以备查询,以保证法律资料不过时、不陈旧。

掌握使用检索工具的技能,要培养在最短时间内迅速查找所需资料的能力,这就需要每个律师都应是一位"巧妇",如何理解呢?

首先,要熟练使用电脑和网络。随着电脑和网络的普及,律师办案的智能化和现代化程度也逐渐提高,使用笔记本电脑和制作 PPT 文件都是律师提高工作效率和提升自身形象的需要,一些律师事务所已经开设了内部局域网、购买在线数据库,并开展网上分析和讨论案例的工作。可以说,使用现代办公设备是律师的基本技能。

其次,要掌握所使用检索工具的使用技巧。配备了专业的法律检索工具,还需要熟知检索方法和检索技巧,学会综合使用各种检索手段。

(三) 关注学术观点和社会舆论

法律是对现实生活的抽象总结,因此与现实生活相比,法律必然具有某种程度上的滞后性以及不全面性。在现实生活中,总是会有某些事项未能得到规范,某些事项的规范不尽适时,这一现象在面临社会转型的中国尤其明显。而当现行法律、法规无法给出明确的行动指南,或者给出的行动指南明显不合理时,律师可以借助法律、法规以外的力量作出判断和决策，并可以借助它们来影响案件的主管和裁判人员。这些力量主要是国内权威学术观点和较有影响力的社会舆论。需要注意的是，权威学术观点以及比较有影响力的社会舆论，主要是在诉讼类事项中有影响力，尤其是后者更是如此。

有影响力的社会舆论在概念和表现方式上很难具体界定，在界定社会舆论是否有影响力时，事件和舆论所影响的地域范围是一个值得注意的因素。例如，在一些案件中，当地主要媒体对于某一事件带有倾向性的报道，导致了当地民众对此事的关注和较为一致的看法，假如这种民众意见达到一定强度并以外在形式表现出来，就可称为是在当地有影响力的社会舆论。而新浪、搜狐等大型门户网站就某些专题或事件开展大型的讨论或投票，如果关注和加入的人数达到一定的数量，并且意见的争论也达到一定的激烈程度时，这其中的主流观点也可以算是一种有影响力的社会舆论了。无论如何，对于有影响力的社会舆论，不能够生搬硬套地引用，应当按照个案的情况具体界定。

（四）把握相关立法动向和趋势

在律师提供法律服务过程中，经常会遇到大型项目历时较长，因此负责的律师在帮助客户完成项目时，不应满足于了解目前法律的规定以及实施的状况，更重要的是了解相关法律发展的动向、趋势，这样才能使律师在帮助客户时更加具有前瞻性，在取得阶段性成果的基础上更好地继续推进项目，能够帮助客户更好地设计项目的结构以及防范项目进程中可能发生的法律风险。把握相关立法的动向和趋势，这项工作可以通过关注法律新闻及订阅相关的法律电子期刊两个途径来完成。

律师检索能力的培养是需要时间和过程的，养成好的检索习惯是非常重要的，上述介绍的一些法律资源和检索方法，对律师掌握检索资料和提高调研能力有一定的帮助。但要说明的是，在信息社会，这些检索资源和工具的发展和变化很快，需要日常关注和留意变化动态，建立自己的检索资源和工具的数据库，并不断地丰富和修订，才能更好地做好检索工作。

第三节　法律调研报告

法律调研报告是律师表述法律调研工作情况和调研结果的报告。

法律调研报告的起草过程是律师进行表述的一个过程，调研报告表述的内容是律师的工作情况（调研途径、法律信息来源、相关法律信息，以及对法律信息的判断、综合和组织等）和法律调研结果（对法律问题的回答），反映出的内容是律师的工作态度、工作能力和工作量；法律调研报告的起草过程还是一个对调研工作进行核查、反思和总结的过程,规范的法律调研报告需要律师按照一定的逻辑关系来设计结构,按照规范的法律调研报告结构起草法律调研报告。起草法律调研报告的实质是用一个设计好的、具有一定逻辑关系的公式检验调研工作的内容。法律调研报告是律师工作成果的一种重要表现方式,起草法律调研报告也是一项重要的技能。

一、起草法律调研报告的基础和准备

起草法律调研报告是律师法律调研工作中的最后一项具体工作。律师起草法律调研报告应当在完成下述工作的基础上进行:

(1) 基本掌握了法律问题的相关事实,这些事实可以反映问题提出的原因和基础;能够回答解决法律问题要达到的目的以及和法律问题直接相关的一些实际情况;还要知道报告的真正读者。

(2) 了解客户对法律调研工作的要求,这些要求包括:① 当事人对解答法律问题的要求是寻求解决的结果还是寻求解决的方法;② 回答法律问题的方式,是专业性报告还是非专业报告,是正式的还是非正式的;③ 调研报告的篇幅。

(3) 确定和准确地概括了要回答的法律问题。

(4) 通过一定的调研途径和法律信息来源,找到了相关法律信息。

(5) 对法律问题有了基本的答案。

(6) 有了解决法律问题的方案。

在完成了上述工作后,律师为了回答法律问题、恰当地反映调研工作过程和调研工作结论,应当开始起草法律调研报告了。

二、法律调研报告的起草过程

一般来说,起草法律调研报告有下面五个步骤:

(1) 确定法律报告的结构(下面有专题论述法律调研报告结构),即确定报告的整体逻辑思路。

(2) 依据确定的结构,表述基本观点,形成报告的大纲。大纲要反映报告的基本内容和主要观点。报告的基本内容有两个含义:一是整个报告的大体内容;二是指律师在报告中需要陈述的事实、问题、法律规定及解决方案的要点。报告的主要观点指律师在报告中提出的自己的观点,即需要论证的观点。形成报告大纲是对报告内容进行总体布局和规划,在这一步骤中,律师要保证大纲的内容充实,条理清楚,总体思路一致,也要尽量简洁,避免重复。

（3）依据大纲的内容，详细表述和论证。详细表述是将报告应当体现的内容全部表述在报告中。律师要将得到的法律信息表述清楚，注明法律信息来源和调研的途径，这样可以增强调研结论的可信度；概括律师了解和论证中需要引用的基本事实，清楚地表述涉及的法律问题和法律问题之间的相互关系；最后综合以上信息、总结处理方案。论证是把相关事实和法律信息结合，进行分析、推论得出答案的过程。论证要定性准确，逻辑严谨，论据充分。

（4）审核、修改。审核过程中要注意的是，已经表述的内容和论证方式是否符合律师和当事人的要求。审核报告的具体内容是否符合整体的安排和是否存在一致性，审核表述方式是否符合一般习惯或当事人的特殊要求。审核过程中出现不符合要求的情况，应当进行相应的修改。

（5）校对、定稿。校对包含下述内容：表达是否准确，用词是否恰当、是否保持前后的一致，段落划分是否合理以及是否有笔误、错别字，这些微小的细节在校对过程中尤其应当注意。校对是需要多次反复的工作，一般本人在三次校对后形成思维定式很难再发现错误，所以，最好还要请秘书或他人帮助校对，或者请其他律师提提意见。当完成了上述工作，就可以签名定稿了。

三、法律调研报告的结构

法律调研报告内容组织结构有如下两种：

第一类结构	第二类结构
• 事实 • 面临的问题 • 有关法律规定 • 对事实的法律适用 • 结论	• 提出问题 • 概括性回答 • 有关事实及假设 • 有关法律规定 • 对事实的法律适用 • 结论

第一类结构，可以称为正叙式结构。这类法律调研报告的读者往往是一些非专业人士，他们提出的问题可能并不是法律问题或者不是一个准确的法律问题；他们请律师的目的是由于在实际中遇到困难或陷于某种困境，需要寻求用法律解决困难的方法和法律帮助。所以，律师首先要作事实陈述，表明已经了解的事实内容和了解的途径，把事实作为最基本的依据开始法律调研。律师在法律调研报告中，应当尽量把了解的事实概括为法律上的行为模式，进行定性的描述。

律师根据掌握的事实，要准确地提出法律问题，并且是所有相关的法律问题，然后把这些问题进行分类，按照法律问题的重要程度，决定表述、论证的内容在调研报告中的比重。

律师在法律报告中，应当全面反映与法律问题相关的法律规定和信息，说明上述法律信息来源和法律调查的途径。这样做，一方面可以表明法律信息的准确程度和律师的工作过程，另一方面可以反映出律师的工作量和工作态度。

律师在调研报告中阐明对事实的法律适用是一个分析、论证的过程，需要律师根据不同法律规定的效力以及法律规定适用的行为模式，说明相关事实和行为所导致的法律后果。这是一个将理论与实践相结合的过程，是律师撰写法律调研报告的重点所在。律师在工作中一定要加强训练，以便出色地完成这一过程。

律师适用这类模式最后阐述的结论应当包括解决实际问题的方式和一般性的结果。律师的这项工作，并不意味着给当事人一个具体行动的建议或承诺某个行为的具体后果。律师应当严格地从法律的预测功能本身进行分析，得出的结论是一般性、选择性的建议。

第二类结构，可以称为插叙式结构，它的读者往往是一些专业人士，他们提出的问题往往是一个并不十分清楚或存在疑问的法律问题。他们提出问题的目的往往需要得到其在法律工作中的具体支持。

律师使用这个结构提出问题，主要是表述自己是否准确地理解了当事人布置工作的指示，并强调调研工作的目标。

律师概括性的回答是为了首先给读者一个清楚的答案，以便让读者不必花很多时间去阅读分析论证过程，就可以对调研工作的价值有一个基本的判断。如果他们判断答案可靠，也许就不会阅读报告的以下内容。律师进行概括性回答恰好满足了客户的需求，因为这类法律报告的读者所需要的是一个具体答案，开门见山的回答可以使得客户的工作更有效率。

律师在调研报告中阐述有关事实和假设，是为了进一步说明答案的实用性，并提醒读者可能存在的特殊或例外情况。

律师在使用第二类结构时阐明“有关法律规定”和“对事实的法律适用”与使用第一类结构时阐明“有关法律规定”和“法律对事实的适用”的目的和要求是一样的，不再赘述。

律师使用第二类结构阐述的结论可能不是侧重解决实际问题的结论，更多的是在法律工作中可以使用的调研结果的结论。

四、法律调研报告实例

下面提供两个法律调研报告实例，一个是在律师事务所工作了一年左右的年轻律师，在经过了集中培训和日常培训后独立工作所完成的报告，这个报告是用第一种类型的结构撰写的，基本达到了专业律师起草法律调研报告的水准。另一个是由一位有十余年工作经验的律师，写给公司法律顾问的法律调研报告。

（一）第一个报告：

尊敬的×××：

我于2006年×月××日下午接到您的当面指示，而出具这份调研报告。

1. 事实

（1）我们通过如下途径了解与案情有关的事实

① 当事人提供的书面资料

2006年×月××日，X公司发给Y公司的“关于中国互联网信息中心电子商标的注册通知”。

② 访谈调研

A. 2006年×月××日电话联系X公司职员L先生（电话：××）；

B. 2006年×月××日电话联系中国互联网络信息中心（电话：××）。

③ 通过互联网查到的资料

A. “中国互联网信息中心（China Internet Network Information Center，以下简称CNNIC）”网站上提供的资料：

a. 通用网址常见问题及解答，网址：http://www.cnnic.cn/html/Dir/2003/11/03/1184.htm.

b. 在CNNIC通用网址认证注册服务机构查询系统上的查询结果，网址：http://registrars.cnnic.cn/××.

④ X公司主页上提供的资料

通用网址相关资料，网址：http://××.

⑤ Z公司主页上提供的资料，网址：www.××.

（2）根据以上资料，归纳事实如下：

① Y公司是一家外商独资企业，于2005年8月29日在上海注册成立；

② Y公司成立以来，已注册“www.××”域名，但并未注册任何通用网址，也未注册任何商标；

③ X 公司是一家经过 CNNIC 认证的通用网址注册服务机构;

④ 2006 年 10 月 11 日 X 公司通知 Y 公司,Z 公司于 2006 年×月×日向其申请注册"AA"与"BB"通用网址,该申请目前仍在其内部审核过程中,尚未提交 CNNIC 审查注册;

⑤ X 公司希望 Y 公司在 3 个工作日之内决定是否对上述 Z 公司注册申请通用网址的行为提出争议,提出争议的方式是在 3 个工作日之内向其提出同样的通用网址申请;

⑥ Y 公司希望本事务所对此事发表法律意见。

2. 面临的问题

本案中 Y 公司面临的问题在于,通用网址是一个较为新兴和陌生的术语,其法律定性、使用体系和所蕴涵的商业利益可能并不像域名等概念一样广为人知;而一旦"AA"和"BB"通用网址被其他机构抢注,又很可能导致其面临法律和商业风险及不良后果。因此,如何阻止 Z 公司的该抢注行为,维护 Y 公司的合法权益呢? 针对这些问题,本文的研究思路如下:

(1) 相关规则综述

中国互联网络信息中心是经国家主管部门批准的信息管理和服务机构,我国现今对通用网址作出规定的规范性文件主要是由其出台的规定:《通用网址注册办法》、《通用网址争议解决办法》等。作为官方信息管理和服务机构,其官方网站(www. cnnic. cn)上有大量关于通用网址系统的介绍、管理和办事指南等内容,它们是除相关法条以外本文的重要参考内容。

(2) 本文将从如下几个方面对案情进行分析:

① 通用网址的定义、法律定性和商业价值[相关分析见(4.1)];

② 通用网址的注册流程及管理[相关分析见(4.2)];

③ 本案中"AA"、"BB"通用网址被抢注的法律可能性[相关分析见(4.3)];

④ 本案中"AA"、"BB"通用网址被抢注的现实可能性[相关分析见(4.4)];

⑤ Y 公司维护自己权利的途径[相关分析见(4.5)]。

3. 相关规则

(1) 法律法规

①《通用网址注册办法》(本办法自 2001 年 8 月 4 日起施行,2004 年 3 月 22 日第一次修订)(以下简称《注册办法》)第 2、4、6、7、8、13、16 条;

②《通用网址争议解决办法》(2001 年 8 月 4 日起施行)(以下简称

《争议解决办法》)第2、4、5、11条;

(2) 访谈调研

① 2006年×月××日电话联系上海X有限公司职员L先生(电话:××);

② 2006年×月××日电话联系中国互联网络信息中心(电话:××);

③ 2006年×月××日电话联系O公司(电话:××)。

4. 案情分析

(1) 通用网址的定义、法律定性和商业价值

① 通用网址的定义

从CNNIC官方网站上的"通用网址常见问题及解答"一文中可以看出,通用网址是一种新兴的网络名称访问技术,通过建立通用网址与网站地址URL的对应关系,实现浏览器访问的一种便捷方式。

通用网址并不是域名或网站地址URL,也不具备域名和网站地址的格式。它本身只是一个名称,一个词语,由中文、字母(A—Z,a—z,大小写等价)、数字(0—9)或符号(-,!)组成。每个已注册的通用网址都指向一个特定的网站地址,这样用户就可以通过在浏览器地址栏上输入日常熟悉的词语的方式便捷地登陆与其对应的域名和网站。

② 通用网址的法律地位

从《注册办法》和争议解决办法的规定,以及CNNIC官方网站上的介绍可以看出,通用网址在我国实行登记注册制度,已注册的通用网址受到法律的保护。一个通用网址在同一时间内只能由一位权利人使用和获益,对于注册的通用网址权利人,CNNIC向其授予电子证书并在注册期限内从技术上保障其专用权。

同时,通用网址不得恶意注册和使用,不得侵犯对作为通用网址的名称享有合法权益(该合法权益可以是商标权,也可以是企业名称权等其他合法权益)的相关企业的权利。

③ 通用网址的商业价值

在CNNIC的官方网站上我们可以看到以下推介:"您的通用网址一经注册即能获得全国门户网站、知名搜索引擎的全面支持,访问者借助通用网址网站直达功能即可直接访问注册用户的站点。目前,包括新浪、搜狐、网易、百度、中华网等在内的全国两千多家门户网站、搜索引擎、行业站点和地方信息港已经全面提供通用网址的网站直达支持功能,覆盖中国90%以上的互联网用户。"

对于通用网址的商业价值,本文无法给出确切的回答,这应由企业自行裁量。但是,一般认为,通用网址最适合大型企业或商业公司以及各种提供网络服务的公司,这些公司能够通过简单易记的通用网址,使每位用户方便快捷地访问到公司网站的某个具体产品或服务页面,提高企业知名度。另外,通用网址也适合于希望通过网络促进经营的中小企业、政府部门以及想使人们更方便地访问自己主页的个人。

(2) 通用网址的注册流程

根据《注册办法》的规定,通用网址的注册由申请人向注册服务机构提出,注册服务机构应当按照公平原则和先申请先注册原则受理通用网址的注册申请,并将符合注册办法所规定条件的申请,转交 CNNIC 进行审核注册。

CNNIC 审核通过之后,申请人即可与注册服务机构签订合同,并在按合同约定交纳费用的 15 天后,便可正式获得该通用网址的专有权。届时,CNNIC 会在网络上向申请人颁布电子证书,但该电子证书的查询需要密码,因此并不公示;无论如何,一旦注册成功,在有效的注册年限内,该通用网址将不会被其他主体注册使用。

(3) 本案中“AA”、“BB”通用网址被抢注的法律可能性

根据《注册办法》的规定,我们可以看出,根据“先申请先注册”的原则,在通用网址的注册申请阶段,我国立法并不要求通用网址的申请人对其所申请的名称具有实质上的合法权益。

因此,通用网址名称的合法权益人并不能以自己对该名称拥有名称权、商标权等合法权益对抗或阻止他人的申请。他人的申请不被通过的唯一原因就是其申请条件不符合注册办法的要求。这些要求包括:

① 注册和使用通用网址遵守有关互联网的法律和规定,或者对注册申请者具有法律约束力的其他规范性文件;

② 遵守中国互联网络信息中心制定的相关规定,包括通用网址争议解决办法;

③ 申请注册的通用网址和其对应的网站或网页内容一致或有足够的相关性;

④ 提交的注册信息真实、准确、完整;

⑤ 注册和使用通用网址不是为了恶意或任何非法目的;

⑥ 不恶意抢注自己不享有合法权益而他人享有合法权益的名称。

尽管以上条件中包括指向网站的内容与通用网址的名称本身要有足够的相关性,以及禁止恶意抢注等内容,但是这些条件在申请阶段往往难

以认定。而且基于中国通用网址的抢注状况进行判断,CNNIC 对这方面的审查并不严格。

而假如通用网址的拥有人在成功注册通用网址之后有恶意行为出现,对通用网址的名称享有合法权益的主体只能向其购买通用网址,或者提出仲裁或诉讼来维护自己的权益。

综上所述,本案中提及的两个通用网址被抢注的法律可能性是完全存在的。

(4) 本案中“AA”、“BB”通用网址被抢注的现实可能性

根据 X 公司向我们提供的信息,注册申请人 Z 公司的全称是“Z 公司投资有限公司上海代表处”,其申请的通用网址“AA”与“BB”所指向的网站 URL 是 www. × ×,而该网址打开后,会自动转至 Z 公司的主页。

对该网站的内容进行分析,我们可以看到,该公司的主要业务就是“域名和通用网址投资”,也就是注册一些与知名商家有关的名称,再谋求将其出售给对这些名称享有合法权益的主体,从中获利。在该网站留言板上可以看到 Z 公司已注册并售出,或拟售的通用网址有“CC”、“DD”等。

由此可以确定 X 公司所提示的,Z 公司正在申请注册“AA”、“BB”通用网址的情况,是真实可信的。再结合 4(3) 的分析,可以得出结论,Y 公司的名称正在面临被抢注的风险,并且被抢注的可能性很大。

(5) Y 公司维护自己权利的途径

根据我们的调研,Y 公司假如不希望自己的企业名称作为通用网址被他人注册和使用,有以下几种途径可以选择:

① 在×月××日下午 17:30 之前,向 X 公司提出同样的针对“AA”和“BB”通用网址的申请。

由于 Z 公司的注册申请仅停留在由 X 公司进行审核的阶段,并未报呈 CNNIC 进行注册批准,假如 Y 公司在规定时间内向 X 公司提出同样通用网址的申请,X 公司将会把两份申请表同时进行审核,并决定最终提交 1 份。而由于 Y 公司对该通用网址具有实质上的合法权益,Z 公司没有,X 公司的工作人员称,最终 X 公司应当会将 Y 公司的申请报 CNNIC 批准,而驳回 Z 公司的申请。

A. Y 公司向 X 公司提出申请的流程如下:

a. 在×月××日 17:30 之前,将本企业的营业执照和组织机构代码证传真给 X 公司;

b. X 公司凭借以上两份证件,向 CNNIC 领取申请表格;

c. X 公司将申请表格传真给 Y 公司,由 Y 公司填写完毕,负责人签

字，盖上公章，然后将其传真给 X 公司；

d. X 公司对填写完毕的申请表格，与 Z 公司的申请表格一起递交内部审核部门进行审核，最终决定递交其中 1 份至 CNNIC 进行注册批准。这一份被递交的申请表应当是 Y 公司的申请表；

e. 在 Y 公司向 X 公司支付签约年限的运行管理费用之后，X 公司将 Y 公司的注册申请递交至 CNNIC 进行审核注册；

f. 假如该注册申请被 CNNIC 通过，则注册提交之日起 15 天后，CNNIC 向 Y 公司颁发电子证书，Y 公司获得通用网址的专用权。

我们推荐 Y 公司申请注册“AA”、“BB”、“Y 公司”3 个名称作为通用网址，以最大限度地保护自己的权益。

B. 以上每个通用网址的最大有效期限是 10 年。申请人可以与注册服务机构签订少于 10 年期限的注册协议，并在合同约定的期限期满之时决定是否续费。在 10 年有效期间，每一个所需花费的运行管理费用都是 ××元人民币/年。

② 向 X 公司以外的有资格的注册服务机构申请通用网址注册，并使 Y 公司的注册申请能够在 Z 公司的注册申请之前被递交到 CNNIC。

A. 根据我与 X 公司工作人员的沟通，X 公司工作人员保证，在 2006 年×月××日 17:30 之前，Z 公司的注册申请都不会被递交给 CNNIC。因此假如 Y 公司的通用网址注册申请能够在这一期限之前由其他注册服务机构递交至 CNNIC，则按照先申请先注册原则，获得通用网址注册批准的就将是 Y 公司。

为此我咨询了上海的另一家注册服务机构——O 公司。和 X 公司一样，O 公司在收到申请人的贷记凭证等运行管理费用付款证明之后，才会将注册申请向 CNNIC 递交。这意味着假如 Y 公司希望在×月××日之前向 CNNIC 递交自己的注册申请，需要在×月××日之前办理完毕注册协议的签订和运行管理费用的支付手续。这显然是比较紧迫的。

不过，O 公司还提供了另外一种保护方式，能够使得 Y 公司能够在保证自己的申请先被递交给 CNNIC 的同时，获得较为宽限的操作时间，就是通过注册服务机构采取预保护措施。

B. 根据向 O 公司咨询的结果，假如 Y 公司向其提出注册“AA”、“Y 公司”等通用网址的意向，其可以立刻通过系统对“AA”、“Y 公司”等通用网址采取预保护措施，使得在采取预保护措施起的 5 天（并非 5 个工作日）内，任何机构不能将针对这几个通用网址的申请表递交给 CNNIC 的注册审核系统。

在预保护措施生效的5天内,Y公司可以选择与O公司签订注册协议,也可以选择不签约。假如申请人在5天内选择不与其签订协议,那么5天后该通用网址就恢复到开放注册的状态;假如申请人在5天内与O公司签订协议并出具已支付通用网址运行管理费用的凭证(如贷记凭证),O公司将在获得付款凭证之后立刻向CNNIC提出这几个通用网址的注册申请手续,从而保证其不被其他方抢注。

C. 综上所述,假如在X公司所承诺的申请提交搁置期限期满之前,Y公司就通过其他注册服务机构将注册申请递交至CNNIC,或者通过其他注册服务机构对所要申请的通用网址采取预保护措施,则应当能保证己方的商业安全和权益不受侵犯。

D. 在其他注册服务机构申请注册通用网址的费用和可选择期限,与4(5)①B和4(5)①C的表述相同。

③ 在Z公司成功申请注册之后,向中国对外经济贸易仲裁委员会提出仲裁。

④ 在Z公司成功申请注册之后,向其购买被抢注的通用网址。

⑤ 在Z公司注册成功的10年之后,再行申请注册该通用网址。

这是由于Z公司对“AA”和“BB”并不具备实质性的合法权益,因此在10年有效期满之后,其所申请的通用网址将恢复到开放注册状态,Y公司可以到时再通过正常途径进行申请注册。

5. 归纳总结和建议

(1) 根据以上分析,我们可以对“AA”和“BB”通用网址面临其他主体的注册一事得出如下结论:

① 通用网址是一种通过将名称直接转达网址,而实现便捷登录网站或网页的一种新兴、便捷的网络方式。中国对其注册、使用、管理已建立配套法律体系。通用网址实行注册制度,每个通过注册的通用网址的归属和使用是唯一和排他的。

② X公司是获得认证的通用网址注册服务机构。

③ 根据中国通用网址注册的“先申请先注册”原则,并不要求通用网址的申请人对通用网址名称具有实体性合法权利;因此,Z公司有权申请注册“AA”、“BB”通用网址,并且该注册申请很可能被CNNIC通过。

④ Z公司是一家以“域名和通用网址投资”为主要业务范围的机构,其经常抢注由知名企业的商号、商标、知名产品等名称组成的通用网址,然后谋求将其出售给该企业,从而从中获利。因此,Z公司对

“AA”、“BB”通用网址的抢注成功，会对Y公司带来潜在的商业风险和不利后果。

(2) Y公司可以采取以下途径来维护自身合法权利和商业利益：

① 在×月××日下午17:30之前，向X公司提出同样的针对“AA”和“BB”通用网址的申请；

② 向X公司以外的有资格的注册服务机构申请通用网址注册，使得Y公司的注册申请能够在Z公司的注册申请之前被递交到CNNIC；

③ 在Z公司成功申请注册之后，向中国对外经济贸易仲裁委员会提出仲裁；

④ 在Z公司成功申请注册之后，向其购买被抢注的通用网址；

⑤ 在Z公司注册成功的10年之后，再行申请注册该通用网址。

根据我们向CNNIC、X公司、O公司所作的咨询和相关法律调研，我们认为第一种和第二种途径是较为节省成本，并能预防风险的较为合理的选择。

我们希望上述陈述、论证和建议对您有所帮助。如有不清楚和需要进一步解释的，请随时和我们联系。

即致

商祺！

××律师事务所

×××律师

(二) 第二个报告：

关于：免除结果性损失赔偿责任的合同条款的效力

[客户姓名]先生/女士，

本文回复贵司[日期]的电子邮件中提出的问题，贵司要求我们对免责条款(定义见下文)在中华人民共和国法律上的效力出具意见。我们理解，贵司在现阶段不希望我们就如何降低该等免责条款根据中华人民共和国(以下简称“中国”)法律被认定为无效的风险的具体策略提出建议。

1. 本文总体思路介绍

在本文中，我们首先确认依据《中华人民共和国合同法》(以下简称《合同法》)第113条，一方违反合同后，受损害方可获得赔偿的范围包括预期利润的损失以及其他因违约而产生的“结果性”损失。随后，我们将对中国合同法所允许的损害赔偿范围进行概括分析，并通过对合同法基本原则的阐述就免责条款的效力得出一般性结论，接下来对免责条款的效力从合同法的文义解释和有关学术观点两个角度进行详细的探讨。

2. 对中国法律相关条款的分析

（1）合同法上的违约责任范围

依据《合同法》的规定，当合同一方违约时，该方"应当"承担继续履行、采取补救措施或者赔偿损失等违约责任（《合同法》第 107 条）。《合同法》第 113 条规定，损失赔偿额"应当"相当于因违约造成的损失，包括违约方在合同订立时可预见到的合同履行后可以获得的利益（在本文中称为"期待利益"）。中国学者和法律界人士在期待利益应包括预期利润这一点上存在共识。

合同违约造成的另一类损失可称为附带损失（例如无法使用相关设备、数据丢失、丧失商誉、因履行合同而产生费用等）。在普通法法系，丧失期待利益和附带损失都可通称为"结果性损失（Consequential Losses/Damages）"。

中国法律中没有结果性损失这一概念，中国法律界通常使用"直接"损失和"间接"损失这两个相对的概念，不过，这些用语也没有法律上的定义。在附带损失中，某些附带损失（例如受损害方履行合同所产生的费用或向第三方支付的罚金）通常被认为属于直接损失，其他损失（例如丧失商誉）为间接损失。然而，丧失利润或丢失数据属于直接损失还是间接损失目前在司法实践中尚无定论。为行文方便，本文中仍用"结果性损失"泛指丧失期待利益或附带损失，其中的某些损失（如上所述）根据中国法可能被认定为直接损失。

（2）免责条款

① 分析思路

下一个要解答的问题是违约方是否可以通过合同条款排除对结果性损失的赔偿义务（"特定赔偿责任免除"），或者无论非违约方遭受的实际损失的程度轻重，违约方将支付的损害赔偿总金额都可以限制在约定的范围内（"赔偿责任上限"）。在本文中，特定赔偿责任免除和赔偿责任上限合称"责任限制"，免除一方责任的合同条款称为"免责条款"。

② 本文分析方法的局限性

在下文中我们对免责条款的总体效力进行具体分析。由于有关免责条款的公开案例匮乏，我们首先对合同法进行文义上的分析，并援引中国合同法领域的著名学者的观点加以补充。

但是,上述方式并不一定能达到贵司在这方面所寻求的确定程度。鉴于目前中国法律界在免责条款上缺乏定论,影响某一特定案件审理结果的因素很多(包括审案法官/仲裁员就此问题所受培训的内容等)。因此,就某一特定合同或在争议解决过程中,对中国法律相关条款的解释与适用总会有不确定因素的存在。

③ 合同法的基本原则:合同自由与公平原则

我们认为,依据中国法,合同中的免责条款与合同各方通过合意达成的其他条款一样,在总体上是有效的,但下文所述的某些例外情况除外。

我们得出此结论的起点是《合同法》第 4 条中阐述的合同自由原则,该条规定"当事人依法享有自愿订立合同的权利,任何单位和个人不得非法干预"。因此,中国法院/仲裁庭总体上对各方通过书面合同达成的协议给予很大的尊重。

中国很多学者发表过文章,对合同自由原则支持合同各方拥有在合同中订立免责条款的权利予以肯定。订立免责条款可被视为合同一方放弃某项权利的一种方式,如果弃权一方在订立该条款时是出于自愿,那么该条款就有效并且应得到法院/仲裁庭的支持。

《合同法》起草小组的负责人之一江平教授在一篇与他人合著的文章中表达了这一观点。江平教授写道:"在行使合同救济上,一方可以自由选择和解谈判、调解、仲裁或法律诉讼作为解决争议的渠道;当然还可以放弃任何有权行使的合同救济。"在总体上,中国著名学者趋向于支持在遵守法律强制性条款的前提下,合同双方明确同意的免责条款有效这一观点。

另一个相关的基本原则是《合同法》第 5 条所规定的公平原则,条文如下:"当事人应当遵循公平原则确定各方的权利和义务。"公平原则贯穿《合同法》,在下文中将就这一原则对本文所涉及的几个主要情形的适用进行阐述。我们认为法官或仲裁员不会仅仅因为免责条款违反了某一抽象化的"公平"原则而判定其无效(尽管基于本文第 1 节所述原因也不能完全排除这一可能性)。因此,只要主张免责条款的一方能提供证据,证明合同起草、谈判过程以及条款内容符合公平原则,其就免责条款有效的主张将获得支持。

④ 对合同自由原则的限制

在《合同法》的总共 428 个条文中,我们认为以下 3 种情形对免责条款的效力有影响:

A. 某些采用"格式条款"的起草方式,或者就这些条款进行谈判的过程，或者条款本身的内容不符合公平原则（《合同法》第 39 条、第 40 条）；

B. 某些无效合同和合同条款（《合同法》第 52 条）；以及

C. 免除一方对造成对方人身伤害/死亡应承担责任的条款，或免除一方因故意或重大过失造成对方财产损失应承担责任的条款（《合同法》第 53 条）。

下文依次就上述各处与免责条款效力的相关之处予以讨论。

a. “格式条款”

在普通法体系下，合同法中的“格式条款”指附合合同（Contract of Adhesion），对这类合同的处理也是要基于公平和公正的原则。在合同法里，“格式条款”指“当事人为了重复使用而预先拟定，并在订立合同时未与对方协商的条款”（《合同法》第 39 条）。《合同法》第 39 条进一步规定“采用格式条款订立合同的，提供格式条款的一方应当遵循公平原则确定当事人之间的权利和义务，并采取合理的方式提请对方注意免除或者限制其责任的条款，按照对方的要求，对该条款予以说明”。

基于对第 39 条的字面理解，提供合同文本的一方只要在编制和解释这些条款时遵循公平原则，该方就可以排除或限制其于合同项下的义务，甚至于在涉及未与对方协商的格式条款时也是如此。换言之，第 39 条承认合同一方排除或限制其义务的权利，而这支持了上述关于免责条款效力的总体观点。

《合同法》第 40 条规定：“格式条款具有本法第五十二条和第五十三条规定情形的，或者提供格式条款一方免除其责任、加重对方责任、排除对方主要权利的，该条款无效。”

因此《合同法》第 40 条与第 39 条在对待排除与限制责任的规定上形成了明显的冲突，需要进行相应诠释。对此，中国人民大学的王利明教授（王教授参与了《合同法》起草）作出了下列解释：第 40 条中的“责任”指前合同责任，并且不能通过合同予以适当排除；而第 39 条中的“责任”指有可能产生的，要依将来事件而定的责任。王教授的观点在另一篇由崔建远教授（清华大学教授，参与了《合同法》起草）发表的文章中得到了印证。

我们理解“前合同责任”（不能由格式条款加以排除）和将来“可能产生的责任”（可以由格式条款加以排除）之间的区别可以表述如下：“前合同责任”指依法律规定产生的责任，或产生于包含格式条款的合同之前，独立于合同的责任，而“可能产生的责任”指产生于履行合同过程中产生的责任。

因此，我们认为对第39条及40条的正确理解是：只要合同签署的过程公平，免责条款就有效，但针对前合同责任的除外。

b. 无效合同与条款

《合同法》第52条列出了合同无效的若干情形（以此类推，《合同法》第56条中部分无效的条款也因属于这些情形而无效）。该条的大部分情形与本文讨论的问题无直接关系，例如，以欺诈或胁迫手段订立的、恶意串通的、掩盖非法目的的、损害公共利益的合同无效。

但是第52条的最后一项必须在本文的分析中加以考虑，即“违反法律、行政法规的强制性规定”的合同无效。该项所提出的一个问题是，在进行本文所涉及的对免责条款效力的分析过程中，是否应将《合同法》第107条和第113条视为强制性规定。如果上述条文属于强制性规定，免责条件就根本无效，否则，除例外情形外，合同免责条款是有效的。

据我们所知，中国目前尚无“法律强制性规定”的法定定义。《合同法》第107条和第113条均使用了“应当”这一词，而“应当”是带有祈使倾向的用语。但是我们并不认为仅凭此一点就能认定《合同法》第107条和第113条属于“法律强制性规定”，不过我们再一次强调，有关这一问题在学术上和司法实践中均无定论。

我们认为《合同法》第107和113条用语上的祈使倾向被第39条（见上文）和第53条（见下文）中对免责条款的默许因素所削弱。第39条列出了程序上的最低标准，第53条列出了政策上的限制，在上述两种情况下均可作出推论，在规定的范围内，合同中可以有免责条款。否则，如果将《合同法》第107和113条理解为规定受损害一方获得损害赔偿的范围属于强制性的，免责条款根本无效，第39和53条的相关条文就毫无意义。因此根据反向推论，我们再次认定免责条款的效力不会因第52条第（五）项而被全盘否定。

但是，严格责任制下的责任有可能被认为属于强制性的，因此这类义务可能无法排除。另外，基于对上述的第53条的理解，我们认为，免除因简单过失而造成的财产损失的责任的合同条款原则上是有效的。

c. 对免责条款的其他限制

一方因故意或重大过失而造成其他方财产损失的，对该等责任赔偿义务的排除无效[《合同法》第53条第（二）项]。此外，旨在免除一方因造成其他方人身伤害或死亡而产生的责任的条款无效[《合同法》第53条第（一）项]。

中国法律对“财产”没有法定定义。《民法通则》就财产列出了一系列项目,包括有体物与无体物。在侵权案件的审理中,法院可能会把财产损失的范围作扩大解释。最高人民法院于1995年8月18日颁布了《关于审理船舶碰撞和触碰案件财产损害赔偿的规定》的司法解释,其中第1条规定在计算原告可以提出赔偿请求的财产损失时,应计入财产损失、附带的费用与损失、为了避免或减少损失而产生的合理的费用和损失,以及预期利润的丧失。

应注意到,这一定义是在侵权诉讼而不是合同诉讼中提出的,因此这一扩大解释是否对《合同法》第53条规定的情形适用尚无法作出定论。但是,只要"故意"和"重大过失"的标准的严格程度得到确定,《合同法》第53条中的"财产损失"的范围可能就不那么重要,并且出于法律原则考虑,可能会把"故意"和"重大过失"(二者在某种意义上都具有侵权性质)案件中的责任范围定义得相对广泛。

除了《刑法》外,中国法律对"故意"或"重大过失"没有法定定义。根据我们的经验,中国法院和仲裁庭可能会认定国际法律与实践中对类似条款的解释有说服力,但我们要再次指出,每一个案件的审判/仲裁机构均可能产生不同的结果。

3. 对免责条款效力的结论

基于上述分析,如果免责条款的编制及谈判过程遵循合同法所规定的公平原则,并在范围上与《合同法》第53条中的限制规定不相抵触,则免责条款有效。这一结论不仅可以通过对相关法条的文义解释得出,而且会得到中国著名法学家(包括参与《合同法》起草的学者)的支持。

上述分析基于我们对贵司指示的理解作出,并且以草稿的形式提供给贵司。在贵司审阅本文后,有可能需要我们就其中某些问题作出进一步澄清。如贵司有此需要,请随时与我们联系。

顺祝商祺!

××律师事务所

×××律师

第七章　资料、文件和案卷

“从工作角度上讲，什么对律师最重要？”这是一家大型律师事务所在培训大纲中特别给年轻律师提出的一个问题。答案有很多种。有的说是能力，有的说是素养，还有的说是机会…… 所有的这些回答都有道理。但一个美国律师曾描述过这样一个事实：在“9·11”事件发生时，他正在纽约和几个美国律师一起在办公室，大家知道被袭击的消息后，赶紧撤离办公大楼，在楼下，他们中有的忘记拿自己的钱包，有的忘记拿自己的钥匙，但几乎每个律师手里都拿着自己的笔记本电脑。为什么会是这样？因为电脑中存储着律师的资料、文件和案卷，这些是律师在工作中付出心血的结晶，这些凝聚着律师的辛勤、智慧、能力、感情、经验…… 从某种意义上讲，这些是律师生存的本钱。

第一节　资料的收集与管理

律师的工作每天都要利用和接触大量的资料。以起草合同为例，律师要知道客户的要求和需求，律师要与客户联系，必须收集和掌握与客户联系的资料，包括联系人、联系方式、客户公司的背景；联系过程中，律师要保留联系记录资料，包括电话记录、电子邮件、传真、会议记录等;起草合同,要查阅和利用原有的合同范本和相关法律调研资料,包括:相关法规、案例、调研报告、学术观点等;最后起草完合同后切记保存,以备将来查阅。律师工作在很大程度上依赖这些资料,如何全面搜集并且有效管理和使用相关的资料,是律师工作中一个基本的技能。资料的收集、运用和有效的管理,在一定程度上反映着律师的工作能力和水平。

一、人脉资源的资料分类、收集和管理

(一)人脉资源的分类

律师一般根据工作需求以及人脉资源对自己工作的意义对人脉资源进行分类。用这样的标准去分类,最直接地体现了资源在律师工作中的需要,便于律师根据需要进行搜集、管理和利用。

律师的人脉资源可以划分为下述几类:

1. 客户类人脉资源

客户类资源是律师最重要的人脉资源。律师必须花费大量的时间和精力搜集客户信息,为开拓客户和维护客户关系做好信息上的准备。从对律师业务发展的意义的角度,我们可以把客户分为重点客户、一般客户和潜在客户。在上述分类完成后,对客户再从律师业务上作进一步的分类。

律师需要搜集和掌握客户的资料:

(1)联系人

联系人的资料包括:姓名、联系方式、职务、影响力、个人喜好等内容。

(2)背景资料

背景资料包括客户主体设立的情况(投资人、投资额、管理机构、营业范围、资质等)、客户的规模(包括生产规模、对外投资、分支机构、市场份额等)、客户的主营业务和发展方向、公司管理状况(公司人员状况、财务状况、盈利状况等等)、公司面临的风险等。

上述资料的形式包括营业执照、执业许可证、投资协议、章程等各种形式证照、文件等,也包括一些媒体、书籍报道记录的信息剪辑,也可以是律师或助理、秘书作的摘要和说明。

(3)客户需求

客户需求包括很多方面的内容,可以划分为现在的需求和潜在的需求,也可划分为诉讼需求和非诉讼需求,还可以从委托事务目标上分析客户的需求是财产利益需求还是感情需求等。

(4)联系状况

联系状况的内容不仅仅反映与客户联系的事实,还要有联系后的分析和存在

的一些问题。

(5) 维护客户的方案

包括对客户价值的评估、维护客户的方式和主要的安排。

2. 律师类人脉资源

掌握律师类人脉资源对律师工作有非常重要的意义。首先,由于各个律师的业务专长不同,和其他律师相互配合有可能组成强有力的业务团队,共同为客户服务。其次,律师有可能从其他律师那里得到工作上的具体支持和帮助,由于律师都从事同样的工作,所以,律师之间的沟通比较容易,提供的支持和帮助往往是最符合律师要求、最有效和最直接的。最后,由于地域的关系,律师在某个地域不便操作某项业务时,可以同其他地域的律师组成联盟,相互介绍业务,为维护客户关系、减少客户的业务成本提供帮助。

律师类人脉资源资料包括下述内容:

(1) 律师本人的资料

包括律师的姓名、联系方式、教育背景、擅长业务、著名业务案例等。

(2) 律师事务所资料

了解律师所在律师事务所的名称、规模、信誉、主要组成人员、住所和联系方式等。

(3) 相互联系的状况。

3. 其他服务行业类人脉资源

其他服务行业主要包括:银行、投资银行、金融公司、会计师事务所、审计师事务所、资产评估事务所、商标所、知识产权事务所、调查公司等。律师掌握这些单位的人脉资源不仅仅可以相互配合共同为客户服务,而且还可以相互介绍业务,共同发展。

其他服务行业类人脉资源资料包括下述内容:

(1) 服务人员本人的资料

包括服务人员本人的姓名、联系方式、教育背景、擅长业务、著名业务案例等。

(2) 公司资料

了解服务人员所在公司的名称、规模、信誉、主要组成人员、住所和联系方式等。

(3) 相互联系的状况。

4. 国家机关类人脉资源

国家机关包括国家的行政管理机关,也包括国家的司法机关。这些机关主要有公安机关、检察机关和法院,也包括商务部、工商行政管理局、技术监督局、食品药品监督管理局等各个领域的行政机关。

国家机关类人脉资源资料包括:

(1) 工作人员的姓名、联系方式、工作部门、职务、负责事项、住址等。

(2) 相互联系的情况。

5. 学术类人脉资源

律师作为法律专业人员通过参加各种学术活动、进行学术交流，对掌握法律状况、了解法律发展的动态和开拓自己客户都会有很大的促进作用。故此，必须具有相应的法律学术人脉资源。

学术人脉资源的资料包括：

（1）学者的姓名、联系方式、工作部门、职称、研究领域、主要著作、学术奖励、住址、个人爱好、生日等；

（2）相互联系的情况。

6. 媒体类人脉资源

媒体类人员了解很多信息，控制着发表信息的权利，他们本身还有着方方面面的社会人脉资源。律师在工作中，无论是需要了解有关信息，还是需要宣传或者调动某些社会的人脉资源，媒体类的人员都有可能提供帮助。

媒体类人脉资源的资料包括：

（1）工作人员的姓名、联系方式、工作单位和部门、负责事务、住址、个人爱好、生日等；

（2）其熟悉的领域或重点报道行业；

（3）相互联系的情况。

上述六类人脉资源资料是律师工作中主要具有的人脉资源资料。律师工作中也许还有其他的人脉资源资料，可以作为杂项处理。

（二）人脉资源资料的收集

收集人脉资源资料，要及时、持续。及时就是要在得到人脉资源时，及时记录下来，以免忘记。持续，就是要坚持不断地收集人脉资源。一个律师很难一次获得足够多的人脉资源，因此，建立一个充足的人脉资源资料库，是律师长期坚持收集的结果。好的律师要把收集相关人脉资源资料变成一种习惯，如同有些人热衷于收集邮票或古玩一样，随时不断地充实你的宝库。

有目标地参加各种活动，是获取人脉信息资料的重要方式。比如要结识更多的律师，就应该多参加律师协会组织的各种活动，在活动中，很可能收集到比较多的律师资料。律师也可以通过一些行业性组织获取相应的资料。

收集人脉资源的渠道有许多种，比较直接的方式是通过手头上的名片获取信息。但是还有很多信息无法从名片中得到，这时就需要通过电话或者网络获取。名片中的内容可以反映一个公司的名称，却无法从中了解公司的背景资料等，我们可以通过网络不断地查找和更新所需要的该公司的资料。因此，收集人脉资源，不能仅仅局限于收集整理名片，而应当将收集到的全部的人脉资源都记录到自己的人脉资源资料库中以便于查找，并且不断进行更新以使资料长时间保持有效性。

律师要收集准确的人脉信息资料。各个领域的众多政府职能部门，诸如工商局、技术监督局、外汇管理局等，针对受理事项的不同，许多部门都由若干分支机构负责具体事项，这样就会出现众多的电话号码，律师很少会只打一次电话就直接找到该具体办事部门。通常是电话被接到一个部门后被告之其不负责办理此事，需要拨打另一个电话，通常要换数十个电话号码才能找到真正要找的办事部门。这一办事部门的信息一经确认，就应当被详细记入人脉资源资料库内，包括该办事部门的名称、电话、地址、联系人及办事项目等，以便于下次办理相同事项时能够及时找到。

（三）人脉资源资料的管理

1. 名片管理

律师获得人脉资源的资料往往是首先从一张名片开始的。带着这张名片回到办公室，打开名片盒放在哪里，这是第一个问题。首先，名片盒里的名片可以按照上述人脉资源的分类分成7个大类（包括杂项），在隔档上注明各类的标志，每类的名片放在一个隔档内。其次，按照人名的拼音第一个字的第一个字母在英文字母的排序进行排序；第一个字的第一拼音字母相同的，按照第二个字的前三个拼音字母排序。第二个字没有三个字母的，用第三个字的第一个字母；没有第三个字，可以用一个通配符号表示。最后，为了把一个单位的人员资料放在一起，可以稍微调整一下，主要人员按照英文字母排序后，可以把同单位的其他人员放在他的后面。

律师的名片盒有了明确的分类和排序，最好别忙着把名片放进去，还需要给名片一个编码，这个编码是与资料管理相联系的一个编码，这个编码可以根据3个标准确定：① 类别。② 姓名拼音的4个字母，即第一个字的第一个拼音字母和第二个字的前三个字母；第二个字没有三个字母的，用第三个字的第一个字母；没有第三个字，可以用一个通配符号表示。③ 重要等级，类别有7类，可以用数字表示；重要等级可以分为4类，也可以用数字表示。④ 区域，标注长途电话区域代码。比如，北京某个律师事务所的王平律师，给他的代码是：2-wpin-3-010。

律师在给名片注上编码后，还是不能把名片放到名片盒里，还要马上把资料输入电脑的资料库、输入手机和输入有存储器的固定电话。

2. 人脉资源资料库

（1）通讯录（目录）

律师在资料库的文件夹里，首先要有一个通讯录，它也是资料库的总目录。为什么通讯录能够做总目录使用，因为在通讯录里我们给了它一个编码。

通讯录最好用Office Excel软件制作。它可以自动分类、排序，便于检索。通讯录的内容：编码；名称；联系电话；电子邮件；传真。通讯录中的内容尽量简单，不必有更多的信息，尤其不要有涉及职务、住址等属于私密性的信息。由于编码放在首位，所以，它会自动按照编码进行类别分类；而且编码中的类别、姓名字母排序与名片的排序一致，便于查找。

（2）文件夹

在资料库的文件夹里设置六个分文件夹，每个文件夹里是一类人脉信息的资料。所有的文件名都使用的是编码。

（3）文件

律师可以按照上述资料内容，做出一个表格填写人员的基本信息和联系情况。但一定要去掉人名，用编码代替。如下表所示：

人员资料汇总表一（客户类）

<table>
<tr><td>编码</td><td>单位
××总公司</td><td>职务</td><td>电话
手机
传真
邮编
办公地址</td><td>出生日期</td></tr>
<tr><td>负责事项</td><td colspan="2">家庭住址</td><td colspan="2">个人爱好</td></tr>
<tr><td>联系情况</td><td colspan="4"></td></tr>
<tr><td>备注</td><td colspan="4"></td></tr>
</table>

人员资料汇总表二（律师类）

<table>
<tr><td>编码</td><td>单位
××律师事务所</td><td>教育背景</td><td>电话
手机
传真
邮编
办公地址</td><td>擅长业务</td></tr>
<tr><td>资格状况</td><td colspan="2">著名案例</td><td colspan="2">执业信誉</td></tr>
<tr><td>联系情况</td><td colspan="4"></td></tr>
<tr><td>备注</td><td colspan="4"></td></tr>
</table>

人员资料汇总表三(其他服务行业类)

<table>
<tr><td>编码</td><td>单位
××公司</td><td>职务</td><td>联系方式
电话
手机
传真
邮编
办公地址</td><td>教育背景</td></tr>
<tr><td>负责事项</td><td colspan="2">擅长业务</td><td colspan="2">著名业绩</td></tr>
<tr><td>联系情况</td><td colspan="4"></td></tr>
<tr><td>备注</td><td colspan="4"></td></tr>
</table>

人员资料汇总表四(国家机关类)

<table>
<tr><td>编码</td><td>单位</td><td>职务</td><td>电话
手机
传真
邮编
办公地址</td></tr>
<tr><td>负责事项</td><td colspan="2">家庭住址</td><td></td></tr>
<tr><td>联系情况</td><td colspan="3"></td></tr>
<tr><td>备注</td><td colspan="3"></td></tr>
</table>

人员资料汇总表五（专家学者类）

<table>
<tr><td>编码</td><td>单位和职称</td><td>职务</td><td>联系方式
电话
手机
传真
邮编
办公地址</td><td>研究领域</td></tr>
<tr><td>学术职称</td><td colspan="2">主要业务经历</td><td colspan="2">学术著作</td></tr>
<tr><td>联系情况</td><td colspan="4"></td></tr>
<tr><td>备注</td><td colspan="4"></td></tr>
</table>

人员资料汇总表六（媒体类）

<table>
<tr><td>编码</td><td>单位
××栏目组</td><td>职务</td><td>联系方式
电话
手机
传真
邮编
办公地址</td><td>主要活动领域</td></tr>
<tr><td>负责事项</td><td colspan="2">业界影响和声誉</td><td colspan="2">个人爱好</td></tr>
<tr><td>联系情况</td><td colspan="4"></td></tr>
<tr><td>备注</td><td colspan="4"></td></tr>
</table>

上述6个表格栏目内容是根据每个类别需要信息的侧重点设计的。每个表格的文件名都有编码，一方面有利于保密，另一方面可以在目录（通讯录）中根据不同的要求随时分类、排序和检索。当律师要知道资源的重要性时，只要按照编码的第三项进行编排，立即就可以把资源按照重要等级全部显示出来。如果律师要知

道在某个区域的资源，律师只要按照编码的第四项进行检索，立刻会得到在一个区域的全部资源。

个人资料收集和整理工作进行的同时，还需要开几个文件夹，分别储存公司资料、律师事务所资料、国家机关资料、学校或研究机构资料和新闻单位的资料，这些资料的文件名最好都用编码，与个人资料相互对应。得到的资料是纸印的，需要摘要并用扫描仪扫入资料的内容，复制到文件之中，这样，在你电脑中将保存有你能够得到的最全面的资料。

二、业务资料的管理

如何对收集到的业务资料进行分类、整理和管理是律师最关心和棘手的问题。有些律师利用建立业务大纲的形式来对业务资料进行分类、整理和管理，经过长时间的印证，这是一个非常有效的形式。所以，我们建议年轻律师在从业开始就建立自己的业务大纲，业务大纲的不断丰富、完善和使用的过程，就是业务资料收集、管理的过程。

（一）律师业务大纲的结构

1. 律师业务大纲涉及的业务领域

年轻律师一开始进入律师这个行业，尚不能清楚地定位自己的业务发展方向，往往是广泛地接触不同的业务领域。所以，开始建立自己的业务大纲，要设立一个比较开放广泛的结构。按照律师所从事的不同业务领域，律师的业务大纲第一层涉及以下各个律师业务领域：

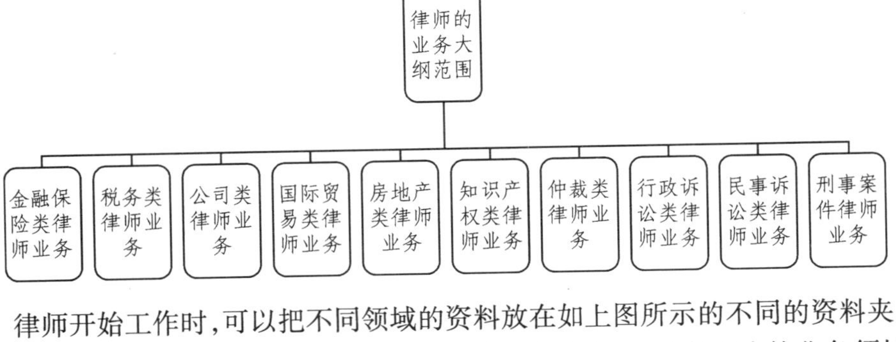

律师开始工作时，可以把不同领域的资料放在如上图所示的不同的资料夹里。但是，一段时间以后，会发现业务领域的范围过大过宽，需要在上述的业务领域内进一步细化。

2. 业务大纲涉及的专业领域

随着律师定位和律师业务发展方向的确定，律师的资料会在某一个领域很快地增多，在这个领域内，律师必须要进行更细的分类。以公司业务为例，原来统称为一类的公司业务，可以分为如下十类：

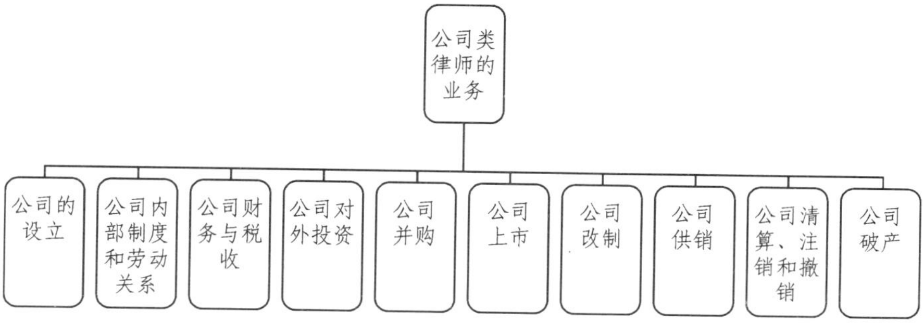

3. 业务大纲涉及的专业专题

即使原来一类分成十类，在第二次的分类后，某一个文件夹的内容也会过于繁杂。比如公司并购中，还可以按照下图所示分成若干个文件夹：

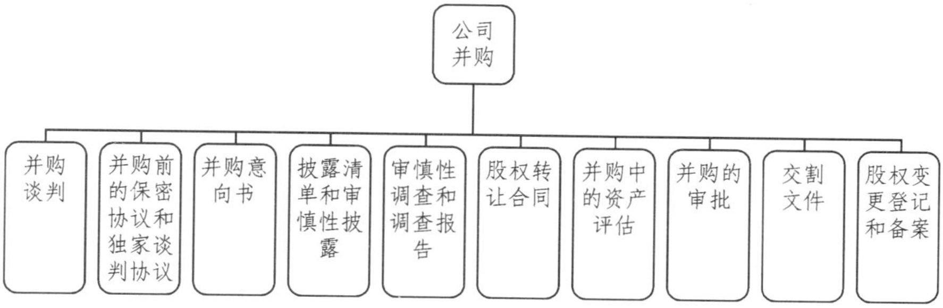

经过上述的细化分类过程后，形成了一层层的文件夹，这也就是业务大纲的基本结构。

（二）业务大纲的内容

律师利用业务大纲中资料的目的主要有三个：① 搞清法律问题；② 了解法律规定的操作程序和在法律规定内的操作技巧；③ 制作出规范有效的法律文件。律师可以在每个专题项下按照三个不同的目的设置三个资料库。

1. 关于搞清法律问题资料库的管理

（1）律师首先要用 Excel 软件设立一个文件目录，在这个目录中，给这个法律问题加一个编码，这个编码也是法律问题文件的名称。

GS-BG-1-001	收购国有公司股权的谈判中，当事人是否可以确定股权的价格?

（2）就这个法律问题起草一个文件（文件名：GS-BG-1-001），文件中基本是一个表格（这里是用表格表明思路，实际操作中不一定要填写这样的表格），如下表所示：

GS-BG-1-001

问题	收购国有公司股权的谈判中，当事人是否可以确定股权的价格?		
答案			
法律依据和来源	法律规定：	法律来源： 《国有资产评估条例》	资料代码： GS-BG-1-001-35-P3
	案例名称：	来源：	资料代码：
	惯例：	信息来源：	资料代码：
	执行状况：	信息来源：	资料代码：
	学者观点：	信息来源：	资料代码：
	发展趋势：	信息来源：	资料代码：
	备注		

（3）建一个原始资料的文件夹，每个资料为一个文件，文件名就是资料代码。文件是纸张印刷文件，用扫描仪扫入后存储。

2. 关于了解操作程序和操作技巧的文件管理

（1）首先律师要用 Excel 软件设立一个文件目录，在这个目录中，给这个操作程序加一个编码，这个编码也是文件的名称：

GS-BG-5-003	收购外资企业在外经贸局的审批程序

（2）就这个程序起草一个文件（文件名：GS-BG-5-003），文件中基本是一个表格，如下表所示：

GS-BG-5-003

程序名称	收购外资企业在外经贸局的审批程序		
程序	1. 审批部门和主管人员； 2. 程序需要准备的各种文件和文件要求； 3. 程序过程描述； 4. 各个过程需要的时间。		
法律规定	法律规定内容	法律信息来源	资料编号
	执行状况	信息来源	资料编码
操作技巧	法律规定	信息来源	资料编号
备注			

（3）建一个原始资料库的文件夹，每个资料为一个文件，文件名就是资料代码。文件是纸张印刷文件，用扫描仪扫入后存储。

3. 关于制作规范文件的资料管理

（1）非诉讼类文件资料

① 律师得到一个好的意向书、合同或者是其他法律文件，应当把它看成是一个原始的资料，一个未加工的素材，在编号后，放在原始资料的文件夹里。

② 律师要建立一个文件架构的资料库。根据不同交易背景和客户需求，作出不同的文件模板。比如公司并购的股权转让合同，正常的交易背景必须有一个基本的架构，陈述、保证、交割和交割的条件、责任，这些构成合同主干的内容必不可少；但如果是为了收回投资的并购，则完全不同了。所以，律师要把原始素材根据不同的背景和要求，整理为通用的架构。

③ 律师要建立一个通用条款和内容的资料库。一种合同或其他和议性法律文件，都有它的通用条款。这些通用条款是一些中性条款，是维护当事人之间的共同利益和独立利益的条款。律师每发现一个新的合同，都应当尽量收集并丰富自己的通用条款内容。

④ 律师要建立一个冲突条款和法律救济的资料库。起草一个合同或其他和议性文件，律师应当了解在这类事务中，当事人之间都会存在着哪些利益冲突，这些利益冲突是如何解决的。如果对这些内容没有足够的了解，就不会预知客户的风险，也不会采取相应的防范措施。律师只有对这些方面有深刻的理解和足够的知识，才能够超越照猫画虎的境界。

⑤ 律师还要建立一个资料库，把规范文件中好的表述和用词收集起来。

(2) 诉讼类文件资料的管理

① 将起诉状、代理词或者其他法律文件编号，放在原始资料的文件夹里。

② 建立一个文件架构的资料库，收集同类书状规范的文件模板。

③ 建立一个存储经典事实陈述、辩论和用词的资料库。

三、事务性资料管理和制作

律师工作中处理相应的事务，需要一些处理事务的资料。常用的资料包括：律师事务所简介、律师个人简历、服务建议书、律师聘请协议、保密协议、律师事务所收费标准、信函笺头、传真封面等资料。上述所有资料都可以放在一个事务性资料的文件夹里保存，并随时使用。这些资料不仅仅要保存、使用，律师还要知道如何制作，并根据需要进行修改。

(一) 律师事务所简介

通常律师事务所都会有统一的简介，内容都是经过反复斟酌和精心组织的，事务所简介的内容包括：

- 律师事务所的成立时间及规模
- 律师事务所的业务范围、业务专长和宗旨
- 律师事务所的服务对象，服务的重大知名项目
- 律师事务所的主要成员
- 律师事务所办公条件
- 律师事务所的排名
- 律师事务所的地点、联系方式
- 律师事务所的执业许可证书

制作律师事务所简介使用的语言，无论是中文还是外文，都应当用词规范简洁，行文流畅。律师事务所的简介一般会用精美的纸张印刷，用精湛的工艺设计和制作。如果客户要律师传送一个电子版的简介，律师可以把律师事务所简介的内容，以及表达该内容的良好形式传送给客户。律师还需要会制作、设计工艺良好的

电子版本简介，使其内容和语言与外在形式协调一致。所以，律师一般要会使用Office Powerpoint 软件制作律师事务所简介，并保存在文档里，随时调用。

律师事务所简介中，最好不要有具体的客户名称和具体项目名称。

（二）律师个人简介

律师个人简介的内容主要包括如下几项：

- 律师的姓名、性别
- 律师的学历、教育背景（尤其是特殊教育背景）
- 律师的工作经历
- 获奖经历（如有）
- 律师业务专长及成功案例
- 客户评价
- 律师的联系方式
- 律师的执业证书

律师个人简介使用的语言应当简洁规范。律师的个人简介最好用律师事务所主任的名义，以第三人称的形式，用推荐介绍的口吻撰写相关的内容，尤其是客户评价的内容，这样会大大增加客户对律师的信任程度。

律师可以准备不同的个人简介。律师在有了一定的工作经历后，可以根据开拓不同客户的实际需要，在不同版本的个人简介中，有重点地描述自己在某一个业务领域的工作经历和业绩。个人简介可以制作成单页，插在事务所的简介里，一起交给客户。

（三）服务建议书

律师为大型的项目提供法律服务，在了解了一些项目情况和客户要求后，律师应当为客户提供一个服务建议书。服务建议书是客户决定聘请律师的主要书面依据之一，律师必须在资料库中收存不同版本的服务建议书，并根据需要修改使用。

服务建议书的主要内容和结构如下：

- 事务所概况
- 服务人员概况
- 说明项目的进程和律师提供的服务内容和服务方式
- 律师服务的报价

以下是 A 国际律师事务所和 B 律师事务所共同给一家投资公司就一个电厂项目的服务建议书，可供参考：

××投资(集团)有限公司

电厂项目法律服务
建议书

×年×月

内　　容

概　述

××投资(集团)有限公司(以下简称“××集团”)拟与由美国××公司和中国××公司成立的联合体(以下简称“联合体”)共同成立项目公司,在××省建设并运营一个电厂(以下简称“电厂项目”)。××集团和A国际律师事务所(以下简称A)、B律师事务所(以下简称B)就电厂项目的有关程序以及项目文件的审阅、修改、谈判等事宜所需法律服务进行了探讨。应××集团的邀请,A和B谨就电厂项目法律服务提出此建议书,内容包括我们就电厂项目所涉及项目流程的初步建议、预计我们将提供服务的范围、服务方式以及收费标准,并介绍我们在电厂项目和国际商务谈判方面的经验。我们期待能就这一具有挑战性和创新性的项目为××集团提供一流的法律服务。

作为全球十大律师事务所之一的A国际律师事务所在中国和世界各地的电厂项目方面有着广泛的经验(A在中国和亚洲其他地区的电厂项目经验见附件一),B律师事务所是由一批具有丰富的国际投资项目谈判经验的律师组成的法律服务团队。A和B在众多法律事宜方面有着合作关系。在拟为电厂项目组建的律师团中,负责此项目的主要国际律师和中国律师之间在项目合同起草及谈判方面有着多年默契的工作关系,他们协作提供的法律服务获得了国内外各类客户的一致好评。同时,A和B在中外大型合作项目方面以及国际商务谈判方面有丰富经验的律师将参与电厂项目的有关法律服务。此外,A总部还将充分利用其在世界各地类似项目方面所积累的法律经验为项目律师团提供支持。

项目流程建议及相关服务

据××集团的介绍,××集团和联合体已经就电厂项目签署了备忘录,其中就项目结构作出了初步规划。按照我们在这类项目中的经验,我们建议××集团在有关项目合同起草之前,要求双方就项目将要涉及的每一份协议的要点文件(Term Sheet)进行磋商,并以书面形式确认已经达成一致以及尚须进一步磋商的各项内容。这样做的好处是使对方在起草正式法律文件之前理解××集团针对每份协议中的主要事宜所持观点,以阻止其在所起草的协议中加入令××集团无法接受的不利条款。同时这一步骤也会缩短项目谈判时间,使双方在合同谈判时将主要精力用于解决在协议要点文件上所载明的悬而未决的问题。

在就协议要点进行磋商的过程中,××集团将有机会对以下事宜表明自己的观点:项目公司的结构,向铝厂提供50年供电所须考虑的成本因素,项目公司和××集团(作为电厂项目建设方和运营方)、铝厂合资企业(作为购电方)之间的法律关系,与其他方的合同关系以及主要相关条款。总之,在起草各项正式协议前就相关要点进行磋商通常会使××集团在商业上处于更有利的地位。在此阶段,我们将针对每项协议要点文件中××集团应该注意的问题提醒××集团,建议采取相应的对策并协助××集团与对方进行谈判。A所的律师将主要负责项目总体策略规划、审阅各项协议的要点并提出修改意见,B所的律师将主要负责就涉及中国法律的问题提供咨询,并参与相关谈判,A所的律师在谈判中将根据情况提供远程及现场支持。

在项目双方就各项协议要点文件达成一致后,将进入具体项目协议谈判阶段。根据我们目前从××集团所了解到的情况,我们预计电厂项目主要涉及以下文件:

- 项目公司合同和章程
- 设计、采购、建设协议
- 电力购买协议
- 运营与维护协议
- 燃料供应协议(可能还须另外签署运输协议)
- 并网(Interconnection)协议

(以上文件合称“项目文件”)

在此阶段,我们将负责审阅项目文件、提出相应修改并协助××集团与对方谈判。预计项目文件审阅以及修改将由A的律师主导,具体谈判将主要由B的律师协助××集团进行,并由A的律师根据情况提供相关远程或现场支持。

总之,在项目过程中,A-B法律服务团队将充分发挥各自优势,同时紧密协作,为××集团提供高效率的法律服务。A将充分利用其在世界其他国家类似项目方面的经验,负责电厂项目的策略安排和国际惯例方面的咨询,同时负责审阅和修改对方提供的项目文件草稿。B将充分利用其国际项目的谈判经验、跨文化的背景、对中外当事人思维方式的理解以及在法律方面的专长，负责谈判策略的实施和与对方进行沟通，在保护当事人利益的同时寻找双赢的解决方案。此外，B 将就涉及中国法律的项目事宜提供咨询和建议。

收费标准

A 和 B 通常是按照律师工作的时间收费，但考虑到我们希望和××集团建立长期的合作关系，我们同意以包干费的方式收费，并且本着共担一部分风险的原则，同意将所收取的部分费用与项目双方是否最终签署项目文件挂钩。下文所载收费标准是基于以下条件：

1. ××集团将以单一投资人的方式和联合体共同组建项目公司。

2. 我们的工作范围不涉及融资事宜。

3. 需要审阅和提出修改建议的文件范围仅包括各项协议的要点文件和本文所列项目文件。

4. 各项协议的要点文件和项目文件将由联合体提供初稿，并且至少要有英文稿。

5. 所有法律服务将于×年×月×日前结束。

如果实际情况与上述条件发生分歧，我们保留要求就收费标准进行相应调整的权利。

由于 A 和 B 之间有着良好的工作默契，所以如果两家事务所共同担任此项目的法律顾问为最佳组合。但是我们也理解××集团可能希望选择我们两家之一，同时选择另一家国内或国际律师事务所，在这种情况下，可能会导致我们在提供服务过程中的工作量增大。基于上述原因，我们分两种情况提出收费标准如下。

如果 A 和 B 同时被聘请为电厂项目法律顾问

A：

1. ××集团和 A 签订法律顾问聘请协议后收取×美元(US $ ×)，由××集团在签订协议后十(10)个工作日内以电汇方式汇至 A 的账户。

2. 项目双方签署项目文件后收取×美元(US $ ×)，由××集团在签订项目文件后十(10)个工作日内以电汇方式汇至 A 香港办事处指定的账户。

B：

3. ××集团和B签订法律顾问聘请协议后收取×元人民币(￥×)，由××集团在签订协议后十(10)个工作日内以电汇方式汇至B指定的账户。

4. 项目双方签署项目文件后收取×元人民币(￥×)，由××集团在签订项目文件后十(10)个工作日内以电汇方式汇至B指定的账户。

如果A和B其中一家被聘请为电厂项目法律顾问(需要与××集团聘请的另一家事务所联合工作)

A：

1. ××集团和A签订法律顾问聘请协议后收取×美元(US $×)，由××集团在签订协议后十(10)个工作日内以电汇方式汇至A的账户。

2. 项目双方签署项目文件后收取×美元(US $×)，由××集团在签订项目文件后十(10)个工作日内以电汇方式汇至A的账户。

B：

1. ××集团和B签订法律顾问聘请协议后收取××元人民币(￥×)，由××集团在签订协议后十(10)个工作日内以电汇方式汇至B指定的账户。

2. 项目双方签署项目文件后收取×元人民币(￥×)，由××集团在签订协议后十(10)个工作日内以电汇方式汇至B指定的账户。

按照国际律师事务所为中国客户提供服务的惯例，向A支付的上述费用不包括中国政府征收的有关税费。

我们希望在电厂项目中为××投资(集团)有限公司提供一流的法律服务，如果贵公司有任何问题需要澄清，请随时与我们联系：

A国际律师事务所
××市代表处
××市××区××街×号
××广场
邮政编码
电话：
传真：
电子邮件：

B律师事务所
××市××区××路×号
×大厦×座×室
邮政编码
电话：
传真：
电子邮件：

（四）律师聘请协议

有些律师从非常严格意义讲，认为律师聘请协议不应当作为资料保存，而是根据每个不同客户的需求制作有自己特色的协议。在实际与客户操作过程中，我们认为，律师事务所对待客户的基本政策不会有很大的变化，有些条款不会轻易变化，所以，律师也可以把它视为律师事务所的标准格式合同使用。

下面有一个样本，可以参照使用：

律师聘请协议

本律师聘请协议（以下简称“本协议”）由A有限公司（以下称“委托人”）与××律师事务所于×年×月×日签订。

1. 背景

委托人因与B之间发生劳动争议纠纷，B已向××市劳动争议仲裁委员会申请劳动仲裁。现委托人委托××律师事务所代理参加本次仲裁活动。

2. 代理人

兹委托人聘请××律师事务所作为上述案件的代理人，代表委托人处理委托事项。且××律师事务所接受委托并指派×××律师具体从事代理行为（以下简称“代理人”）。

3. 代理范围和权限

代理人就上述案件的代理范围和权限以下：

（1）受委托人有权代为递交、接收和签署相关法律文书；

（2）受委托人有权代为承认仲裁请求，提起反请求，进行和解；

（3）受委托人有权处理与本案相关的法律问题。

代理人的代理权以委托人的书面授权委托书约定内容为准。

4. 代理人义务

代理人（承办人）在从事上述委托代理业务时，应按照本聘请协议、相关法律和律师职业道德规范，为了委托人的合法利益，恪尽职守，按时有效地完成代理业务。

代理人应就代理事项及时向委托人报告进展和沟通信息，并就代理事项的作为与不作为事先取得委托人的同意。就代理权限之外的代理事项，亦应事先取得委托人的同意。

5. 除非在本协议签订后出现法律规定的事由，代理人不得主动终止代理，也不得放弃在本聘请协议项下或根据相关法律和律师职业道德规范完成代理义务的努力。

6. 代理费用和支付

委托人向代理人支付律师费×××元整(￥×××)。

代理人在代理过程中如发生代理费之外的必要费用，包括：文印复制费、交通费、通讯费、调查手续费等，应在得到委托人同意的情况下支出，凭有效凭证由委托人支付。

7. 代理期限

本聘请协议的代理期限自签订之日起至上述代理事项完成之日止。

8. 利益冲突

××律师事务所及代理人在此陈述与保证，在一般的利益冲突检查之外，其又全面谨慎地调查并确认，其与本协议所有当事人或其关联机构之间不存在法律规定的利益冲突之处，且在签订本协议后，其将避免任何可能或将引起利益冲突的情况发生。

本协议已于本文页首所载日期由双方授权代表签署，以资证明。

委托人　　　　　　受委托人

A有限公司(盖章)　　　　　　××律师事务所(盖章)

年　月　日　　　　　　年　月　日

（五）律师事务所收费标准

每个律师事务所都应该像医院的做法一样，不仅针对不同服务项目，制定统一的收费标准，并且严格按照标准向当事人收取合理的律师费。下面有一个收费标准，反映了收费项目和相应的收费内容，可作参考。

××律师事务所律师业务收费标准

（根据司法部律师收费标准制定）

<table>
<tr><th>种类</th><th colspan="3">项　目</th><th>收　费</th></tr>
<tr><td rowspan="2">解答法律咨询</td><td colspan="3">国内客户收费</td><td>800 元/小时</td></tr>
<tr><td colspan="3">国外及港澳台地区客户</td><td>300 美元/小时</td></tr>
<tr><td rowspan="2">办理刑事案件</td><td colspan="3">1. 诉讼案件代理</td><td>1—10 万元/件</td></tr>
<tr><td colspan="3">2. 刑事自诉案件涉及财产的</td><td>按民事案件收费标准</td></tr>
<tr><td rowspan="4">办理民事案件</td><td colspan="3">1. 不涉及财产的</td><td>1 万元/件</td></tr>
<tr><td rowspan="3">2. 涉及财产的，除收取 1 项中规定的，另行加收</td><td rowspan="3">争议标的</td><td>50 万元以下</td><td>10%</td></tr>
<tr><td>50—100 万元</td><td>6%</td></tr>
<tr><td>100 万元以上</td><td>3%</td></tr>
<tr><td rowspan="7">经济案件</td><td colspan="3">除收取手续费</td><td>5000 元/件</td></tr>
<tr><td rowspan="6">还应按下列比例另行收费</td><td rowspan="6">争议标的</td><td>100 万元以下</td><td>10%</td></tr>
<tr><td>100—200 万元</td><td>8%</td></tr>
<tr><td>200—300 万元</td><td>6%</td></tr>
<tr><td>300—500 万元</td><td>4%</td></tr>
<tr><td>500—1000 万元</td><td>2%</td></tr>
<tr><td>1000 万元以上</td><td>1%</td></tr>
<tr><td rowspan="2">处理行政案件</td><td colspan="3">涉及财产关系的</td><td>按民事案件收费标准</td></tr>
<tr><td colspan="3">不涉及财产关系的</td><td>10 000—100 000 元/件</td></tr>
<tr><td rowspan="4">担任法律顾问</td><td colspan="3">一般法律顾问</td><td>15—20 万元/件</td></tr>
<tr><td colspan="3">项目顾问固定收费</td><td>按项目标的计算</td></tr>
<tr><td colspan="3">定期、设立办公室顾问</td><td>30—50 万元/年</td></tr>
<tr><td colspan="3">顾问团</td><td>50 万元以上</td></tr>
<tr><td rowspan="6">代理非诉讼业务</td><td colspan="3">不涉及财产关系的一般法律事务</td><td>1—10 万元/件</td></tr>
<tr><td colspan="3">资信审查、咨询建议书、法律意见书、律师见证</td><td>1 万元以上</td></tr>
<tr><td rowspan="4">审查、起草、修改经济合同、章程，参加项目谈判，根据实际工作量或按合同比例双方协商</td><td rowspan="4">合同标的</td><td>50 万元以下</td><td>8%</td></tr>
<tr><td>50—100 万元</td><td>6%</td></tr>
<tr><td>100—200 万元</td><td>3%</td></tr>
<tr><td>200 万元以上</td><td>2%</td></tr>
<tr><td>备注</td><td colspan="4">1. 以上收费采取分段累计的方法计算
2. 疑难案件增加收费一倍，涉外案件增加收费两倍
3. 律师办案中差旅费、住宿费、误餐补助费……由当事人负担</td></tr>
</table>

（六）律师和律师事务所的《保密承诺书》

律师具有保密义务，这种义务是法定义务，无论是否有保密协议，律师都必须履行这项义务。制定保密承诺书，是为了消除当事人担心泄密的心理，是为了更好地在访谈、提供法律服务过程中，处理好与客户的关系。

以下是一份给客户的《保密承诺书》样本，谨供参考。

保密承诺书

下述签名之人为××律师事务所（以下简称"事务所"）的执业律师；在事务所的执业过程中，本人会持有、制作或接触事务所客户的"保密资料"。"保密资料"指通常不被公众所知或第三方无法轻易得到、以任何性质或方式表述的所有资料或信息（或者客户向事务所披露的而事务所有义务确保其未经授权不被使用或披露的资料或信息），包括但不限于客户向事务所披露的商业秘密、专有知识、业务流程、管理文件、业务情况、文书范本以及客户身份和客户提供的明确要求事务所为之保密的文件。

作为本人接触保密资料的条件，本人特此保证，除非事务所以书面方式明确同意，本人在事务所执业期间以及随后任何时候，均不会实施以下行为：

（1）披露或允许他人披露保密资料；

（2）将保密资料以任何方式（包括但不限于书面以及电子文档）携带或传送到事务所场地以外的任何地点；

（3）除事务所业务目的之外，为其他目的使用保密资料。

本人理解，如果未经授权使用或披露上述保密资料将对事务所及其客户或相关第三方造成无法弥补的损失，并且将导致本人承担相关民事、行政（包括但不限于丧失或被禁止获得律师执业资格）和/或刑事责任。

本人确认保密资料为事务所客户的财产，本人在与事务所的执业关系结束后，将书面保证未保存载有保密资料的任何载体（包括但不限于书面或电子文档）。所有保密资料将在相关业务完成后，按照事务所和相关部门的规定或指示处理。

本保证书由本人签署并于　　年　月　日生效，以资证明。

××律师事务所×××律师

签名：

日期：

（七）信函笺头

律师事务所应当制定统一的信函笺头，每个律师或事务所的其他工作人员在与所外人员正式的文字交流时，都要使用。这样做的目的一是会给他人一个正式统一的感觉，二是方便联系。下面有一个样本，可以修改后使用。

××市××律师事务所

×× Law Firm

××市××区××路×号××大厦××座×室

Suite ×, Tower ×-×× Plaza, No. × ×× Road ×× District, ××

电话(Tel)：　　　　　　　　传真（Fax）：

本文件仅发给上述收件人，并可能载有机密或法律内容。非指定收件人，请勿复印、使用、公开本传真的内容，亦不得依赖本传真内容而采取任何行动。若因误发而收到本传真，请立即通知我们，并以妥当方式送还本传真文件，我们将补偿您因此而支付的邮费，感谢合作。

This message is intended only for the use of the individual or entity to which it is addressed, and may contain information that is PRIVILEGED, CONFIDENTIAL and exempt from disclosure under applicable law. If the reader of this message is not the intended recipient, or the employee or agent responsible for delivering the message to the intended recipient, you are hereby notified that any dissemination, distribution or copying of this communication is strictly prohibited. If you have received this communication in error, please notify us immediately by telephone, and return the original to us by mail without making a copy. Thank you.

(八) 传真封面

发送传真的过程中,出现缺页、不清楚或收件人没有收到的事情是经常出现的情况。为了避免上述情况,制作和发送传真时应当附有传真的封面。传真的封面不仅有信函笺头的作用,而且把内容和封面分开,便于保密,同时也便于核对和确认。以下是传真件封面样本,请参考使用。

×× 律师事务所

×× Law Firm

××市××区××路××号××大厦×座××室

Suite ××, Tower ×—×× Plaza, No. ××× Road ×× District, ××

电话(Tel):　　　　传真(Fax):

收件人(To):　　　　发件人(From):

传真号码(Fax):　　　　电话号码(Tel):

抄送(CC):　　　　传真号码(Fax):

总页数(Total Pages):　　　　日期(Date):

说明(Note):☐ 紧急 Urgent　　☐ 请过目 For Review

☐ 请尽快回复 Please Reply　　☐ 请批注 Please Comment

事由(Reference):

本传真仅发给上述收件人,并可能载有机密或法律内容。非指定收件人,请勿复印、使用、公开本传真的内容,亦不得依赖本传真内容而采取任何行动。若因误发而收到本传真,请立即通知我们,并以妥当方式送还本传真文件,我们将补偿您因此而支付的邮费,感谢合作。

This message is intended only for the use of the individual or entity to which it is addressed, and may contain information that is PRIVILEGED, CONFIDENTIAL and exempt from disclosure under applicable law. If the reader of this message is not the intended recipient, or the employee or agent responsible for delivering the message to the intended recipient, you are hereby notified that any dissemination, distribution or copying of this communication is strictly prohibited. If you have received this communication in error, please notify us immediately by telephone, and return the original to us by mail without making a copy. Thank you.

律师在实际工作中，还会有其他很多事务性资料，比如《授权委托书》、《出庭函》、《法定代表人身份证明》等，上述资料的制作和管理参见本套书的《律师执业基本技能》分册，有比较详细的说明。

第二节　文件的制作和管理

律师制作的文件是律师工作的结果，其内容凝结并体现出律师工作的价值。所以，文件制作过程中，既要保证文件内容表述得清楚、准确、流畅和简洁，在形式上又要合理适当。律师制作的文件是律师及律师事务所宝贵的资源和财富，这种资源可以为今后的律师工作提供帮助和便利，所以文件的制作必须考虑存储利用这种资源的方便和合理。下面从文件的命名、文件的格式、文件的修改、文件的校对等方面介绍文件制作与管理的要求和方法。

一、文件的命名

电子文件的命名非常讲究，看到一个文件名称，应当了解提供文件的律师事务所，起草文件的律师，归档的案卷、起草文件的时间，文件的版次、内容、使用语言。从上述七个方面给文件命名，能够使律师对文件的基本信息一目了然。另外，还要考虑文件的排序和检索的方便。通过文件命名，可以给文件一个基本分类，在检索时使用方便。

（一）文件命名构成要素

文件名主要由下述七个要素组成，它们是：① 提供文件的律师事务所；② 提供文件的律师；③ 时间；④ 案卷号；⑤ 版次；⑥ 文件内容；⑦ 语言。

1. 提供文件的律师事务所

在文件名中之所以要注明提供文件的律师事务所，是因为在很多大型项目中，会有很多的主体共同参与，并且这些参与的主体有时还来自不同的国家。在这样的项目中，很少有人了解某个律师，所以，必须注明律师事务所，受众才能知道文件的来源。

一般为了简单，律师事务所在文件名中都是用律师事务所名称的缩写。比如大海市东方律师事务所在文件名中用其英文的名称 DaHai East Law Firm 的简写“DE”代替。

2. 提供文件的律师

文件名中注明提供文件的律师可以了解文件的工作人，进而划清责任。一般在律师事务所内部都会根据姓氏给每个律师一个编号,将这个编号写入到文件名中。比如刘律师在××所的编号是L001,其含义是在××所中所有姓的第一拼音字母为L的第1号。

3. 归属案卷

律师起草的文件是一定要放在某一个案卷中的,文件名中注明了案卷,会给文件的分类和查找带来方便。

一般我们确定案卷时用一个客户的代码,如果一个客户有一个以上的业务在事务所操作时,需要再用一个编号确定案件。比如GE公司的并购项目是××所的第一个项目,我们则命名这个案卷为:GE1。

4. 文件内容

这里所说的文件内容和一般意义上的文件名称不同。文件内容是要概括性地说明文件的基本内容。比如代替GE起草的股权转让合同,文件内容是:GE的股权转让合同,而不是股权转让合同。

5. 时间

文件名中注明时间是为了直接体现文件的完成时间,便于律师在今后可以根据时间线索查找该文件。同时,也便于排序。

注明时间的具体方法必须统一,通行的办法是:年、月、日。比如2007年6月12日完成的文件,可以用070612六个数字注明。最好不要用月、日、年或其他排列方法,因为用年、月、日的方法注明后,你会发现在显示文件名称时它会自动按照发生时间的先后顺序排序。

6. 制作文件使用的语言

文件名中应当注明制作文件使用的语言。中文版用C表示;英文版用E表示。中英文对照的版本用C/E表示。

下面有一个图示表明电子文件命名的因素:

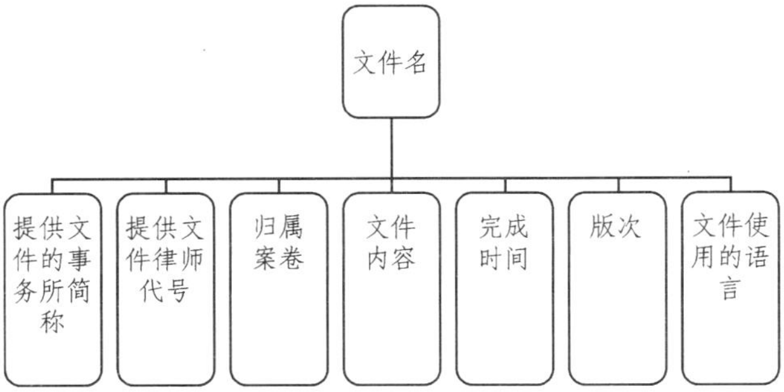

（二）文件命名要素的排序

经验表明，文件命名要素的排序最好按照上面图示进行排序。这种排序的文件名储存在计算机里时，计算机会自动地把一个律师事务所同一律师提供的应当放在一个案卷的文件排在一起，并且按照完成时间的顺序把不同版次使用不同语言制作的文件自动排序。

示例：

大海市东方律师事务所刘律师在 GE 公司并购的项目中，于 1999 年 2 月 12 日完成的代表 GE 起草的第一份中文股权转让合同的文件名称是：

DE_L001_GE1_GE 的股权转让合同_990212_V1_C

律师可以在一些非最终文件中，把电子文件的名称放在文件页脚的右下角。可以比较清楚地标明文件的基本信息。但是，一定要注意在最终的文件中删除。

二、文件的格式

文件的格式有时像人的着装，不论文件的内容如何，客户拿到文件时第一眼看到的是文件的格式。有些客户可能对某些专业性文件的内容并不十分了解，进而无法对律师起草的文件的内容本身作出评判，但是对文件的格式可以很容易地作出评判，一份字迹工整、格式整齐的文件会让人赏心悦目。年轻律师在制作法律文件时，应当认识到任何一种法律文件都是有相对固定格式的，这些格式的确定，是前人多少年经验的积累，它不仅仅有助于满足客户的要求，而且也会给律师在制作法律文件过程中提供便利。因此，最好不要随心所欲地自创格式。

（一）文件封面的格式

文件封面是客户和当事人首先看到的文件内容，所以，有非常重要的“面子”问题。封面内容简练，反映内容要醒目，格式工整，重点内容要突出。律师所做的重要文件，最好有封面，哪怕只有一页内容。封面有益于内容的保密，封面也体现了律师对自己劳动成果的尊重态度。

以下附上一份中英文文件封面的样本，谨供参考。

XXX 有限公司
作为卖方

和

XXX 有限公司
作为买方

之
XXX 有限公司

股权转让合同

200 年 月 日

EQUITY TRANSFER CONTRACT

FOR

XXX CO. , LTD.

---

between

XXX LLC

AS SELLER

and

XXX LLC

AS BUYER

Date

（二）文件正文的格式

正式的法律文件正文都用统一格式，无论是字体、字号、段落、编号都有统一的规定。以下是某律师事务所对于文件正文格式的规定：

中文文件格式：

- 中文字体：宋体
- 正文字号：13 号
- 标题字号：13 号
- 标题特殊格式：加粗，居中
- 页脚字号：8 号
- 行间距：单倍行间距
- 段前距：0 行
- 段后距：0.5 行
- 上页边距：2.54 厘米
- 下页边距：2.54 厘米
- 左页边距：2.54 厘米
- 右页边距：2.54 厘米

英文文件格式：

- 英文与数字字体：Arial，半角
- 正文字号：13 号
- 标题字号：13 号
- 标题特殊格式：加粗，居中
- 页脚字号：8 号
- 行间距：单倍行间距
- 段前距：0 行
- 段后距：0.5 行
- 上页边距：2.54 厘米
- 下页边距：2.54 厘米
- 左页边距：2.54 厘米
- 右页边距：2.54 厘米

以下附上参照上述部分标准制作的中英文文件式样各一份，仅供参考。

第3条　支付先决条件

3.1　支付转让价款之前,卖方应向买方递交以下文件:

3.1.1　批准下列事项的并于有关审批机构批准股权转让之日生效的经正式签署的公司董事会决议:

a. 股权转让;

b. 本合同;

c. 按买方满意的方式修订的经修订的公司章程;

d. 公司名称变更为××有限公司;

e. ×××和×××辞去公司董事会董事职务;

f. 委派×××和×××担任公司董事会董事;

g. 委派×××取代×××担任公司董事长;

h. 委派×××取代×××担任公司总经理;及

i. 撤销公司现有的关于公司银行账户管理的各项授权。

3.1.2　卖方或公司需要签署或向有关批准机构递交以取得股权转让批准的所有其他额外文件;

Article 3 Conditions Precedent to Payment

3.1 Prior to payment of the Transfer Price, Seller shall deliver the following to Buyer:

3.1.1 duly executed resolutions of the Board of Directors of the Company resolving to approve, effective on the date of approval by the relevant approval authority of the Share Transfer, the following:

a. the Share Transfer;

b. this Contract;

c. an amended articles of association of the Company that has been amended to the satisfaction of the Buyer;

d. the change of the name of the Company to ____________;

e. the resignation of ________ and ________ as members of the board of directors of the Company;

f. the appointment of ________ and ________ as members of the board of directors of the Company;

g. the appointment of __________ to replace __________ as chairman of the board of directors of the Company;

h. the appointment of __________ to replace __________ as general manager of the Company; and

i. the revocation of each existing mandate given by the Company for the operation of its bank accounts.

3.1.2 all other additional documents that the Seller or the Company is required to execute or submit to the relevant approval authority for the approval of the Share Transfer;

上述介绍的字体、字号要求是经过多年验证被一般客户普遍接受的，也是一些著名的律师事务所普遍采用的标准。行距、边距是根据字体、字号的要求同时考虑到装订后的效果而设定的。

示例中显示的项目标号是律师制作合同等和议性文件中经常采用的方式。它的好处在于一方面可以清楚地标示条、款、项的层次，而且，在具体款项的修改过程中，不会影响整体的结构，不会发生整体的变化。

段落格式可以清楚地反映内容的层次关系，整齐工整。

（三）文件签字页

对于一份交易文件而言，签字页是其相当重要的一个组成部分。它虽然不涉及具体的合同条款和权利义务，但却是当事人确认的体现。在实践中签字页有两种常用的形式：一种是当事人直接在文本结束之后的空白处签字认可，正文结束之页即为签字页；另一种则是在文本结束之后另开一页，作为专门的签字页。

在从事涉外法律业务时,通常采用第二种方式——单独签字页的形式。这是因为涉外法律业务的各方当事人之间,或当事人与律师之间的地理位置往往相隔较远,对交易文件内容的协商和确认经常是以无形的电子文本的方式进行的,对交易文件的签署往往也采取分别的异地签署,而非当面签署的方式,因此交易文件的签字页实际上便是当事人之间唯一需要通过实物形式传达的文件。在这种情况下,假如采取单独签字页的形式,其保密性和安全性能够得到最大程度的保障。

以下附上签字页的中英文样本:

[签字页/Signature Page]

本合同已由双方于下述日期正式签署,以资证明。

甲方:XXX 有限公司
XXX CO., LTD.

签字 (Signature):____________________
姓名 (Name):
职务 (Title):
签字日期(Date):

乙方:XXX 有限公司
XXX CO., LTD.

签字 (Signature):____________________
姓名 (Name):
职务 (Title):
签字日期(Date):

[Signature Page/签字页]

IN WITNESS WHEREOF, the Parties have executed this Contract as of the date hereafter.

Party A: XXX CO., LTD.
XXX 有限公司

Signature(签字): ____________
Name(姓名):
Title(职务):
Date (签字日期):

Party B: XXX CO., LTD.
XXX 有限公司

Signature(签字): ____________
Name(姓名):
Title(职务):
Date (签字日期):

三、文件的修改

律师既是法律文件的作者,同时又是编辑。律师在文件的制作过程中,需要听取客户的意见,要和对方或其他参与人进行协商讨论,这样的过程,需要对文件反复修改。即使各方对文件内容本身全部接受和确认,律师仍不能保证表达准确和没有行文中的失误。故此,还要对文件进行形式上的修改,还要做好编辑的工作。

1. 电子版文件的修改

(1) 律师在文件的修改过程中,应当掌握利用"修订"功能对文件进行修改

在使用 Word 程序时,启动修订功能有三种方式:

菜单方式一：	菜单方式二：	快捷键方式：
• 打开要做修订的文档； • 点击【工具】菜单项中的【修订】。	在状态栏中双击 修订 标记，使该标记激活为 修订 。	Shift + Ctrl + E。

启动修订功能后，对文件的修改，无论是格式的修改，还是对内容的修改，都可以清楚地标注出修改的地方、修改后的结果并显示出修改前的原样。

（2）律师间对文件的修改，必须用修订功能进行修改

上述观点应当成为律师间配合工作的纪律。律师和律师之间不应该在工作中设置一些没有意义的障碍。如果对方律师对合同的修改没有用修订功能显示出修改的地方和修改结果，意味着每次我方收到对方的修改稿，都要对该稿件进行全部的审核。这种工作对律师而言没有意义，如果律师按时收费，对当事人而言也非常不公平。律师更不得在使用修订功能对文件进行修改时，对某个内容的修改不使用该功能，这样偷偷修改文件的行为，应当认为是一种违反职业道德的行为。为了避免上述行为的发生，律师应当学会使用 Word 软件中的文件对比功能，在收到对方修改文件后，与原文件进行对比。

（3）律师每收到对方的一个修改稿，应该立即另存

在对该修改稿进行全部接受修订后，再利用修订功能进行修改。律师最好不用修订功能里的多次修订。不要认为不同颜色共同反映修改的全部内容更清楚，实际操作中，会使律师更混乱，这是经验之谈。

（4）律师对文件修改后，无论修改的内容有多少，即使是修改了一个字，也必须另存，以与之前版本区分。这应当是一种习惯。

2. 稿样文件的修改

在一次全国律协教育委员会的会议上，参会的一些资深律师为一件小事犯难。在一份稿样上，一名外国专家名字中有一个中圆点被误印成了下圆点，几乎没有一个资深律师可以用准确的修改符号注明这个错误和如何修改。在学校中，无论是学习中文还是法律，几乎没有如何使用这些符号的课程，但是，这些符号是稿样文件修改过程中的唯一语言，故此，律师必须掌握。

以下是常用的修改符号，建议复印后随时参照使用：

修改符号及其用法

符号形态	符号作用	符号在文中和页边用法示例
	一、字符的改动	
	改正	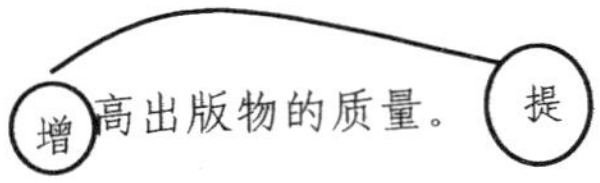
	删除	
	增补	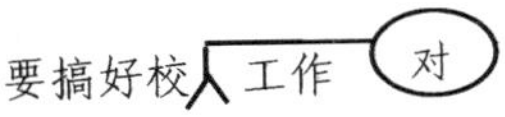
	换损污字	
	改动上下角	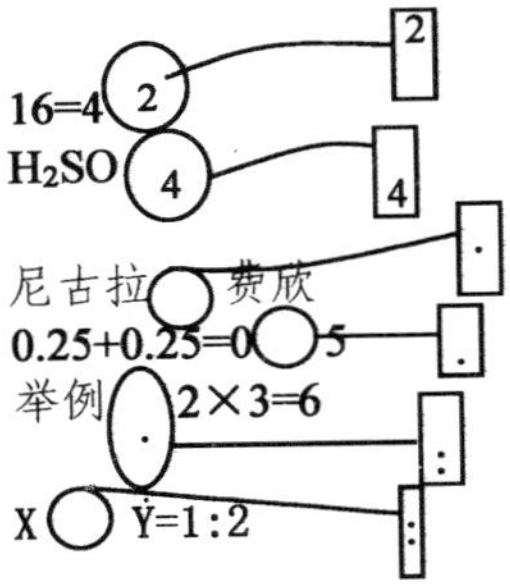
	二、字符方向位置的移动	
	转正	
	对调	
	转移	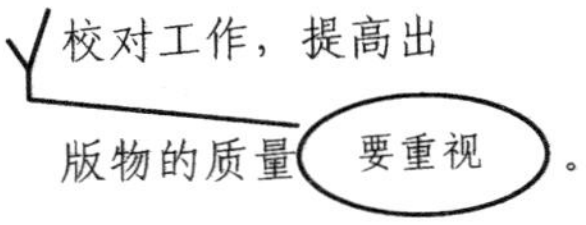
	接排	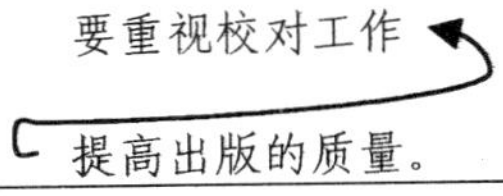

（续表）

符号形态	符号作用	符号在文中和页边用法示例
	另起段	完成了任务，明年.... 
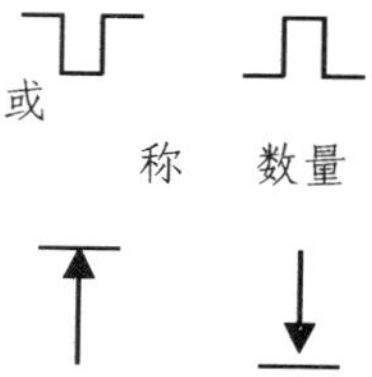 或 称 数量	上下移	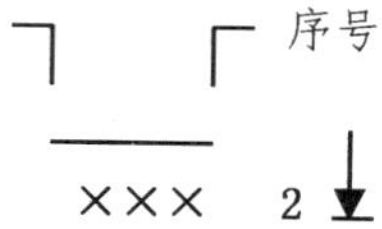 序号 名 01 ××× 2
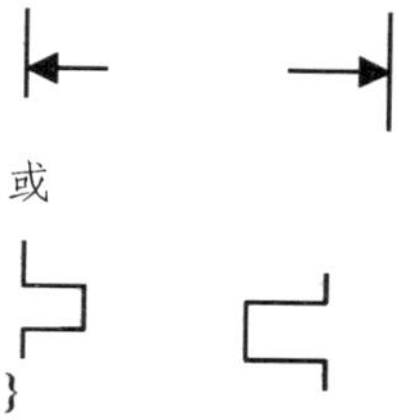 或	左右移	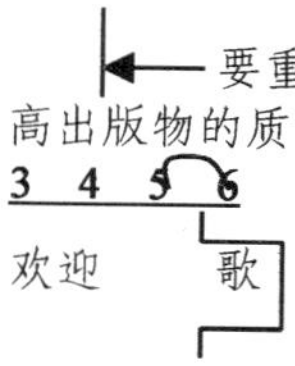 要重视校对工作，提高出版物的质量。 3 4 5 6 5 欢迎 歌 唱
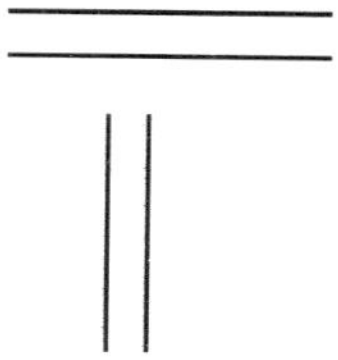	排齐	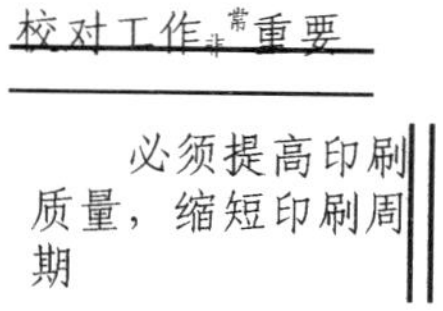 校对工作非常重要 必须提高印刷质量，缩短印刷周期
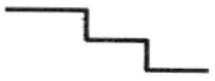	排阶梯形	RH2 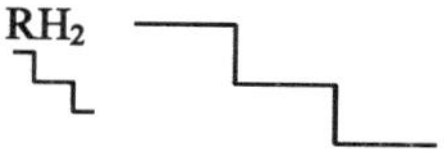
	正图	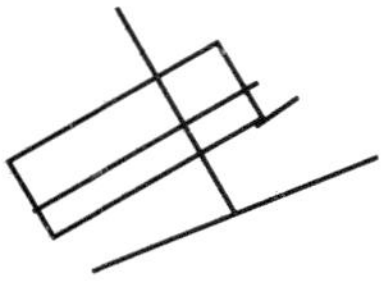

（续表）

符号形态	符号作用	符号在文中和页边用法示例
	三、字符间空中的改动	
∨ >	加大空距	一、校对程序 校对胶印读物、影印书刊的注意事项：
∧ <	减小空距	二、校对程序 校对胶印读物、影印书刊的注意事项：
#	空1字距	
	空1/2字距	第一章校对职责和方法
	空1/3字距	
	空1/4字距	
Y	分开	Goodmorning!
	四、其他	
△	保留	删 认真搞好校对工作。
○=	代替	机器由许多另件组成，有的另件是铸出来的，有的另件是锻出来的，有的另件是……
○○○	说明	改三黑 第一章 校对的职责

会使用修改符号，仅仅能够注明错误和如何修改。在对稿样文件的修改过程中还要注意最好能够使用红笔进行修改，使修改处醒目。修改还要尽量保持稿样的整洁。

四、文件的校对

在××律师事务所的一次培训中，1 名律师和 4 名实习生打赌，看看是否能够从一份 5 万字左右的合同中找出一个错别字。结果 4 名实习生用了将近半天的时间，也没有在这个文件中找出一个错别字，为什么？因为律师知道制作这份合同的律师事务所校对的方法和程序。

好的文件制作完成后，律师首先要对内容进行一遍毛校。核对表述是否符合内容的需要，内容组织和语言运用上是否有明显的错误。

毛校后，电子文件要用专用的校对软件进行校对。专用的校对软件会从逻辑错误、拼写错误和常识性错误等多个角度进行校对，这就是律师通常说的一校。

一校后，律师还要再进行校对，这次校对不仅仅通篇进行，而且对常常容易出错的地方，比如买方、卖方的误用；数字；英文中的千元与万元的换算等，进行重点的校对，这就是二校。

二校完成后，律师会打印出稿样，请其他人看稿样，自己读原稿，这样进行三校。

三校完成后，把稿样上标注的错误在原稿上进行修改，这是核红。

当一些把法律文件的重要性和律师事务所的声誉看得比什么都重要的人，认认真真地完成了上述 5 个校对程序的工作后，你会相信一个 5 万字的合同还有错别字吗？

五、文件的打印和装订

在 20 世纪 90 年代初期，听说在一家国际律师事务所打印一份文件客户要付 0.8 美元，很多人都会感到吃惊。但听说客户愿意用每小时 800 美元的价格请律师起草这些文件，也就容易理解和接受了。文件内容的价值成千上万，谁会吝惜几块钱打印和装订这些文件呢？

如果律师看重这些文件的价值，如果客户看重法律文件的价值，打印、装订这些法律文件应当用最好的墨粉，最好的纸张和最好的装潢设计。律师自己要有这样的观念，律师也要促使当事人接受这种观念，律师制作的法律文件的价值、律师自身的价值才容易被客户接受。

文件的装帧设计应当庄重、简洁，不要过多的装饰。

第三节　业务档案（案卷）的管理

业务档案是律师提供法律服务的真实记录。管理好业务档案，不仅仅在提供法律服务的过程中给律师的工作带来很多便利，对服务完成后记录某个事实、总结工作的经验也有非常重要的意义。

按照《律师业务档案立卷归档办法》（1991 年 9 月 11 日由司法部颁布，现行有效，见附录一）、《律师业务档案管理办法》（1991 年 9 月 11 日由司法部颁布，现行有效，见附录二）及《北京市〈律师业务档案管理办法〉实施细则》（1998 年 12 月 21 日由北京市司法局颁布，现行有效，见附录三）的相关规定，律师事务所档案管理相关程序和内容如下。

一、案卷材料的分类

律师业务档案主要可以分为诉讼、非诉讼和涉外业务三类。诉讼类包括刑事代理（含刑事辩护和刑事代理）、民事代理、经济诉讼代理、行政诉讼代理四种；非诉讼类包括法律顾问、仲裁代理、咨询代书、其他非诉讼业务四种；涉外类根据具体情况按前两类确定。

二、案卷材料的收集

律师应在法律事务办理完毕后，立即全面整理、检查办理该项法律事务的全部文书材料，要补齐遗漏的材料，去掉不必立卷归档的材料。

1. 不必立卷归档的案卷材料

（1）委托律师办理法律事务前有关询问如何办理委托手续的信件、电文、电话记录、谈话记录以及复函等；

（2）没有参考价值的信封；

（3）其他律师事务所委托代查的有关证明材料的草稿；

（4）未经签发的文电草稿，历次修改草稿（定稿除外）。

2. 应当立案归档的案卷材料

（1）对已提交给人民法院、仲裁机构或有关部门的证据材料，应将其副本或复印件入卷归档；

(2) 对不能附卷归档的实物证据,可将其照片及证物的名称、数量、规格、特征、保管处所、质量检查证明等记载或留存附卷后,分别保管。

三、案卷材料的整理和排列顺序

案卷档案应按照案卷封面、卷内目录、案卷材料、备考表、卷底的顺序排列。案卷内的档案材料应按照诉讼程序的客观进程或时间顺序进行排列,具体顺序为:

1. 刑事代理卷

(1) 律师事务所批办单;

(2) 收费凭证;

(3) 委托书或指定书;

(4) 阅卷笔录;

(5) 会见被告人、委托人、证人笔录;

(6) 调查材料;

(7) 承办人提出的辩护或代理意见;

(8) 集体讨论记录;

(9) 起诉书、上诉书;

(10) 辩护词或代理词;

(11) 出庭通知书;

(12) 裁定书、判决书;

(13) 上诉书、抗诉书;

(14) 办案小结。

2. 民事代理卷

(1) 律师事务所批办单;

(2) 收费凭证;

(3) 委托书(委托代理协议、授权委托书);

(4) 起诉书、上诉书或答辩书;

(5) 阅卷笔录;

(6) 会见当事人谈话笔录;

(7) 调查材料(证人证言、书证);

(8) 诉讼保全申请书、证据保全申请书、先行给付申请书和法院裁定书;

(9) 承办律师代理意见;

(10) 集体讨论记录;

(11) 代理词;

（12）出庭通知书；

（13）庭审笔录；

（14）判决书、裁定书、调解书、上诉书；

（15）办案小结。

3. 法律顾问卷

（1）聘方的申请书、聘书或续聘书；

（2）聘请法律顾问协议；

（3）聘方基本情况介绍材料；

（4）收费凭证；

（5）办理各类法律事务（如起草规章、审查合同、参与谈判、代理解决纠纷、提供法律建议或法律意见、咨询或代书等）的记录和有关材料；

（6）协议存续、中止、终止的情况；

（7）工作小结。

4. 其他非诉讼法律事务

（1）委托书；

（2）收费凭证；

（3）与委托人谈话的笔录；

（4）委托人提供的证据材料；

（5）调查材料；

（6）律师出具的法律意见，或草拟的法律文书，办理具体法律事务活动的记录等；

（7）工作小结。

5. 行政诉讼代理、经济诉讼代理和仲裁代理卷

参照民事代理卷顺序排列。

6. 咨询代书卷

分别按时间顺序排列。

7. 涉外类卷

分别参照国内同类案卷顺序排列。

四、案卷材料的归档

律师业务文书材料应在结案或事务办结后3个月内整理立卷。装订成册后由承办人根据司法部、国家档案局制定的《律师业务档案管理办法》的有关规定提出保管期限，经律师事务所主任审阅盖章后，移交档案管理人员，并办理移交手续。

档案管理人员接收档案时应进行严格审查，凡不符合立卷规定要求的，一律退回立卷人重新整理，档案全部合格后，方可办理移交手续。

涉及国家机密和个人隐私的律师业务案卷均应列为密卷，确定密级，在归档时应在档案封面右上角加盖密卷章。

随卷归档的录音带、录像带等声像档案，应在每盘磁带上注明当事人的姓名、磁带存储内容、档案编号、录制人、录制时间等，逐盘登记造册归档。

五、律师事务所变更、撤销时，案卷材料的清理

（1）撤销的律师事务所的档案，应由同级或上级司法行政机关代管，或向同级地方档案馆移交。

（2）一个律师事务所划分为几个律师事务所的，划分前的律师业务档案由一个律师事务所代管或向同级地方档案馆移交。

（3）几个律师事务所合并为一个律师事务所的，各律师事务所的档案应移交合并后的律师事务所，或分别向同级地方档案馆移交。

（4）律师事务所撤销、分立或合并时，没有办理完毕的律师业务事项，视情况移交新的律师事务所继续办理，承办该项业务所形成的档案应由新的律师事务所加以保存。

以上介绍的是律师事务所业务档案的管理要求和一般做法，这种档案是在服务完成后，为了保存相应的资料和文件，记录律师提供法律服务过程而建立的档案。所以，年轻律师应当了解个人业务档案如何建立和管理，不仅要为律师事务所业务档案管理提供基础，而且能够为自己的工作满足客户的需求提供帮助。

六、律师个人业务档案的建立和管理

律师个人业务档案追求的目标与律师事务所档案的目标不完全相同，个人业务档案的建立是从如何为客户提供优质的法律服务的目标出发建立档案。它不仅要反映律师工作的情况，更要反映当事人的状况和要求，同时也要反映涉及的相应机关和相关人员的情况；不仅要反映提供法律服务的行为，也要反映存在的问题和困难；不仅反映已经完成的事务，还要反映将要完成的工作。总之，律师自己的业务档案要能够使其他律师看到这个档案后，能够代替自己继续为客户提供法律服务。因为律师事务所的客户是第一位的，他们委托律师办理的事项都是非常重要的，律师谁也不能保证自己将会有哪些不可预测的事情发生，但是，业务档案能够使自己的业务继续。

（一）律师个人业务档案的建立

律师在与当事人开始接触时，就应当开始为这个当事人设立一个业务档案。也许律师事务所和这个当事人并没有建立服务关系，但是这并不意味着下次或者永远不会建立客户关系。如果下次再对如何建立服务关系进行讨论协商的时候，律师仍保存着这份档案，保存着这个当事人的基本情况和对律师的要求，会有助于下次工作的开展；当事人知道你还保留着上次接触时的一些资料，至少会有一个受重视的感觉，这有助于促进与当事人之间的关系。尽管律师没有与某个当事人建立客户关系，但是，这次接触本身是有意义的，有些成功的经验应当总结，有些不成功的教训也应当吸取。所以，与当事人接触（甚至是准备接触）时建立律师自己的业务档案，记录自己的工作并予以保存是应该的。

律师在没有与当事人建立服务关系时，可以首先建立一个非常简单的档案。给这个当事人取一个代码，用这个代码命名建立一个文件夹，把收集到的当事人情况、自己准备的服务方案、接触记录等放在这个文件夹里。如果与当事人建立了服务关系，律师可以按照下述方式建立一个正式的个人业务档案。

（二）律师个人业务档案的结构和内容

1. 结构

下图所示是律师建立自己业务档案的基本结构：

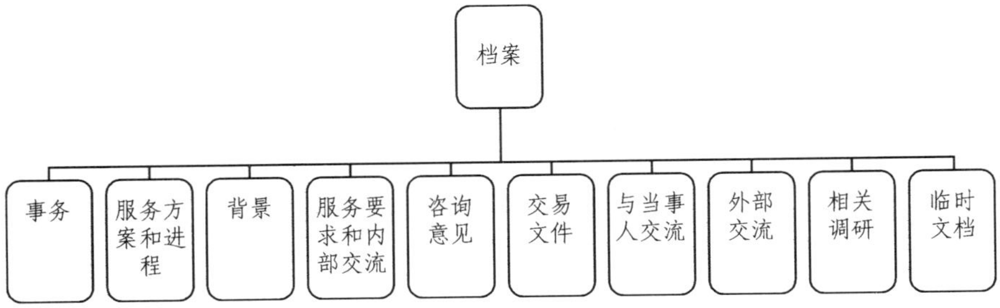

律师可以根据这个基本结构，结合自己的经验和实际工作的要求进行细化和修改。

2. 内容

律师的个人档案基本包括10项主要内容，它们是：① 事务；② 服务方案和进程；③ 背景；④ 服务要求及内部交流；⑤ 咨询意见；⑥ 交易文件；⑦ 与当事人交流；⑧ 外部交流；⑨ 相关调研；⑩ 临时文档。

（1）事务

在事务这个文件夹里，一般包括这样一些文件：

① 联系人资料。联系人包括客户、客户组成的工作团队、对方当事人、对方组

成的工作团队、办理相关事务需要接触相应机关的联系人等。不仅要记录联系人的姓名、职务、所在单位、联系方式、地址,还要标明相应的行车路线。

② 律师工作时间表。工作时间表详细记录律师工作的情况,也是收取律师费的依据。

③ 费用记录。律师在提供相关服务的过程中,会出现垫付、预支等情况,需要有一个费用的记录。

④ 律师聘请协议。这个协议说明律师与客户之间的关系和客户对律师的基本要求。

(2) 服务方案和进程

律师根据当事人的要求、实际情况和自己的经验,经过慎重分析和研究,提出处理案件的大致方式、程序及建议。

(3) 背景

按照时间顺序阐述案件的内容、案情的发生原因,以及案件涉及的公司客户的背景材料等内容。

(4) 服务要求及内部交流

客户向律师提出的具体请求事项及共同处理该案件的律师事务所内部的律师之间往来的信函。

(5) 咨询意见

律师就客户存在的问题而提供的解决问题的建议,包括满足客户具体需求的建议性文件。

(6) 交易文件

律师向客户提供的法律服务的内容,包括在诉讼案件中律师向法院提供书状、案件的证据和证明文件及客户与第三方之间的往来信函等,也包括在非诉讼案件中律师向客户提供的各种法律文书(包括:法律意见书、合同等文件)。

(7) 与当事人交流

律师与当事人之间就处理案情而发生的往来信函、通话记录等。

(8) 外部交流

律师与当事人之外的与案件、项目有关的对方、第三方之间的往来信函、通话记录等。

(9) 相关调研

就本项目、案件的背景及需要解决的问题,通过网络、电话等咨询查找出的相关法律、法规、条例、办法、通知及相关信息等。

(10) 临时文档

与项目、案件有关的不完善的资料,在没有被明确地分到前九类文件中之前,可以暂时放入临时文档中，待文件完善后可以逐步分类并填入所属文件类别。

（三）律师个人业务档案的保存和处理

律师个人业务档案的内容，可以分为两种形式：一种是电子版形式，一般保存在律师自己的电脑中，便于律师随时读取使用，也可以用专用的硬盘复制后交给事务所专人保管；另一种是印刷品或实物形式，律师应当把它放在办公室的档案柜中，由律师事务所统一保管，为制作律师事务所的业务档案做好准备。

无论是以电子版形式的个人档案还是印刷品形式的个人档案，律师都应当注意妥善保管并严格注意保密。

附录一　律师业务档案立卷归档办法

（1991年9月11日司法部颁布）

第一章　总　　则

第一条　律师业务档案，是律师进行业务活动的真实记录，反映律师维护国家法律正确实施，维护委托人合法权益的情况，体现律师的基本职能和社会作用。为加强对律师业务档案的管理，制定本办法。

第二条　律师承办业务形成的文件材料，必须严格按照本办法规定的要求立卷归档。

立卷归档工作由承办律师或助理律师负责。

第三条　律师业务档案分诉讼、非诉讼和涉外三类。诉讼类包括刑事（含刑事辩护和刑事代理）、民事代理、经济诉讼代理、行政诉讼代理四种；非诉讼类包括法律顾问、仲裁代理、咨询代书、其他非诉讼业务四种；涉外类根据具体情况按前二类确定。

第四条　律师业务档案按年度和一案一卷、一卷一号原则立卷。

两个以上律师共同承办同一案件或同一法律事务一般应合并立卷，但不同律师事务所（法律顾问处）律师合办的法律事务除外。

律师承办跨年度的业务，应在办结年立卷。

律师担任常年法律顾问，应做到一单位一卷。

第五条　律师承办业务中使用的各种证明材料、往来公文、谈话笔录、调查记录等，都必须用钢笔或毛笔书写、签发，要求字体整齐、清晰。

第二章　案卷材料的收集、整理和排列顺序

第六条　律师接受委托并开始承办法律事务时，即应同时注意收集保存有关材料，着手立卷的准备工作。

第七条　律师应在法律事务办理完毕后，即全面整理、检查办理该项法律事务的全部文书材料，要补齐遗漏的材料，去掉不必立卷归档的材料。

第八条 律师立卷归档过程中，内容相同的文字材料一般只存一份，但有领导同志批示的材料除外。

第九条 下列文书材料，不必立卷归档：

一、委托律师办理法律事务前有关询问如何办理委托手续的信件、电文、电话记录、谈话记录以及复函等；

二、没有参考价值的信封；

三、其他律师事务所（法律顾问处）委托代查的有关证明材料的草稿；

四、未经签发的文电草稿，历次修改草稿（定稿除外）。

第十条 对已提交给人民法院、仲裁机构或有关部门的证据材料，承办律师应将其副本或复印件入卷归档。

第十一条 对不能附卷归档的实物证据，承办律师可将其照片及证物的名称、数量、规格、特征、保管处所、质量检查证明等记载或留存附卷后，分别保管。

第十二条 律师业务档案应按照案卷封面、卷内目录、案卷材料、备考表、卷底的顺序排列。案卷内档案材料应按照诉讼程序的客观进程或时间顺序排列，具体顺序为：

一、刑事卷

1. 律师事务所（法律顾问处）批办单；
2. 收费凭证；
3. 委托书或指定书；
4. 阅卷笔录；
5. 会见被告人、委托人、证人笔录；
6. 调查材料；
7. 承办人提出的辩护或代理意见；
8. 集体讨论记录；
9. 起诉书、上诉书；
10. 辩护词或代理词；
11. 出庭通知书；
12. 裁定书、判决书；
13. 上诉书、抗诉书；
14. 办案小结。

二、民事代理卷

1. 律师事务所（法律顾问处）批办单；
2. 收费凭证；
3. 委托书（委托代理协议、授权委托书）；

4. 起诉书、上诉书或答辩书；
5. 阅卷笔录；
6. 会见当事人谈话笔录；
7. 调查材料(证人证言、书证)；
8. 诉讼保全申请书、证据保全申请书、先行给付申请书和法院裁定书；
9. 承办律师代理意见；
10. 集体讨论记录；
11. 代理词；
12. 出庭通知书；
13. 庭审笔录；
14. 判决书、裁定书、调解书、上诉书；
15. 办案小结。

三、法律顾问卷

1. 聘方的申请书、聘书或续聘书；
2. 聘请法律顾问协议；
3. 聘方基本情况介绍材料；
4. 收费凭证；
5. 办理各类法律事务(如起草规章、审查合同、参与谈判、代理解决纠纷、提供法律建议或法律意见、咨询或代书等)的记录和有关材料；
6. 协议存续、中止、终止的情况；
7. 工作小结。

四、其他非诉讼法律事务

1. 委托书；
2. 收费凭证；
3. 与委托人谈话笔录；
4. 委托人提供的证据材料；
5. 调查材料；
6. 律师出具的法律意见，或草拟的法律文书、办理具体法律事务活动的记录等；
7. 工作小结。

第十三条 行政诉讼代理、经济诉讼代理和仲裁代理卷顺序参照民事代理卷排列。

咨询代书卷分别按年度及时间顺序排列。

涉外类卷分别参照国内同类卷顺序排列。

第十四条 终止委托的业务,承办律师仍应按上述各类业务排列顺序归档,承办律师应将委托人要求终止委托的书面文字材料或承办律师对终止委托原因的记录收入卷中,排在全部文书材料之后。

第三章 立卷编目和装订

第十五条 律师业务档案一律使用阿拉伯数字逐页编号,两面有字的要两面编页号。页号位置正面在右上角,背面在左上角(无字页不编号)。

第十六条 立卷人用钢笔或毛笔逐页填写案卷封面;填写卷内目录,内容要整齐,字迹要工整。

第十七条 有关卷内文书材料的说明材料,应逐项填写在备考表内。

第十八条 承办案件日期以委托书签订日期或人民法院指定日期为准;结案日期以收到判决书(裁定书、调解书)之日为准;法律顾问业务的收结日期,以聘请法律顾问合同的签订与终止日期为准;其他非诉讼法律事务,以委托事项办结之日为结案日。

第十九条 律师业务文书材料装订前要进一步整理。对破损的材料要修补或复制,复制件放在原件后面。对字迹难以辨认的材料应当附上抄件。主要外文材料要翻译成中文附后。卷面为16开,窄于或小于卷面的材料,要用纸张加衬底;大于卷面的材料,要按卷面大小折叠整齐。需附卷的信封要打开平放,邮票不要揭掉。文书材料上的金属物要全部剔除干净。

第二十条 案卷装订一律使用棉线绳,三孔钉牢。在线绳活结处需贴上律师事务所(法律顾问处)封签,并在骑缝线上加盖立卷人的姓名章。

第四章 归 档

第二十一条 律师业务文书材料应在结案或事务办结后三个月内整理立卷。装订成册后由承办人根据司法部、国家档案局制定的《律师业务档案管理办法》的有关规定提出保管期限,经律师事务所(法律顾问处)主任审阅盖章后,移交档案管理人员,并办理移交手续。

第二十二条 档案管理人员接收档案时应进行严格审查,凡不符合立卷规定要求的,一律退回立卷人重新整理,全部合格后,办理移交手续。

第二十三条 涉及国家机密和个人隐私的律师业务案卷均应列为密卷,确定密级,在归档时应在档案封面右上角加盖密卷章。

第二十四条 随卷归档的录音带、录像带等声像档案,应在每盘磁带上注明当事人的姓名、内容、档案编号、录制人、录制时间等,逐盘登记造册归档。

第五章 附 则

第二十五条 各省、自治区、直辖市司法厅(局)可根据本地区情况,制订补充办法或细则。

各省、自治区、直辖市司法厅(局)过去颁布的有关律师业务档案立卷归档办法中与本办法不一致的,以本办法为准。

第二十六条 本办法自发布之日起执行。

附录二　律师业务档案管理办法

（1991年9月11日司法部颁布）

第一章　总　　则

第一条　为加强律师业务档案的科学管理，统一律师业务档案管理工作制度，根据《中华人民共和国档案法》及有关规定，结合律师工作实际，制定本办法。

第二条　律师业务档案是律师从事业务活动的真实记录，是国家重要的专业档案，具有重要的参考利用价值，保管、整理好律师业务档案是律师事务所（法律顾问处）的重要任务。

第三条　律师事务所（法律顾问处）应当配备专职或兼职档案管理人员，有条件的应逐步设立档案机构，负责律师业务档案的集中统一管理。

第四条　律师事务所（法律顾问处）档案机构和档案管理人员的职责是：

一、收集、整理、保管和统计本所（处）的档案和有关资料，确保档案的完整和安全；

二、积极开展档案的利用工作，为律师开展业务提供服务；

三、指导、督促、检查律师对律师业务文书材料的立卷归档；

四、进行档案鉴定，并按照国家有关规定向同级档案馆移交档案；

五、接受司法行政机关和地方档案行政管理部门的业务指导、监督和检查，定期汇报档案工作情况；

六、完成领导交办的有关档案工作的其他任务。

第二章　档案的接收和管理

第五条　档案管理人员接收案卷时，应按照《律师业务档案立卷归档办法》的要求，检查案卷质量，并按规定办理归档手续，在案卷封面左上角应盖“归档”章。

第六条　对已接收的案卷，按类别（分诉讼、非诉讼和涉外三种）、保管期限、年度顺序排列编号，绝密案卷单独编号。十年为一断号。

第七条　同一案件由于审级改变或其他原因形成几个案号的案卷，应合并保管，合并保管原则是按时间顺序形成的后卷随前卷保管。

第八条 档案管理人员要熟悉所藏档案的情况，主动了解业务部门和有关人员各项工作对利用档案的需要，积极做好提供利用工作。

第九条 档案管理人员必须编制《案卷目录》和必要的检索卡片。

第三章 档案的借调与查阅

第十条 律师事务所（法律顾问处）应建立律师业务档案借阅制度和档案借阅登记簿。借阅档案必须履行一定的审批和登记手续，并限定借阅期限。因特殊情况不能按期归还的，应办理延期手续。

第十一条 原案件承办人因工作需要，履行借阅手续，可以调阅原承办案件已归档的档案。但有明文规定须经领导批准的除外。

第十二条 同级或上级司法行政机关的律师管理部门因工作需要借阅律师业务档案的，应出示正式调卷函件，并应履行借阅登记手续。

第十三条 人民法院、人民检察院和有关国家机关因工作需要，要求查阅有关档案的，应出示正式查卷函件，经律师事务所主任同意后办理查阅手续。因特殊情况必须借出的，应经同级司法行政机关批准。借出时要查点清楚，办理正式借据，并限期归还。借出的档案不得转借给其他单位和个人使用。

其他单位或个人一般不得借阅和查阅律师业务档案。因特殊情况必须查阅的，须由律师事务所（法律顾问处）报经同级司法行政机关批准。

第十四条 凡涉及国家机密或个人隐私的律师业务档案，以及当事人要求保密的档案，一般不得借阅和查阅。特殊情况必须查阅的，需报同级司法行政机关批准。

第十五条 凡经批准允许查阅的档案，可以摘抄或复印所查阅的内容，但密级档案不在此列。

第十六条 对查阅或借出的律师业务档案，要及时催还。还回时如发现案卷被拆、文件材料短缺、涂改、增删、污损等情况，应立即向本单位领导汇报并及时追查。

第十七条 档案管理人员必须严格遵守保密制度，保守国家机密和当事人秘密。不得违反制度向任何人提供档案和扩大利用范围，不得向他人泄露档案的内容。

第四章 档案的保管期限

第十八条 律师业务档案的保管期限规定为永久、长期和短期三种。

凡属于需要长远查考、利用的律师业务档案，列为永久保管。

凡属于在长时期内需要查考、利用，作为证据保存的律师业务档案，列为长期保管，保管期限为二十年至六十年。

凡属于在一般时间内需要查考、利用，作为证据保存的律师业务档案，列为短期保管，保管期限为五年至十五年。

列为长期或短期保管的律师业务档案，具体保管期限，由立卷人提出并报律师事务所（法律顾问处）主任决定。

第十九条 律师业务档案的保管期限，从该项法律事务办结和终止后的下一年起算。

第二十条 具体业务档案的保管期限，参照司法部、国家档案局制定颁布的《律师业务档案保管期限表》确定。

第二十一条 律师事务所（法律顾问处）档案目录登记簿、档案收进登记簿、档案移出登记簿、档案销毁登记簿、档案销毁批件及档案检索卡片列为永久保管。

第五章 档案的鉴定和销毁

第二十二条 对于超过保管期限的档案应定期进行鉴定。鉴定工作由律师事务所（法律顾问处）主任、档案管理人员和律师组成鉴定小组共同进行。

第二十三条 经鉴定，对仍有保存价值的案卷，应采取提高保管期限档次的办法延长保管期限。对确无保存价值的档案应登记造册，连同销毁报告一并报同级司法行政机关，经书面批准后予以销毁。

第二十四条 为防止遗失和泄密，销毁档案应由两人负责监销，监销人应在销毁清册上签字。

第六章 档案的统计和移交

第二十五条 律师事务所（法律顾问处）应建立律师业务档案统计制度，对档案的收进、移交、保管、利用等情况进行统计，并按规定向有关上级机关和档案行政管理部门报送档案管理工作基本情况统计表。

第二十六条 律师事务所（法律顾问处）列为永久保管的档案，在本所（处）保存十年。保存期满后，连同案卷目录（一式三份）和有关检索工具、参考资料，一并向同级档案馆移交，对移交的档案，一律填写档案移出登记簿。

第二十七条 律师事务所（法律顾问处）设置变更时，应对律师业务档案进行清理，清理办法如下：

一、撤销的律师事务所（法律顾问处）的档案，应由同级或上级司法行政机关代管，或向同级档案馆移交。

二、一个律师事务所（法律顾问处）划分为几个律师事务所（法律顾问处）的，划分前的律师业务档案由一个律师事务所（法律顾问处）代管或向同级地方档案馆移交。

三、几个律师事务所（法律顾问处）合并为一个律师事务所（法律顾问处）的，各律师事务所（法律顾问处）的档案应移交给合并后的律师事务所（法律顾问处），或分别向同级地方档案馆移交。

四、律师事务所（法律顾问处）撤销、划分或合并时，没有办理完毕的律师业务事项，视情况移交给新的律师事务所（法律顾问处）继续办理，承办该项业务所形成的档案应由新的律师事务所（法律顾问处）加以保存。

第七章　档案的保护和防护

第二十八条　存放律师业务档案的房屋，应坚实、防火、防盗、防潮、防高温、防鼠、防虫、防光、防污染，室内要保持清洁、整齐、通风。

第二十九条　档案库房要专用，不得存放与档案无关的物品。严禁在档案库房内外存放易燃、易爆物品。

第三十条　随卷归档的录音带、录像带等音像档案，应单独存放保管，防止磁化，并根据保管期限定期复制。

第三十一条　档案管理人员应定期对档案进行检查和清点，对于破损、虫蛀、鼠咬、变质、字迹褪色的档案要及时采取防治措施，并进行修补和复制。发现案卷丢失的，应立即向有关领导报告，并积极查找。

第三十二条　档案管理人员调动工作时，应在离职前做好档案移交工作，办理交接手续。

第八章　附　　则

第三十三条　各省、自治区、直辖市司法厅（局）可根据本省（区、市）情况，制定补充办法。

第三十四条　本办法自颁布之日起施行。

附录三

北京市《律师业务档案管理办法》实施细则

（北京市司法局 1998 年 12 月 21 日颁布）

第一条 为使北京市律师事务所业务档案管理规范化，根据司法部《律师业务档案管理办法》制定本实施细则。

第二条 律师事务所业务档案由专人管理。档案管理员要熟悉本所档案情况，履行档案管理职责，档案管理员调动工作前要做好交接工作。

第三条 律师事务所做到一案（事）一卷，每卷一号，并设立符合本所条件和案卷的内容的归档检索方式，便于律师及时查档。

第四条 律师承办业务形成的案卷材料应在办结后一个月内归档。业务档案管理员应指导律师（或助理）按有关规定程序整理、装订案卷，不符合要求的，档案管理员应退还立卷人，全部合格后，办理移交手续。

第五条 律师事务所的律师业务档案由律师事务所统一保管，律师调离律师事务所不得将案卷带走。

律师调离律师事务所时尚未办结的业务，凡以原律师事务所名义签订合同的，案卷由原律师事务所保管，律师在结案后将案卷交回原律师事务所。

律师事务所解散时未办结的法律事务，办结后案卷由律师新加入的律师事务所统一管理。

第六条 本细则未尽事项，应根据《律师业务档案管理办法》的规定执行。

后 记

十几年前，当我刚刚拿到律师执业证时，和许多年轻律师一样，心里想着如何成为一名好的律师。最初，我利用一切机会收集国际律师事务所的律师培训资料，研究了一些国外指导律师工作的理论（十年前国内还没有多少律师从业的理论），在与国外所的合作过程中，注意观察他们的一些做法、思维和观念，希望全面提高自己的律师执业素养。在这样的过程持续几年后，我的确发现国外的一些做法和观念与中国的律师实际工作要求有很大的差别，而且有很多的不适用性。故此，我更加注重加强同国内律师的交流，虚心向他们学习实际的经验和有效的做法。

十几年的摸索过程，我一直有一个愿望，就是能够把我们的教训和经验，告诉年轻律师，使他们少走弯路，少犯错误，在我们这代律师的基础上有更大的发展。非常值得庆幸的是，在两年前，全国律师协会邀请我参加起草律师岗前培训的大纲，并编写一本关于律师执业素养的教材。根据全国律师协会的要求，本书的内容要从律师实际工作出发，反映律师在日常工作中的基本观念、基本思维和基本技能。为了准备这本教材，我与江宪胜律师在东易律师事务所举办了六期实习律师的培训，利用我们共同积累的经验和形成的做法进行培训，观察他们的需要、兴趣和培训效果，并及时修正我们的观点和经验，进而形成本书的基本内容。

作为本书的作者，我在此首先感谢全国律师协会和马国华副秘书长、洪家鸣副秘书长及李鲲先生,是他们给了我撰写这本教材的机会和具体的指导。特别感谢吕立山(Robert Lewis)律师,在与他和路伟国际律师事务所的合作过程中,我学到了很多知识和做法;特别感谢江宪胜律师,书中的很多观点和做法是我们共同创办北京市东易律师事务所并一起工作、共同举办培训的结果。感谢徐平律师,在我缺乏刑事诉讼经验,不能说清律师与检察官的关系时,是他热情相助,独立起草了第二章第五节,使该章有了完整的内容。感谢庞广娟女士、李瑞律师、张颖女士、姚远达女士和张婧律师,他们为本书的写作和修改提供了大量的帮助。感谢在东易律师事务所参加过培训的所有实习人员,他们是:贺凤哲、白峰、张婧、蒋靖、赵百丽、方芳、邹爱华、胡万兴、邵博、张超、张济花、何珊、李子瑾、罗静、吴红霞、尹天兵、赵璧、冯迎、姜凯军、张颖、王婧、李瑞、魏晓红、尹灿、张霄杨、张天弘等同学。

特别感谢在我学习和工作过程中给过我帮助的人们,他们是我的导师高卢麟博士、我的恩师柳谷书老先生、任红女士、叶小伟女士、小楠·苏·霍克大姐和吴桐大姐。

柳宪章

2007 年 4 月 18 日

图书在版编目(CIP)数据

律师执业基本素养(第三版)/中华全国律师协会编.—北京:北京大学出版社,2013.4
(全国律师执业基础培训指定教材)
ISBN 978－7－301－15487－8

Ⅰ.律…　Ⅱ.中…　Ⅲ.律师－职业道德－中国－教材　Ⅳ.D926.5

中国版本图书馆CIP数据核字(2009)第114442号

书　　名:**律师执业基本素养(第三版)**
著作责任者:中华全国律师协会　编
责 任 编 辑:陈　康
标 准 书 号:ISBN 978－7－301－15487－8/D·2352
出 版 发 行:北京大学出版社
地　　址:北京市海淀区成府路205号　100871
网　　址:http://www.yandayuanzhao.com
新 浪 微 博:@北大出版社燕大元照法律图书
电 子 信 箱:yandayuanzhao@163.com
电　　话:邮购部62752015　发行部62750672　编辑部62117788
出版部62754962
印 刷 者:北京鑫海金澳胶印有限公司
经 销 者:新华书店
720毫米×1020毫米　16开本　15印张　283千字
2007年5月第1版　2009年8月第2版
2013年4月第3版　2019年3月第27次印刷
定　　价:26.00元